Historia

Traducción de
JUANA SALABERT

Transcripciones de nombres árabes
SUSANA PEÑA JIMÉNEZ

ISLAM

Civilización y sociedades

por

PAUL BALTA

(comp.)

Prefacio de

FRANCIS LAMAND

Roger Arnaldez, Patrick Baudry, Claire Bélis,
François Burgat, Olivier Carré, Gilbert Cotteau,
Anne-Marie Delcambre, Hélène Heckman,
Francis Lamand, Françoise Micheau, André Miquel,
Edith Moller, Djamchid Mortazavi, Abdelkader Rahmani,
Abdus Salam, Tidiane Sall, Habib Tengour, Gilles Veinstein

siglo veintiuno editores

MÉXICO
ESPAÑA

siglo veintiuno editores, sa
CERRO DEL AGUA, 248. 04310 MEXICO, D.F.

siglo veintiuno de españa editores, sa
C/ PLAZA, 5. 28043 MADRID. ESPAÑA

Todos los derechos reservados. Prohibida la reproducción total o parcial de esta obra por cualquier procedimiento (ya sea gráfico, electrónico, óptico, químico, mecánico, fotocopia, etc.) y el almacenamiento o transmisión de sus contenidos en soportes magnéticos, sonoros, visuales o de cualquier otro tipo sin permiso expreso del editor.

Primera edición en castellano, diciembre de 1994

© SIGLO XXI DE ESPAÑA EDITORES, S. A.
Calle Plaza, 5. 28043 Madrid

Primera edición en francés, 1991

© Editions du Rocher
Título: *Islam. Civilisation et sociétés*

DERECHOS RESERVADOS CONFORME A LA LEY

Impreso y hecho en España
Printed and made in Spain

Diseño de la cubierta: Pedro Arjona

ISBN: 84-323-0860-9
Depósito legal: M. 39.145-1994

Fotocomposición: Fernández Ciudad, S. L.
Catalina Suárez, 19. 28007 Madrid

Impreso en Closas-Orcoyen, S. L. Polígono Igarsa
Paracuellos de Jarama (Madrid)

A la memoria de Charles Lucet, embajador de Francia, que presidió, de 1980 a 1985, la Comisión de Historia de «Islam et Occident».

ÍNDICE

PREFACIO, *Francis Lamand* XIII

INTRODUCCIÓN, *Paul Balta* XVII

EL ESPÍRITU DE ESTE LIBRO XXI
LA GALERÍA DE RETRATOS XXIII
LO QUE SEPARA Y LO QUE UNE XXV

PRIMERA PARTE
RELIGIÓN Y SOCIEDADES

1. NACIMIENTO DEL ISLAM, *Anne-Marie Delcambre* 3

   I. NACIMIENTO DEL ISLAM COMO RELIGIÓN 3
   II. NACIMIENTO DEL ISLAM COMO FENÓMENO POLÍTICO 6
   III. EL CORÁN Y LA *SUNNA* 8

   III.1. El Corán 8
   III.2. La *sunna* 10

   REFERENCIAS BIBLIOGRÁFICAS 13

2. EL DOGMA DEL ISLAM, *Roger Arnaldez* 15

   I. PRIMER DOGMA: CEER EN UN SOLO DIOS 15

   I.1. Un Dios absoluto 15
   I.2. Un Dios legislador 16
   I.3. Un Dios trascendente 18
   I.4. Un Dios que es un maestro exigente 20

   II. SEGUNDO DOGMA: CREER EN LOS PROFETAS Y EN LOS LIBROS REVELADOS 21
   III. ¿DEBE PREVALECER EL DOGMA SOBRE LA LEY? 24

   PARA PROLONGAR ESTE CAPÍTULO 26

3. LA *CHARIA* O LEY ISLÁMICA, *Francis Lamand* 27

    I. *CHARIA* O *FIQH*: UN RECUERDO HISTÓRICO 28
    II. LA LEY ISLÁMICA: SU CONTENIDO 32

        II.1. El derecho privado 33
        II.2. El derecho público 35
        II.3. Las incriminaciones 36
        II.4. Ley islámica y sociedad 38

4. EL CHIÍSMO DE AYER A HOY, *Françoise Micheau* 41

    I. LOS ACONTECIMIENTOS FUNDADORES DEL CHIÍSMO 41

        I.1. El califato de Alí y la batalla de Siffin 42
        I.2. La matanza de Kerbela 43
        I.3. La revuelta de Al-Mujtar 43
        I.4. La victoria de los abbasíes 44

    II. LA TEORÍA CHIÍ DEL PODER 45

        II.1. La doctrina del imanato 45
        II.2. La gnosis del sentido oculto 46
        II.3. El imán oculto y la espera del Mahdi 46
        II.4. El chiísmo moderado de los zaidíes 47

    III. EL CHIÍSMO HOY 48

        III.1. Los chiíes de Irán 48
        III.2. Las grandes comunidades chiíes 49
        III.3. El mundo de las sectas chiíes 49

5. EL SUFISMO, *Djamchid Mortazavi* 53

    I. UN FENÓMENO SOCIAL Y POLÍTICO 54
    II. EL CONOCIMIENTO MÍSTICO 56
    III. LAS ETAPAS DEL ITINERARIO ESPIRITUAL 58
    IV. AMOR HUMANO, AMOR DIVINO 60

        PARA PROLONGAR ESTE CAPÍTULO 61

6. LAS COFRADÍAS, *Gilles Veinstein* 63

    I. LA ESTRUCTURA PIRAMIDAL 65
    II. EL MAESTRO, GUÍA ESPIRITUAL 66
    III. LA BÚSQUEDA DEL ÉXTASIS 67
    IV. EL PODER DE LAS *TURUQ* 69

        PARA PROLONGAR ESTE CAPÍTULO 71

SEGUNDA PARTE
ESPACIO Y CIVILIZACIÓN

7. FECHAS DE REFERENCIA, *Anne-Marie Delcambre, François Micheau y Edith Moller* 75

    I. NACIMIENTO DEL ISLAM 75
    II. LAS PRIMERAS CONQUISTAS 75
    III. APOGEO DE LA CIVILIZACIÓN ARABOMUSULMANA 76
    IV. LA SEGUNDA EXPANSIÓN DEL ISLAM 76
    V. LA ERA OTOMANA 78
    VI. EL IMPERIALISMO EUROPEO Y LA *NAHDA* (RENACIMIENTO) .. 79
    VII. LA EDAD DE LAS INDEPENDENCIAS 80

8. LAS PRIMERAS CONQUISTAS, *André Miquel* 85

    I. UN INSTRUMENTO DE CONQUISTA: LA POLÍTICA DEL DROMEDARIO 86
    II. ¿FIELES O GUERREROS? UNA INVASIÓN PACÍFICA 88
    III. Y LOS NÓMADAS SE HACEN FUNDADORES DE CIUDADES ... 89

    PARA PROLONGAR ESTE CAPÍTULO 91

9. ISLAM, CIVILIZACIÓN Y CIENCIA, *Abdus Salam* 93

    I. EL ISLAM Y SU CIVILIZACIÓN 93
    II. LA EDAD DE ORO DE LAS CIENCIAS EN EL ISLAM: EL MÉTODO EXPERIMENTAL 95
    III. EL DECLIVE DE LAS CIENCIAS EN EL ISLAM 98
    IV. LA CIENCIA MODERNA Y LA FE 101

    PARA PROLONGAR ESTE CAPÍTULO 103

10. LA SEGUNDA EXPANSIÓN DEL ISLAM, *Edith Moller* 105

    I. LOS TURCOS 106
    II. DE LA ANATOLIA SELYUQUÍ AL IMPERIO OTOMANO 106
    III. LOS MONGOLES 107
    IV. RUSIA MERIDIONAL Y SIBERIA OCCIDENTAL 107
    V. EL TURQUESTÁN ORIENTAL 108
    VI. LA CHINA DEL NORTE 108
    VII. LA INDIA 109
    VIII. LOS MARES DE LOS MONZONES 110
    IX. LAS MALDIVAS 110
    X. EL NORTE DE SUMATRA 111
    XI. LA PENÍNSULA MALAYA 111
    XII. LA CHINA MERIDIONAL 112

XIII.	EL ARCHIPIÉLAGO INDONESIO	113
XIV.	ÁFRICA ORIENTAL	113
XV.	EL CUERNO DE ÁFRICA Y EL SUR DE ETIOPÍA	114
XVI.	LA NUBIA	114
XVII.	ÁFRICA OCCIDENTAL	115
XVIII.	UN ISLAM SUNNÍ	116
	PARA PROLONGAR ESTE CAPÍTULO	116

11. DE LA *NAHDA* A NUESTROS DÍAS, *Paul Balta* 117

I.	DECADENCIA Y RENACIMIENTO	118
II.	LOS MOVIMIENTOS POLÍTICOS EN EL SIGLO XX	119
III.	LAS CAUSAS DEL ISLAMISMO	120
IV.	PROBLEMAS Y CUESTIONES EN JUEGO	122
	PARA PROLONGAR ESTE CAPÍTULO	123

TERCERA PARTE
MUSULMANES DEL SIGLO XX
UNA GALERÍA DE RETRATOS

12. ABDUS SALAM, MILITANTE DE LA CIENCIA, *Paul Balta* .. 127

I.	EL CENTRO NUCLEAR DE TRIESTE	128
II.	LA FE Y LA CIENCIA	130
III.	LAS CONSECUENCIAS DE LA DECADENCIA	131
IV.	TECNOLOGÍA IMPORTADA Y DEPENDENCIA	131

13. EL PRÍNCIPE SULTÁN, PRIMER ASTRONAUTA MUSULMÁN, *Patrick Baudry* 135

I.	COMPAÑERO TOTAL	136
II.	LA TRADICIÓN DE LOS ASTRONAUTAS ÁRABES	137
III.	TECNOLOGÍA Y DESARROLLO	139
IV.	FE, TRADICIONES Y TÉCNICA	140

14. RUHOLLAH JOMEINI, SAVONAROLA DEL ISLAM, *Paul Balta* 143

I.	UNA VIDA ASCÉTICA	144
II.	EL EXILIO Y EL REGRESO	145
III.	EL PODER DEL *VELAYAT FAGIH*	146
IV.	LA GUERRA IRAK-IRÁN	148
V.	EL CASO DE LOS «VERSÍCULOS SATÁNICOS»	149

15. ABDELHAMID, IBN BADIS, REFORMADOR Y NACIONALISTA, *Abdelkader Rahmani*	151
I. ESBOZO DE UN DESTINO	151
II. ITINERARIO DE UN REFORMISTA	152
III. «EL CENSOR» Y «EL METEORO»	154
IV. EL HOMBRE DE ACCIÓN Y EL PENSADOR	155
V. EN LA CHARNELA DE LO NACIONAL Y LO RELIGIOSO	156
16. SAYYID QUTB, TEÓRICO DEL ISLAMISMO, *Oliver Carré*	159
I. EL SOCIALISMO ISLÁMICO	162
II. NASER Y LOS HERMANOS	163
BIBLIOGRAFÍA	169
17. GADDAFI, ¿UN MUSULMÁN DIFERENTE?, *François Burgat*	171
I. UN MUSULMAN SINCERO	172
II. EL ARABISMO, ANTE TODO	172
III. UN REFORMISTA... LAICO	176
IV. ¿LA LIBERACIÓN DE LA MUJER?	178
PARA PROLONGAR ESTE CAPÍTULO	179
18. AMADU HAMPATÉ BA, MEMORIA VIVA DE ÁFRICA, *Gilbert Cotteau y Hélène Heckman*	181
I. EL EXILIO Y EL RETORNO	182
II. LOS DÉDALOS DE LA ADMINISTRACIÓN COLONIAL	184
III. «EL IMPERIO PEUL DEL MACINA»	185
IV. UNA FIGURA DE LA UNESCO	186
PRINCIPALES OBRAS DE AMADU HAMPATÉ BA	190
19. AMADU BAMBA, EL SERVIDOR DEL PROFETA, *Tidiane Sall*	193
I. EN LA ESCUELA DE LOS GRANDES MAESTROS	194
II. LA EDUCACIÓN MURIDÍ	195
III. SUFISMO Y MURIDISMO	196
IV. LA ERA DE LAS HOSTILIDADES	197
V. EL EXILIO EN GABÓN	198
VI. EL RETORNO VICTORIOSO EN 1902	199
VII. EL EXILIO EN MAURITANIA	199
VIII. EL RETORNO DEFINITIVO DEL JEQUE	200
REFERENCIAS BIBLIOGRÁFICAS	201

20. SULTÁN GALIEV, «BOLCHEVIQUE MUSULMÁN», *Habib Tengour* 203

    I. COLONIZACIÓN DE TARTARIA 204
    II. EL MOVIMIENTO MODERNISTA 205
    III. EL HIJO DE UN MAESTRO DE ESCUELA 206
    IV. EL CONGRESO MUSULMÁN DE BAKÚ 207
    V. LOS DESACUERDOS CON STALIN 210
    VI. SOCIALISMO Y SOCIEDAD MUSULMANA 211
    VII. EL GRAN ESTADO MUSULMÁN DEL VOLGA 213
    VIII. «EL GRAN REVOLUCIONARIO DE ORIENTE», ENCARCELADO 214
    IX. EL «PROGRAMA» DEL SULTÁN GALIEV 217
    X. LEYENDA Y HERENCIA DEL SULTANGALIEVISMO 219

21. MALCOLM X, EL PRISIONERO LIBRE, *Claire Bélis* 221

    I. «MUERTO POR DENTRO» 222
    II. REHABILITACIÓN Y SUBLIMACIÓN 223
    III. UNA ESTATURA INTERNACIONAL 225
    IV. DISENSIONES INTERNAS Y RIVALIDADES 226
    V. EL HADCHJ MALIK EL-CHABBAZ 227

22. MAURICE BÉJART, COREÓGRAFO Y MUSULMÁN, *Francis Lamand* 231

    I. LA UNIDAD 233
    II. LA BELLEZA 236
    III. LO SAGRADO 239

ÍNDICE DE NOMBRES 245
ASSOCIATION FRANÇAISE «ISLAM ET OCCIDENT» 251

PREFACIO

«Islam et Occident» cumple diez años.

Hace diez años, en efecto, en el marco de una iniciativa internacional, surgida en Ginebra, para el acercamiento y el diálogo entre los mundos occidental e islámico, nacía, llena de esperanza, la organización francesa no gubernamental Islam et Occident. Por haberme encargado de su creación en París, puedo medir hoy el camino recorrido y la amplitud de las dificultades que quedan todavía por superar para alcanzar el objetivo propuesto: favorecer y desarrollar una mejor comprensión recíproca en los ámbitos cultural, social y económico, entre Occidente y el Islam. Es decir, constituir un foco, un espacio de comunicación e intercambio entre todo el mundo musulmán y el mundo occidental.

Nada podía asociarse mejor a la conmemoración del décimo aniversario de la fundación, en Francia, de Islam et Occident, que la presentación del estudio realizado por nuestra Comisión de Historia, bajo la dirección de Paul Balta, titulado *Islam: civilización y sociedades*.

Como explica Paul Balta en su introducción, el proyecto pretende tratar de la civilización islámica, percibida en su unidad fundamental respecto a la diversidad de las sociedades que componen la comunidad musulmana internacional, que cuenta actualmente con unos 1 000 millones de creyentes. Evocar también los diferentes aspectos de la doctrina del islam y las plurales tendencias del pensamiento islámico contemporáneo: esta orientación refleja el espíritu de nuestro movimiento, ni interconfesional ni académico, que pretende ser un polo de coordinación entre la comunicación de las culturas y el acercamiento de los hombres, es decir, un lugar de encuentro de valores de sociedad.

Este libro responde, sin duda, a una necesidad, pues esta yuxtaposición de los principios fundamentales —*awwaliyat*— de la civilización islámica y de la realidad sociopolítica del Islam contemporáneo, permite a nuestro enfoque abrirse a la actualidad y ofrecer al lector una completa panorámica que satisfaga su búsqueda de una información objetiva y global.

Pues si el islam es uno, fundamentalmente, la sociedad musulmana es múltiple. El lector podrá comprender la riqueza ofrecida por esta diversidad y la inevitable complejidad de situaciones que de ella resulta y que explica, al menos en parte, la variedad, el vigor, el antagonismo de las corrientes que caracterizan el pensamiento islámico contemporáneo, e incluso sus contradicciones. La obra dirigida por Paul Balta responde también, implícitamente, a las cuestiones que se plantean hoy al Islam, a la vez en su trayectoria histórica y en sus relaciones con Occidente.

Tras quince siglos de coexistencia o de tensión, el contexto de estas relaciones tiende, por desgracia, a tornarse nuevamente conflictivo. Desde hace varios años, pese a los esfuerzos realizados en pro del diálogo, que hicieron concebir legítimas esperanzas, se ha producido una cierta tirantez entre los dos mundos, paralelamente a la toma de conciencia de una necesaria complementariedad de los intereses y valores propios del Islam y de Occidente. Bastaron los incidentes de 1988 y 1989, cuyo recuerdo está presente en la memoria de todos, para que las tensiones se reavivaran y para ensanchar aparentemente el foso entre las dos comunidades.

En la comunidad musulmana de hoy se ha manifestado, desde hace un decenio, un Islam minoritario y militante, a menudo agresivo y antioccidental. Pretender ocultarlo sería utópico. A este Islam minoritario y militante responde un Occidente defensivo y poco preocupado, aparentemente, por un acercamiento al Islam. Esta tendencia a lo peor es más emocional que cultural, más política que sociológica: refuerza el impacto de las minorías activistas y alimenta los demonios del pasado.

René Guénon, visionario, denunciaba, hace cuarenta años, el reinado de la cantidad. Hoy podría denunciarse, a nuestro parecer, el reinado de las minorías, otro signo de los tiempos. Es éste un fenómeno político específico de nuestro mundo contemporáneo. Si la imagen que hoy se tiene del Islam en Occidente es considerada a menudo como disuasoria, es porque la opinión occidental tiende a sistematizar la acción de las minorías activistas en la comunidad musulmana —ya sea fundamentalista, integrista o simplemente radical— para desviarse de los valores auténticos del Islam, que, como los del judaísmo y el cristianismo, residen en un mensaje de paz, de tolerancia y de fraternidad.

La obra dirigida por Paul Balta permite un retorno a las fuentes y da al lector los medios de orientarse seriamente en el diálogo de civilización entre el Islam y Occidente y de comprender mejor, desde un punto de vista cultural y político, la complejidad del intercambio entre los dos mundos. Aunque este estudio trata de mostrar y no de demostrar, captar el pensamiento islámico en un espacio geocultural que desborda el mundo árabe —que demográficamente sólo representa una octava parte de la comunidad musulmana— y esforzarse por mostrar la diversidad de sus corrientes en la unidad de su doctrina revelada, es un procedimiento a la vez histórico, científico y cultural. El análisis que lo conduce hace aparecer, en nuestra opinión, dos momentos de crisis. En una parte del mundo musulmán, hay una resistencia a la modernidad, un rechazo de apertura a las opciones eticosociales de nuestra sociedad contemporánea, que puede explicarse por la fidelidad al Libro. Sin embargo, la diversidad de las sociedades musulmanas revela las modulaciones de ese rechazo, a la vez que se desarrolla poco a poco el sentimiento, que ya en el siglo XIV expresaba Ibn Jaldún, de la necesidad de un movimiento creador de adecuación permanente, ya inscrito parcialmente en los hechos. «El movimiento social del islam» —escribía en 1928 Mohamed Iqbal en *Reconstruir el pensamiento religioso del Islam*— es un «movimiento continuo en el tiempo». El momento de crisis se sitúa entre tradición y modernidad, entre rechazo y apertura. A la antítesis tradición-modernidad, generadora de un momento de crisis característico del mundo musulmán contemporáneo, corresponde, en Occidente, el antagonismo de dos hechos sociales: la irreligiosidad que ha ido instalándose en la sociedad convive con una renovación espiritual que late en la conciencia colectiva. ¿Será que el «viejo árbol deshojado», tan caro a Saint-John Perse, ha recobrado «el hilo de sus máximas»?

El segundo momento de crisis afecta al diálogo entre el Islam y Occidente. La imagen de un Islam minoritario y militante predispone en su contra a Occidente, que podría, empero, esforzarse por rechazar la amalgama entre la presión de unas minorías y el deseo, silencioso pero potente, de la mayoría de la comunidad musulmana que aspira a preservar el islam de paz. Por esta razón, hay que congratularse de que el estudio dirigido por Paul Balta se haya orientado también a otras áreas etnoculturales del mundo musulmán, pues África y Asia musulmanas están, tal vez, más cerca en la actualidad del islam de paz y de la sabiduría profética que el mundo árabe, tan caro para nosotros, que, sin embargo, fue y sigue siendo la cuna del islam. La profundización de la noción de tolerancia en el pensamiento del sabio Paul del Malí, Tierno Bokar, por ejemplo, tiene su filiación en el imperativo coránico. La identidad de la sociedad africana musulmana incluye el depósito espiritual de la no violencia y de la moderación, virtudes vividas también, en una cierta medida, por el islam del Extremo Oriente. Es, sin duda, a esas áreas a las que mejor podría aplicarse ahora la aguda frase con la que Paul Valéry establecía la distinción entre Occidente y Oriente: «en Occidente, el saber se ha transformado en poder; en Oriente, en sabiduría».

Éste es, a nuestro parecer, uno de los alicientes y de los beneficios de la lectura de este libro, que es el fruto de las contribuciones de especialistas y de no especialistas, en concordancia con la vocación de nuestra organización abierta a todas las personas de buena voluntad interesadas, en mayor o menor medida, en el establecimiento de un auténtico diálogo entre el Islam y Occidente. Yo mismo he sentido el placer de participar en estos trabajos y de descubrir en Paul Balta, junto al gran conocedor del mundo árabe y musulmán, un pedagogo y un lúcido director de estudios. Permítaseme expresarle, así como a todos los miembros de la Comisión y a todos los coautores, nuestra fraternal gratitud.

Ojalá que esta obra, al servir a la causa primera del acercamiento entre el Islam y Occidente, contribuya a la consecución del objetivo de nuestra acción: sustituir el díptico «Guerra y Paz» por la carta solidaria de los valores de sociedad inscritos en la historia de las dos civilizaciones, que constituyen la ley fundamental de nuestro común orden abrahámico.

> París y Córdoba,
> 25 de mayo de 1990
> FRANCIS LAMAND
>
> Presidente de Islam et Occident, Presidente del Instituto para el Diálogo de las Culturas, Director del Centro Cultural de la Torre Calahorra.

INTRODUCCIÓN

Conflicto árabe-israelí (desde 1948) y más concretamente palestino-israelí con la Intifada (desde 1987); retroceso de los nacionalismos y en especial del arabismo (desde 1970); suspensión y posterior fracaso del diálogo euro-árabe (iniciado en 1973); guerra del Líbano (desde 1975); empuje de la oleada islámica tras la victoria en Irán del imán Jomeini (1979); guerra irano-iraquí (1980-1988), seguida de atentados y de toma de rehenes; tensión en la opinión pública en los mundos árabe y musulmán, tensiones en diversos países europeos con las comunidades de trabajadores inmigrados (magrebíes, árabes de Oriente Próximo, turcos, hindúes, pakistaníes, musulmanes del África negra, etc.): éstos son algunos de los factores que han contribuido, en el curso de la década de los ochenta, a ofrecer una imagen negativa del islam y de los musulmanes.

En verdad, tras el advenimiento de la tercera religión revelada, en el siglo VII, las relaciones entre la Cristiandad y el islam en el Medievo, entre Europa y los otomanos en la era moderna, entre el Norte y el Sur tras la segunda guerra mundial y la descolonización, se han caracterizado por una dialéctica conflictiva y pasional. No obstante, y pese a los enfrentamientos de todo tipo, los intercambios comerciales y culturales —inseparables la mayoría de las veces— han gozado de una intensa continuidad. Rompiendo una secular tradición, el Concilio Vaticano II exhortaba a cristianos y musulmanes a «olvidar el pasado y a esforzarse sinceramente en lograr una mutua comprensión, así como a proteger y a promover conjuntamente, para todos los hombres, la justicia social, los valores morales, la paz y la libertad». Para comprender mejor la importancia de este mensaje, conviene rememorar brevemente las grandes fases del movimiento pendular que ha enfrentado históricamente a Occidente y al Islam.

Primera fase: la epopeya del Islam. El profeta Mahoma [1] muere en 632. Un siglo después, en 732, los musulmanes que adoptaron el ára-

---

[1] La tradición occidental transcribe Mahoma. Islamistas y estudiosos del mundo árabe escriben Muhammad. Hemos conservado la ortografía más corriente. Sin embargo, otros autores se han inclinado por formas más cercanas al árabe.

be —lengua del Corán— como lengua de cultura, han edificado el mayor imperio posterior al de Alejandro: se extiende desde los Pirineos hasta las orillas del Indo. La edad de oro de la civilización árabe [2] durará alrededor de cinco siglos y su aportación a Europa será considerable en todos los campos.

Segunda fase: la expansión del Occidente cristiano, con la reconquista en España, la reconquista normanda en Sicilia y las Cruzadas. Ocho cruzadas se suceden entre los siglos XI y XIII. La primera fue predicada por el papa Urbano II en 1095, la última terminó en un fracaso, en 1270. Empero, el espíritu de las Cruzadas permanecerá. Inician el retroceso árabe, que culminará con la caída de Granada en 1492, año en que Cristóbal Colón descubre América. Hasta esta fecha, los intercambios han sido intensos y se puede afirmar que sin el aporte de la civilización árabe el Renacimiento no habría, quizás, visto la luz, y que, en cualquier caso, no hubiera existido tal y como existió. El Islam retrocede en el Mediterráneo frente a una Cristiandad combativa, pero se expande en Asia y en África. Pacífica o guerrera, esta segunda expansión islámica no cesa a lo largo de toda la era moderna.

Tercera fase: el avance de los turcos otomanos, que compensa el repliegue árabe en el Mediterráneo. Se manifiesta con vigor durante la toma de Constantinopla (1453), toma que implica el derrumbe del imperio bizantino. El Imperio otomano se apodera del Magreb (con la excepción de Marruecos) y conquista una parte de Europa del Sur y de los Balcanes. El declive de la ciencia árabe es común a la totalidad del mundo musulmán, pero el desarrollo de las artes y de las letras prosigue. El árabe —salvo en el terreno religioso— no es ya lengua de cultura. En el siglo XI le reemplaza el persa y, en el siglo XV, el turco.

Como pertinentemente recuerda André Miquel en el capítulo sobre las primeras conquistas, el islam profesó y practicó la tolerancia, lo que constituía, en la época, un enorme progreso; el Imperio oto-

---

[2] En su libro *Ce que la culture doit aux Arabes d'Espagne*, París, Sindbad, 2.ª ed., Juan Vernet define a la perfección lo que debe entenderse por civilización árabe. Escribe: «El mundo árabe no entraña para mí una etnia ni una religión, sino una lengua, aquella que emplearon los árabes, los persas, los turcos, los judíos, los españoles del Medievo, que ofició de transmisora de los más diversos saberes de la Antigüedad —clásica y oriental— al mundo musulmán. Dichos saberes pasaron a Occidente merced a las traducciones en latín y en lenguas romances y desembocaron en el majestuoso esplendor científico del Renacimiento.

mano acogió en especial a los judíos expulsados de España y a los que huían de la Europa de los pogromos.

Cuarta fase: el poderío europeo se asienta y se despliega en el siglo XVIII al tiempo que comienza el declive de los imperios persa y otomano. Los principios de la Revolución de 1789, la filosofía de las Luces, la expedición de Bonaparte a Egipto, la Revolución Industrial en Europa, relevada por los sansimonianos, cuartean y desmembran el Imperio otomano. El choque de las ideas y el progreso de la técnica europea propician un despertar en el seno del mundo árabe. Una corriente de pensamiento, la *Nahda* (Renacimiento) surge a principios del siglo XIX, en especial en Egipto, en Siria y en Líbano. El ritmo de la historia se acelera.

Quinta fase: la colonización. Se ajusta, en teoría, a las nuevas ideas, pero contradice su espíritu. Para justificar sus expediciones, los Estados-naciones europeos afirman llevar consigo «la» civilización. Los colonizadores tienden, por lo tanto, a denigrar o a negar la civilización de los pueblos colonizados. Paralelamente, las modernas infraestructuras construidas *in situ* (carreteras, vías férreas, puertos, fábricas, escuelas) y la formación de unas elites a la occidental, son concebidas en función de los intereses y necesidades de los colonizadores.

Sexta fase: las independencias. La situación que prevalece en el siglo XIX se caracteriza por un desequilibrio de fuerza, favorable a Europa, en el triple plano de la técnica, el armamento y la elaboración de nuevos conceptos. El resultado no será otro que el desmantelamiento del Imperio otomano en 1918; la memoria occidental ha conservado el recuerdo de la matanza de los armenios y de los kurdos pero ha ocultado las responsabilidades de las potencias occidentales. Éstas prometieron la independencia a kurdos y armenios para, finalmente y tras el fracaso de sus revueltas, abandonarles a su suerte en la adversidad.

En un primer momento, la colonización suscitó una resistencia inspirada principalmente por la religión y las tradiciones. Seguidamente se produjo una lucha de corte moderno; la de los movimientos de liberación estructurados a principios del siglo XX. Ésta desembocará en la independencia, conseguida tras la segunda guerra mundial. Las guerras de liberación y la lucha por la independencia fueron obra de nacionalistas proclives a la modernidad. Unos, educados en el espíritu de la tradición, otros, imbuidos de cultura europea, formados por una pedagogía occidental, todos ellos marcados, en suma, por el pensamiento occidental y animados por una voluntad reformadora y modernizadora.

Esta voluntad conllevaba la recuperación del patrimonio nacional y de sus riquezas naturales. El choque con los intereses europeos dominó, pues, las décadas de los cincuenta y de los sesenta. ¿Hubiera podido acaso evitarse? Tal vez. Es indudable, en cualquier caso, que la tenacidad empleada por Occidente en la defensa de sus intereses —intereses anacrónicos en más de una ocasión— fomentó la desestabilización de los dirigentes nacionalistas y modernistas. Su relativo fracaso en los planos económico y social contribuyó a facilitar el avance del islamismo.

Séptima fase: la oleada islamista. El fenómeno, tal y como lo conocemos, cobró bríos con la creación, entre 1927 y 1928, de los Hermanos Musulmanes en Egipto. Su impulso fue contenido por los modernistas (en ocasiones mediante discutibles e incluso condenables procedimientos) hasta fines de los años sesenta. Mas, desde 1978 y 1979, desde la proclamación de la República de Irán, el movimiento no ha cesado de crecer. El islamismo —como sucedió con el arabismo y el naserismo en los años 1950 a 1970— es esgrimido en Occidente como una amenaza. Con demasiada frecuencia se recurre a él como clave de lectura para analizar los movimientos que agitan al mundo musulmán. Situemos, pues, el fenómeno en su justo contexto histórico.

Las luchas en nombre de la ortodoxia se iniciaron nada más morir el Profeta y han sido una constante en el devenir histórico de las sociedades musulmanas. Estas luchas contienen, ciertamente, un fondo de motivación religiosa, pero son asimismo, según las épocas, el vívido reflejo de rivalidades tribales, étnicas, dinásticas e ideológicas, que permiten a los vencedores establecer nuevas relaciones de fuerza geopolíticas. Asimismo, la historia refleja periódicamente dos fenómenos alternos y en ocasiones hasta simultáneos: el primero de ellos, rigorista o radical, insiste en la unidad de la *umma* (comunidad de los musulmanes), en tanto que el segundo opta por las tradiciones de índole local, la historia de una patria común, la herencia preislámica, las especificidades regionales y, en la era moderna, el nacionalismo.

Dicho esto, podemos preguntarnos hoy si, al igual que la derrota egipcia frente a Israel acaecida en 1967 significó un retroceso (sin que éste conllevara su total desaparición) del naserismo y del nacionalismo árabe, la derrota de Irán frente a Iraq en 1988 no supondrá un reflujo del islamismo, o, cuanto menos, el surgimiento de un *aggiornamento* en el seno del mundo musulmán. ¿Desembocará todo ello en una suerte de «compromiso histórico» entre nacionalistas e islamistas, en la medida en que unos y otros, aunque por diferentes vías, ansían dominar la modernidad?

EL ESPIRITU DE ESTE LIBRO

Los trabajos de los miembros de la Comisión de «Historia» de la Asociación Islam et Occident, cuyos nombres figuran al final de la obra, se han desarrollado bajo los signos de esta peculiar situación. Deseo aquí dar las gracias a Anne-Marie Delcambre, a Françoise Micheau y a Edith Moller, quienes me han ayudado a dar al libro su forma definitiva. Hemos concebido este libro para un público de amplio espectro. Se trata, por lo tanto, de una obra de divulgación rigurosa, ya que el rigor debe ser la ambición de toda buena divulgación que respete el derecho al saber del no-iniciado, del no-especialista, en una palabra, del lector normal.

Hemos querido, asimismo, darle la vuelta a la visión esquemática y reduccionista que los medios de comunicación, bajo la presión de los acontecimientos, ofrecen con demasiada frecuencia del islam y del Islam [3]. Porque, efectivamente, el islam es simultáneamente religión, moral, cultura y un estilo de vida; la lengua árabe es, vía el Corán, la lengua sagrada para todos los musulmanes... El Islam, por su parte, está formado por un mosaico de pueblos y de sociedades dirigidas por jefes que no tienen necesariamente por única ambición la de servir a Dios. Tiene una historia, es una civilización. Hemos intentado dar cuenta de sus múltiples dimensiones, ya que si bien el dogma es el mismo para todos —sunníes, jariyíes, chiíes—, tiene diferentes adaptaciones en la práctica y en la vida cotidiana.

Hemos dividido esta obra en tres grandes partes. La primera está consagrada a la fe y a su práctica: relata el nacimiento de la nueva religión, expone los fundamentos del dogma y sus aplicaciones. Le siguen temas raramente abordados en las obras sobre el islam: la *charia* o ley islámica surgida del Corán, definida por las cuatro escuelas jurí-

---

[3] Generalmente se utiliza la distinción entre islam, con minúscula, para designar la religión (como judaísmo, cristianismo, etc.) e Islam, con mayúscula, para referirse al espacio musulmán y a su civilización.

dicas sunníes en los siglos VIII y IX; el chiísmo, nacido en el siglo VII, que conoce un auge prodigioso con las dinastías fatimí (siglos IX al X) y sefeví (XVI), y reafirma su vigor con Jomeini en el siglo XX; el sufismo, que se convierte en un fenómeno social a partir del siglo XI y conoce hoy un renacer; las cofradías, que se desarrollan desde fines del siglo XII, y continúan siendo muy vigorosas en nuestros días.

La segunda, mas histórica, traza la epopeya del Islam, en tanto que civilización, desde las primeras conquistas hasta nuestros días. Traza su itinerario en el tiempo y en el espacio, subraya la diversidad de las sociedades musulmanas, expone su aportación en los planos científico y cultural, aborda las razones de su apogeo, de su declive, de su renacimiento. Como puede verse, la historia y la religión se hallan fuertemente imbricadas, y, por ello, en un afán de voluntad clarificadora, hemos decidido conservar en esta parte su continuidad que va del siglo VII al XX (si bien es evidente que el capítulo sobre las primeras conquistas hubiera podido figurar tras el que relata el nacimiento del Islam; el lector poco familiarizado con estas cuestiones podría leerlo en este orden antes de adentrarse en el dogma). En efecto, hemos concebido este libro de forma tal que pueda circularse fácilmente por él. A guisa de ejemplo, el capítulo sobre las Hermandades está ilustrado por Amadu Bamba, fundador de los muridíes y viceversa, el capítulo dedicado a la ciencia nos reenvía al retrato de su autor, Abdus Salam, e inversamente.

La tercera parte, compuesta por una galería de retratos de personajes contemporáneos, ha suscitado un intenso debate en el seno de la Comisión. Algunos hubieran querido que desplegáramos una serie de retratos de figuras ejemplares del Islam a través de su historia, mas este trabajo ya ha sido espléndidamente realizado hace tiempo [4]. Otros deseaban incluir únicamente figuras de santos. Semejante opción presentaba tres inconvenientes: los criterios de selección, cuestión muy delicada, se habrían prestado a polémicas. Además, eso habría dado al libro un tono piadoso y edificante, ajeno a la complejidad de las mutaciones en curso en el Islam y a la gran diversidad de situaciones vividas por la *umma* y las sociedades que la componen, de Marruecos a Indonesia, del África negra al Asia Cen-

---

[4] Remitimos a Louis Gardet. *Les hommes de l'Islam,* París, Hachette, 1977. Émile Dermenghem, *Vies des saints musulmans,* París, Sindbad, 1981. *Les Africains,* colección en doce volúmenes, codirigida por Charles-André Julien, París, Jeune Afrique, 1978-1979.

tral, de Europa a las Américas. Y son precisamente estas mutaciones las que interpelan a los musulmanes y a los no musulmanes. Merced a estas razones los miembros de la Comisión adoptaron finalmente, casi por unanimidad, el presente plan, retenido en función de varios factores: religiosos, espirituales, culturales, geográficos, étnicos y políticos.

LA GALERIA DE RETRATOS

Hemos querido, ya que el Islam está actualmente asociado en el pensamiento occidental a imágenes de guerra y de violencia, iniciar nuestra galería de retratos con las semblanzas de dos hombres de paz bastante desconocidos. En primer lugar, tenemos a Abdus Salam, científico pakistaní, único musulmán galardonado con un premio Nobel en el campo de las ciencias. Abdus Salam ha abordado el problema de la relación entre Ciencia y Fe. En segundo lugar, tenemos al príncipe Sultán. Vive en Arabia Saudí y es miembro de la familia real, guardiana de los lugares santos de La Meca y de Medina. El rito del país, el wahhabismo, es particularmente riguroso. De hecho, se le ha reprochado en muchas ocasiones a este Estado su cerrazón a las influencias externas. Sin embargo, el príncipe Sultán es el primer astronauta árabe y musulmán. Su experiencia plantea el problema de la relación entre Fe y Tecnología. En una zona de crisis como la del Golfo ¿podría ocultarse la realidad de la guerra sangrante que durante ocho años ha enfrentado a Irán e Irak? Una guerra que ha ilustrado los desgarros existentes en el mundo árabe y musulmán al enfrentar a dos pueblos que, como sus dirigentes, son hijos del islam. El imán Jomeini fue figura preferente en el escenario internacional desde 1978 hasta su muerte, acaecida en 1989. Religioso, fue asimismo estadista y combatiente. Encarnó a la vez el chiísmo militante y, pese a sus negativas en este sentido, el nacionalismo persa. Como podemos ver, estas tres figuras del Asia no comunista representan tres problemáticas bien diferenciadas.

Pasemos ahora al África blanca con el jeque Ben Badis, en la vanguardia de la defensa de los valores religiosos y culturales y del combate nacionalista que condujo a Argelia a la independencia. Pivote del mundo árabe, Egipto ha dado asimismo un gran número de pensadores fundamentalistas y nacionalistas. Hemos destacado de entre ellos a Sayyid Qutb, el teórico más conocido de la organización Los Hermanos Musulmanes. Su influencia ha perdurado más allá de su muerte en la horca en 1966. Y tenemos, finalmente, al coronel Muammar Gaddafi, controvertido personaje muy conocido en Occidente. Se conoce sobre todo su faceta política. Mucho menos la de reformador religioso... En cualquier caso, su andadura merece ser mejor conocida.

El jeque Amadu Bamba y Hampaté Ba son dos figuras simbólicas del África negra. El primero encarna la vitalidad de las múltiples hermandades que han florecido en esa parte del mundo, en tanto que el segundo es un hermoso ejemplo de la vida espiritual de millones de musulmanes anónimos, por completo desconocidos en Europa. Uno y otro, así como el príncipe Sultán, Abdus Salam, Ben Badis y anteriormente Maurice Béjart (es decir, seis retratos sobre los once de nuestra galería) son el reverso de las imágenes de violencia e intolerancia adjudicadas, con demasiada frecuencia, a los hombres del Islam.

Hubiera sido paradójico ignorar a los dos grandes imperios soviético y norteamericano, en los que viven, respectivamente, veinte y cinco millones de musulmanes. Algunos se sorprenderán al hallar la semblanza del sultán Galiev. Éste nos ha parecido revelador en más de un sentido. Muchos de sus datos existenciales nos son desconocidos, como era de esperar, a causa de la opacidad del universo estaliniano soviético. Él encarna la compleja fusión entro lo religioso, lo nacional y lo social. Se manifiesta bolchevique. No obstante, el sistema lo reprime, temeroso de su nacionalismo musulmán. Profesa el ateísmo, pero respeta y defiende al islam. Pese a haber perdido aparentemente la fe, continúa siendo para los ciudadanos de las repúblicas soviéticas musulmanas un símbolo y una figura ejemplar. Es, para otros musulmanes del mundo, un precursor visionario de las luchas del Tercer Mundo. Asimismo, la personalidad del negro norteamericano Malcolm X es tan controvertida como simbólica en lo que concierne a su itinerario personal y a su papel político-religioso. El islam transformó, en efecto, la vida de ese adolescente violento y marginal, drogadicto por más señas, que se convirtió en el líder de los musulmanes negros y en uno de los grandes adalides de la lucha por la igualdad racial en EE UU de América.

¿Podíamos, finalmente, silenciar la situación de una Europa occidental en cuyo suelo habitan más de cinco millones de musulmanes emigrados (de ellos, más de tres viven en Francia), una Europa en la que ciertos ciudadanos han optado por la conversión a la fe islámica?

Introducción

La lógica habría aconsejado que trazáramos diversas semblanzas, o cuanto menos dos. Mas, dado el razonable espacio que pensábamos dedicar a este volumen, esto era imposible. Entonces, ¿con quién quedarse? Barajamos diversos nombres, entre ellos los de Roger Garaudy, Michel Chodkiewicz, Vincent Mansour Monteil. Decidimos, sin embargo, que eran muy conocidos; todos ellos habían explicado ante la opinión pública los motivos de su conversión y las vivencias de su práctica religiosa. Por el contrario, y pese a ser igualmente célebre, Maurice Béjart apenas si se ha expresado acerca de su experiencia religiosa. Nos ha parecido, pues, interesante abordar con él un aspecto raramente tratado, como es el de la relación entre la Fe y el Arte Contemporáneo, entre la religión y la danza.

LO QUE SEPARA Y LO QUE UNE

Querría, para concluir, citar un texto del historiador Claude Cahen, profesor ya jubilado de la Universidad París I y antiguo director del Instituto de Estudios Árabes e Islámicos de París III.

Entre todas las culturas que los jóvenes de nuestra época no deberían desconocer, el Islam ocupa una posición privilegiada. Pese a los innegables méritos de las civilizaciones china e hindú, por citar un ejemplo, nosotros, europeos, hemos vivido la mayor parte de nuestra historia sin relación directa con ellos, madurando más o menos como si éstas no hubieran existido. El Islam, no obstante, es nuestro vecino para lo bueno y para lo malo. Tanto en un sentido como en el otro observamos que nuestras respectivas historias se hallan entretejidas de combates, sí, pero también de influencias. Por muy diferente que se nos antoje de nosotros, desde que Europa emprendió la senda del desarrollo en el período contemporáneo, somos, unos y otros, herederos de una misma y antigua civilización, semítica y grecorromana. Y sin duda, el examen comparado de nuestras obras permitirá, a cada uno de nosotros, la profundización en los propios caracteres así como una toma de conciencia de lo que nos separa pero también, creo yo, de lo que más fundamentalmente nos une [5].

PAUL BALTA

---

[5] Introducción a Mohammed Arkoun, *Aspects de la pensée musulmane classique*, IPN, París, 1903.

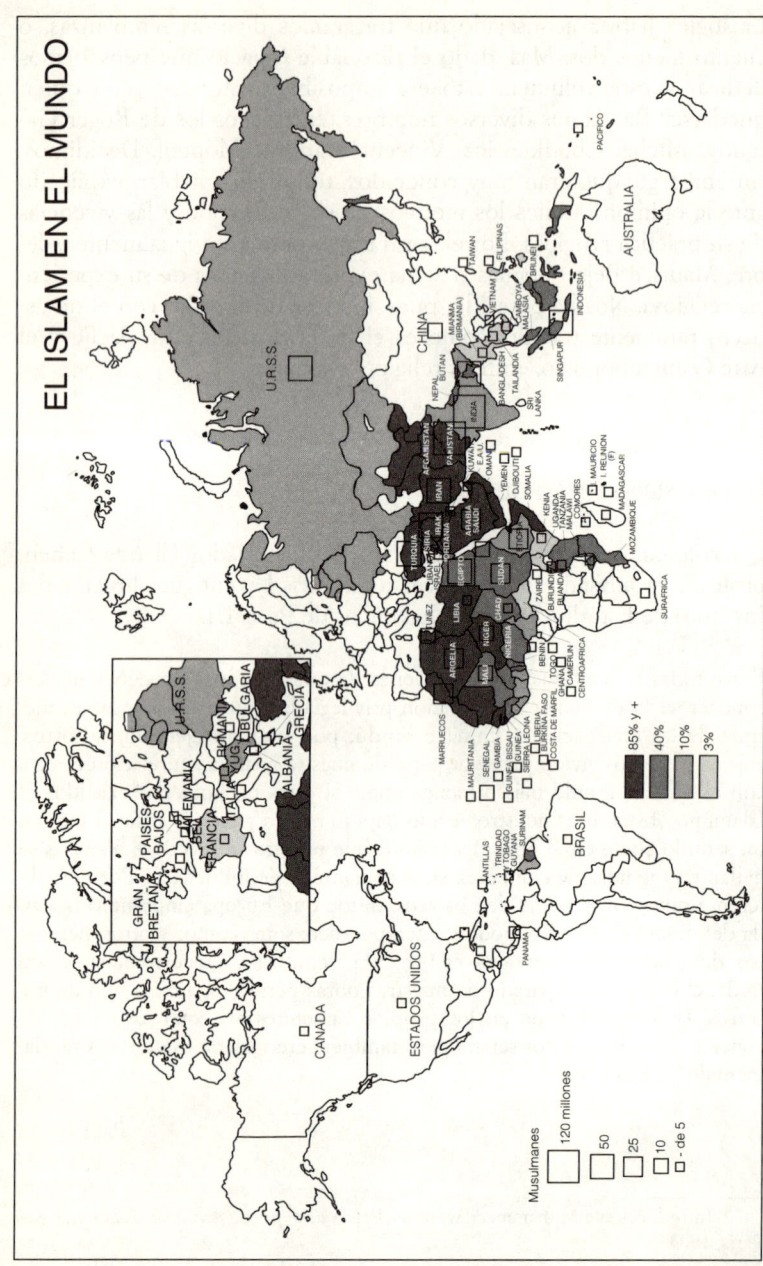

PRIMERA PARTE

RELIGIÓN Y SOCIEDADES

1. NACIMIENTO DEL ISLAM

Anne-Marie Delcambre

> El islam es una religión monoteísta como el judaísmo o el cristianismo; es igualmente una comunidad, y quien dice comunidad dice organización política pero también historia. ¿Cómo nació el islam como religión? ¿Cómo apareció el islam como fenómeno político? Anne-Marie Delcambre, arabizante, jurista e islamóloga, responde a esta doble pregunta.

I. NACIMIENTO DEL ISLAM COMO RELIGIÓN

El Islam nace en el siglo VII, en Arabia. La cuna del islam no es la Arabia feliz sino la Arabia de los desiertos, la actual Arabia Saudí. Extensión de arena y de dunas, esta región parece a primera vista deshabitada. Sin embargo, las caravanas la atraviesan regularmente de Norte a Sur y viceversa, y la jalonan oasis y ciudades. Yatrib, Najran, Jaybar, y, sobre todo, La Meca son nombres familiares a los habitantes de esa Arabia de los desiertos, cuatro veces más grande que Francia. Agricultores en los oasis, comerciantes en las ciudades, nómadas viviendo bajo las tiendas de campaña, todos están organizados en clanes y en tribus. En la organización tribal sólo cuentan los varones, y la noción del honor es tan importante que es la causa principal de los crímenes y de las venganzas. En cambio, no se mata por la religión, pues ésta se confunde con las prácticas de las supersticiones paganas. Eso no significa que no haya judíos y cristianos en Arabia; estos últimos son numerosos en el oasis de Najran. También hay ascetas árabes, los *hanif*, que creen en un solo Dios. Pero casi todos los beduinos adoran a los ídolos y rinden culto a divinidades. Así es como en La Meca, en la Kaaba, santuario con la forma de un cubo, son venerados dioses y diosas comunes a los árabes de toda Arabia. Por ello, esta ciudad es un lugar de peregrinación (*hach*) que atrae a muchos peregrinos. Eso es una fuente de considerables beneficios. Pero ese aflujo de riquezas no beneficia a todos. Los pobres son cada vez más numerosos y el malestar social es grande.

Pues bien, he aquí que un árabe del desierto se alza para predicar una nueva religión. Como todos los árabes, pertenece a una tribu.

La historia lo conoce bajo el nombre de Mahoma. Nacido en el año 570 (¿571?), en La Meca, pertenece a la tribu de los quraichíes (véase recuadro). Huérfano de padre desde su nacimiento, se abate sobre él una serie de catástrofes: pierde a su madre, Amina, luego a su abuelo, Abdelmutalib, y es finalmente recogido por un tío paterno, Abu Talib, uno de cuyos hijos, Alí, llegará a ser su fiel compañero. A los veinte años de edad, para ganarse la vida, entra al servicio de una rica viuda, Jadiya, quince años mayor que él. Ésta desea casarse con él, y este matrimonio da a Mahoma un estatuto social envidiable. Su única tristeza es la de no tener hijos varones, pues en Arabia un hombre sin descendencia masculina es objeto de oprobio. Tal vez sea ésa la razón por la que Mahoma adopta a un esclavo, Zayd, así como a su propio primo Alí.

A los cuarenta años, la personalidad de Mahoma se transforma extraordinariamente. Siente cada vez más la necesidad de estar solo. Permanece durante noches enteras en una caverna situada en el monte Hira, cerca de La Meca. Allí, el arcángel Gabriel le anuncia que ha sido elegido para ser el profeta de Alá [1]. Al igual que Abraham, Moisés, Jesús, que habían venido, antes que él, a advertir a sus pueblos, él, el árabe de la tribu de los quraichíes, el hijo de Abdala, el nieto de Abdelmutalib, el sobrino de Abu Talib, el jefe del clan de los hachim, ha sido elegido para advertir a su pueblo. Pero raros son los que, al principio, creen en su misión. Los miembros de su familia más próxima: la mujer, sus hijas, algunos amigos; esclavos, artesanos sin fortuna y sin nombre. Los miembros de su clan y de su tribu rehúsan convertirse. Mientras su tío Abu Talib sea jefe del clan, Mahoma no correrá ningún peligro, pues se beneficia de la protección tribal. Pero en el año 619 mueren Jadiya y Abu Talib con dos días de intervalo. Abu Lahab, otro de sus tíos, sucede a Talib en la jefatura del clan. Ahora bien, Abu Lahab es el enemigo declarado del Profeta. Sin protector, cualquiera puede matar a Mahoma sin arriesgar la venganza de su familia. La huida es la única solución. Pero ¿adónde ir? Es entonces, en el año 620, cuando Mahoma se encuentra con habitantes de Yatrib, oasis situado a 350 kilómetros al noroeste de La Meca. Éstos buscan un árbitro para solucionar las querellas de su ciudad, en la que cohabitan tribus judías y tribus árabes. Mahoma acepta. Al hacerlo, rompe con su clan y con su tribu. Él afirma que

---

[1] Allah es la contracción de las palabras árabes *al-ilah* que significan «el Dios, la divinidad». Es utilizada por todos los creyentes de lengua árabe para invocar a Dios.

los lazos de alianza reemplazan a los de la sangre y que sólo cuenta la comunidad de ideal (*umma*).

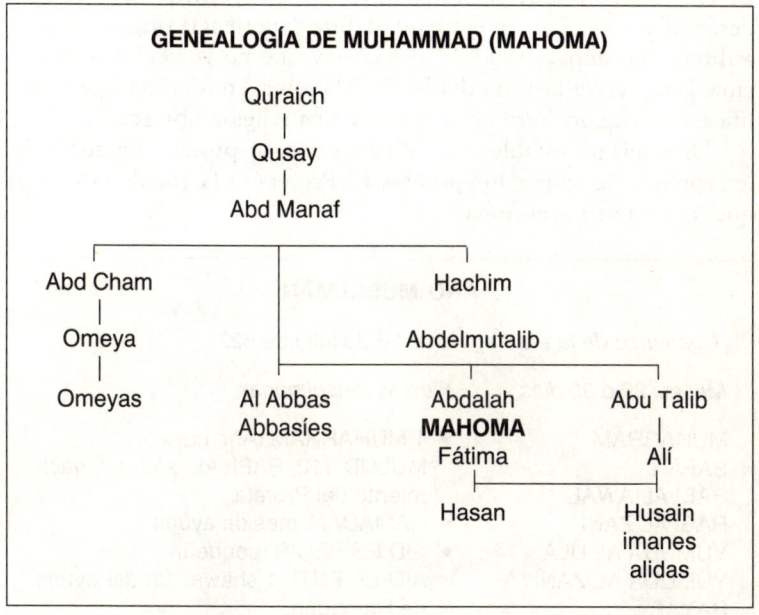

En el año 622, Mahoma y sus discípulos abandonan La Meca. Este exilio toma el nombre de *hégira*. Pero es más que un exilio. Es una ruptura y el advenimiento de una nueva era. El calendario —llamado hegiriano— partirá de esa fecha (véase recuadro de p. 6). Yatrib tomará el nombre de Medina. El Profeta va entonces a transformarse en un verdadero jefe político y militar, que no dudará en combatir militarmente a los habitantes de La Meca, a los que acabará venciendo. Regresa como un triunfador en el año 630, a La Meca, su ciudad natal, para entrar en el santuario de la Kaaba a destruir sus ídolos. Pero dos años después, en 632, se apaga entre los brazos de Aicha, su esposa preferida, en esa Medina que había hecho de él un jefe político.

II. NACIMIENTO DEL ISLAM COMO FENÓMENO POLÍTICO

Es en Medina donde se revela la dimensión política del Islam. Se desarrolla, en efecto, en esa ciudad, una experiencia original que va a durar diez años —del 622 al 632— y que no volverá a reproducirse jamás en la historia del Islam. Mahoma, en Medina, liga la política a la religión. Pero no se trata de una religión libresca.

Dios mismo establece un diálogo con su profeta. Le aconseja, le reprende, le anima, lo aprueba. El Profeta es la voz de este Dios que todo lo ve y reacciona.

AÑO MUSULMÁN

Comienzo de la era hegiriana: 16 de julio de 622

Meses: 29 o 30 días

Fiestas musulmanas

MUHARRAM
SAFAR
RABI AL AWAL
RABI AL ZANI
YUMUDA AL ULA
YUMUDA AL ZANIYA
RAYAB
CHABAN
RAMADÁN
CHAWAL
DUL AL QIDAH
DUL AL HIYYAH

- 1 MUHARRAM (Año nuevo) MULUD (12 RABI AL AWAL): nacimiento del Profeta.
- RAMADÁN: mes de ayuno
- AID ES SEGIR (pequeña fiesta) AID EL FITR=1 shawal: fin del ayuno de Ramadán.
- AID EL KEBIR (gran fiesta) AID EL ADDA (10 DU L-HIYYA): sacrificio del cordero en conmemoración del sacrificio de Abraham.

Para pasar de un calendario al otro:

— del calendario *musulmán* al calendario *gregoriano:* se multiplica por 0,97 (diferencia entre el año lunar y el año solar) y se añade 622:

1.400 → 1.400 × 0,97 → 1.358 + 622 → 1.980

— del calendario *gregoriano* al calendario *musulmán:* se resta 622 y se divide por 0,97:

1980 → 1980 — 622 →1.358 : 0,97 → 1.400

Hay *11 días menos* en el año *lunar* que en el año *solar*.

Así, Dios interviene tanto en una victoria, como la de Badr en 624, como en una batalla fallida, como la del monte Ohod, en 625, al igual que en incidentes de la vida privada. Alivia a Mahoma, enamorado de Zaynab, la mujer de su hijo adoptivo Zayd, al permitirle una unión que podría haber sido considerada como un incesto. Tranquiliza igualmente a Mahoma cuando Aicha, su esposa preferida, incurre en sospechas de adulterio [2].

En Medina, lo que ocurre en la comunidad influye en la Revelación. Por ejemplo, aprueba la decisión de Mahoma de cambiar la dirección de la oración, que hasta entonces se hacía en la dirección de Jerusalén. Al principio, el Profeta tenía la esperanza de lograr la adhesión de las tribus judías, lo que se refleja en la constitución de Medina, que es una verdadera obra maestra de derecho internacional. Pero ante la negativa de los judíos a considerar al islam como una prolongación del judaísmo, el Profeta cambia de actitud. Expulsa a dos tribus judías de Medina y no duda en someter a una matanza a la tercera, culpable de haber deseado la victoria de los de La Meca. Perseguirá también a los que se habían refugiado en Jaybar, lejos de Medina.

Después de la muerte del Profeta, esa experiencia original de diálogo con Dios cesa definitivamente. Los sucesores de Mahoma no recibirán ya la Revelación. Pero la Revelación será utilizada para justificar un orden político, del mismo modo que se utilizará el ejemplo del Profeta. Esta articulación entre la política y el discurso religioso encuentra su forma más acabada en la institución del califato. El califa —sucesor y sustituto del Profeta en este mundo— es el que está designado para ponerse al frente de la comunidad de los creyentes. Todos los sabios del Islam están de acuerdo en la necesidad de un poder legal y unitario. Los cuatro primeros califas, Abu Bakr (632-634), Umar (634-644), Uzmán (644-656), Alí (656-661), son compañeros del Profeta; sin embargo, bajo Alí, las luchas de sucesión se tornan tan vivas que la comunidad se encuentra dividida. Se asiste al nacimiento de los cismas [3]. Durante los 89 años de reinado de la dinastía de los omeyas de

---

[2] Aicha, a sus catorce años de edad, pretendió haberse perdido, cuando buscaba un collar, en el transcurso de una expedición por el desierto. Volvió al día siguiente acompañada por un joven beduino.

Mahoma, que en La Meca era monógamo, en Medina anudó numerosas alianzas, para consolidar al joven Estado islámico, con las hijas de sus compañeros: Aicha es la hija de Abu Bakr, Hafsa, la hija de Umar; con viudas como Sauda; Zaynab es una de las raras mujeres desposadas por pasión.

[3] Véase el capítulo 4.

Damasco (661-750), con catorce califas, sin olvidar a los omeyas de España (756-1031), con 16 califas, tanto como bajo los cinco siglos de la dinastía de los Abbasíes (750-1258), con 37 califas, el principio del califato jamás fue cuestionado. Como máximo, se llegó a atentar a la regla de la unicidad del califato, con los califas fatimíes que reinaron en el Magreb y luego en Egipto desde 959 a 1171.

Pero los teóricos jariyíes habían admitido la pluralidad de los califas, con la condición de que fuera en territorios diferentes. Bajo los turcos [4] no se habló ya de califas, sino de sultanes. Sin embargo, esos sultanes —sobre todo los otomanos— trataron siempre se asumir la autoridad espiritual y el poder temporal de los califas. Habrá que esperar a 1924 para asistir a la abolición del califato. La *umma*, comunidad islámica universal, iba a afrontar el ascenso de los nacionalismos, al defender celosamente cada nación musulmana su territorio y su historia [5]. Pero si la comunidad espiritual no tenía ya jefe, seguía conservando las bases sobre las que desde 632 se apoya el islam.

III. EL CORÁN Y LA *SUNNA*

Desaparecido Mahoma, su vida iba a ser objeto de un relato, verdadero testamento para todos los creyentes musulmanes. Pero, sobre todo, quedaba esta Palabra de Dios transmitida a su Profeta, que él tenía la obligación de «recitar». Muy pronto esta Palabra de Dios se ha transformado en Libro. Es el libro conocido como el Corán.

III.1. *El Corán*

Una primera cuestión se plantea a propósito del Corán: ¿cómo se ha operado el paso del Verbo al Escrito? ¿Cómo se ha pasado de las revelaciones al Profeta, recibidas por él de forma intermitente, a este libro homogéneo, al menos aparentemente? De hecho, es sólo después de la muerte de Mahoma, en 632, cuando sus discípulos piensan en reunir los fragmentos esparcidos de la Revelación anotados

---

[4] Véase el capítulo 10.
[5] Véase el capítulo 11.

por algunos sobre huesos o trozos de cuero, y en ordenarlos en capítulos (azoras). Pero habrá que esperar al reinado de Uzmán, el tercer sucesor del Profeta, para que se realice la versión definitiva que conocemos. El Corán está compuesto de 114 capítulos o azoras; las azoras están fragmentadas en versículos, en total 6 243 versículos. Se distinguen las azoras reveladas en La Meca, las azoras mequíes, de las reveladas en Medina, las azoras medinesas. Éstas están colocadas al comienzo del Corán; son las más largas; el tono es generalmente solemne y jurídico. Las azoras mequíes se encuentran relegadas al fin del Corán. Cortas, a veces muy cortas, su estilo se aproxima al de la poesía. Las azoras están dispuestas de manera formal por orden de longitud decreciente, excepto la primera; se presentan, pues, al lector, en un orden inverso al de la Revelación.

¿Por qué el Corán, hasta en su forma material, es objeto de veneración? En el origen, se nos plantea un problema teológico [6]: el Corán ¿es creado o increado? Un libro que es la Palabra misma de Dios ¿puede haber sido creado, puesto que la Palabra de Dios ha existido siempre? Algunos teólogos y comentaristas del Corán expusieron la tesis de que sólo las letras y el papel habían sido creadas, pero esto pareció demasiado sutil a los creyentes musulmanes, que siguen convencidos de que el Corán, incluso en su forma material, es sagrado, luego increado y eterno... Puede, pues, comprenderse la exigencia de pureza que se aplica al Corán; por ello, le está prohibido a una mujer durante su ciclo menstrual tocar las páginas. Esto es a veces difícil de entender en un Occidente que se ha laicizado, tanto más cuanto que los lectores no están en condiciones de apreciar el libro religioso de los musulmanes, por disponer generalmente de pesadas traducciones. Y ocurre que el Corán posee una belleza literaria que lo emparenta a la poesía. El que escucha recitar el Corán se siente embargado de una emoción lírica y estética innegable. ¿A qué se debe el hechizo que produce la recitación coránica? Sin duda, se explica por el lugar que ocupa el Corán en la vida cotidiana del musulmán. El musulmán está impregnado, embebido incluso, de esta recitación coránica que está ligada a todos los acontecimientos familiares, profesionales y sociales de su existencia. Extirpar de él el conocimiento del Corán sería arrancarle el alma. El Corán indica al musulmán lo que debe creer, los dog-

---

[6] Véase el capítulo 2.

mas [7], lo que tiene que hacer, la Ley, en sus relaciones con Dios (*ibadat*) o en las transacciones con los demás (*muamalat*) [8].

Pero la Palabra de Dios no es el único libro al que el musulmán se remite. Tiene también la *sunna* del Profeta. Pero ¿es éste un libro análogo al Corán?

III.2 *La* sunna

La *sunna* es el comportamiento del Profeta relatado por sus compañeros. Después de la muerte de Mahoma, cada uno de ellos recordó y contó; a veces no habían sido testigos directos, pero lo sabían por alguien fidedigno. Eran tantos los recuerdos que llegaron a ser inquietantes. Pudo verificarse que en algunos casos se había inventado pura y simplemente. Memoria fiel pero también memoria creyente que transfigura lo real sin darse cuenta. Todos esos cortos relatos de la vida del Profeta recibieron el nombre de hadiz (tradiciones). El conjunto de las tradiciones forma la *sunna*. Hay seis colecciones de hadiz. La más célebre es la de Bujari. Los hadices tejen lazos entre la religión y la historia. Ahora bien, la historia es la memoria de una comunidad. El papel de los hadices va a ser el de dar una imagen idealizada de la comunidad de los creyentes de Medina. Gracias a estos relatos, pero también a causa de estos relatos, los musulmanes de todas las épocas y de todas partes van a vivir al modo y estilo de Medina, tanto en lo que concierne a la urbanidad como a la organización política. Vale la pena detenerse en la urbanidad y buenas costumbres, pues se trata aquí de lo cotidiano islámico en Medina, en el tiempo del Profeta. Éste da por sí mismo el ejemplo de las «buenas costumbres» musulmanas para todas las circunstancias. Un código de usos cotidianos, a modo de un «saber vivir», va estableciéndose poco a poco. Pero no es un saber vivir en sentido estricto. Es un saber comportarse en todas las circunstancias, tanto en la vida privada como en la social o religiosa. El Profeta enseña a los musulmanes cómo deben comportarse a la mesa, cómo vestirse, cómo actuar con los demás, y todo esto sin perjuicio del dominio propiamente religioso, en el que va a establecerse una serie de usos: cómo rezar, cómo observar el ayuno del Ramadán, cómo hacer la peregrinación a La Me-

---

[7] *Ibid.*
[8] Véase el capítulo 3.

ca (véase recuadro). El buen musulmán debe saber cómo comportarse con Dios (*adab Alah*), al igual que debe aprender cómo comportarse en sociedad.

Todas las reglas de comportamiento son tratadas de la misma forma, sin examinar su finalidad. Así es como la forma de satisfacer las necesidades naturales está alineada en el mismo plano que la forma de mantener relaciones de buena vecindad o de proceder a transacciones comerciales o jurídicas.

• Son numerosas las recomendaciones acerca de la manera de comer y de beber. Hay que abstenerse de soplar sobre la comida y hay que comer con la mano derecha; hay que recurrir a menudo al mondadientes; hay que evitar comer ajo o cebolla antes de ir a la mezquita, para no molestar a los demás.

LOS CINCO «PILARES» DEL ISLAM

El islam impone cinco obligaciones a todo musulmán:
— la profesión de fe *(chahada* o testimonio), que es también el acto de conversión: «No hay más Dios y Mahoma es el enviado de Dios», es decir, de *Alah;*
— la oración *(salat):* precedida de las abluciones rituales de purificación, debe ser efectuada en cinco momentos de la jornada (alba, mediodía, tarde, ocaso y noche). Acto de alabanza, de adoración y de fidelidad a Dios, debe ser hecho en dirección a La Meca por el musulmán, que está alternativamente de pie, inclinado, prosternado. Está prescrito y recomendado rezar en común el viernes, día del Señor, en la mezquita (*masyid*);
— el ayuno (*sawm*) es obligatorio para todo musulmán púber durante el mes de Ramadán. Desde la salida hasta la puesta del sol está prohibido al creyente comer, beber, tener relaciones sexuales, fumar;
— la peregrinación (*hach*): el musulmán que tiene la fuerza y los medios para ello, debe, al menos una vez en su vida, ir a La Meca del 7 al 13 del mes Du l-hiyya, el último del año hegiriano. Llevará para ello la vestimenta de sacralización (*ihram*) compuesta de dos piezas de tela blanca sin ninguna costura para abolir las diferencias de razas y de rango social;
— la limosna (*zakat* o *sadaga*): es un impuesto religioso asignado a los ricos para ser repartido entre los pobres.

- Las relaciones sociales revisten una gran importancia. Ir a los banquetes nupciales, visitar a los enfermos, asistir a los funerales, hacer regalos, son actos dignos de alabanza.
- Pero las reglas de comportamiento conciernen también a la vida íntima del creyente. Hay una ética del cuerpo que tiene por ideal no la salud sino la pureza. De ahí el papel de la purificación y la permanente atención dedicada al cuerpo. Hasta el punto de que el islamólogo francés G. H. Bousquet no haya dudado, a propósito de las prescripciones sobre la purificación, en hablar de una «ética de los esfínteres». La importancia de la ablución es considerable para purificarse de la suciedad y de las secreciones corporales. Así son comprensibles los ritos de depilación para la mujer, que eliminan todo signo exterior de naturaleza salvaje, ya que lo limpio es lo liso y pulido, es decir, civilizado. El Islam es una civilización de lo pulido.

LA ORACIÓN Y LA MEZQUITA

Hay cinco oraciones por día: al alba, a mediodía, por la tarde, a la puesta del sol y por la noche. Se hace preceder la oración de las abluciones rituales, indispensables para que aquélla sea válida; las posiciones para la oración están fijadas: el musulmán debe estar alternativamente de pie, inclinado, prosternado. El imán, ante los fieles, conduce la oración frente al *mihrab,* un nicho excavado en el muro de la mezquita y que indica la dirección de La Meca (*qibla*).

La mezquita es el lugar de la oración, análogo a la iglesia para los cristianos y a la sinagoga para los judíos. La mezquita de Medina era también un lugar de reunión. El *mihrab* y el *minbar*, el púlpito, son dos elementos importantes en una mezquita.

- En todos los usos de la vida social y privada se encuentran rasgos constantes en las civilizaciones mediterráneas, y muy en particular el del simbolismo del lado derecho. La derecha simboliza la suerte, la felicidad; la izquierda, la desgracia. Dada la superioridad así admitida del lado derecho sobre el izquierdo, se comprende que se utilice la mano derecha para las cosas consideradas nobles y la izquierda para las cosas consideradas viles. Se entra en la mezquita con el pie derecho, se come con la mano derecha, se comienza a calzarse por el pie derecho, se duerme sobre el lado derecho. Pero otros actos de la vida íntima sólo pueden realizarse con la mano izquierda.

De hecho, en estas costumbres de la vida cotidiana en Medina ha ido operándose una selección según las épocas y según las sociedades. Los usos y costumbres ligados a la sociedad beduina son los de más difícil supervivencia. Otros han sufrido una mutación bajo la influencia de fenómenos como el sufismo [9]. En cambio, y pese a que la sociedad esté cambiando, que los mecanismos del Estado vayan haciéndose cada vez más complejos y que la economía esté transformándose, todo Estado islámico, hasta hoy, ve en la comunidad de Medina el modelo de toda organización política en tierra de Islam y se inspira en la *sunna,* convertida en la segunda fuente fundamental del islam [10].

REFERENCIAS BIBLIOGRÁFICAS

El lector que desee profundizar sus conocimientos podrá consultar, entre otros:

Delcambre, A.-M., *Mahomet, la parole d'Allah,* París, Découvertes/Gallimard, 1987 [*Mahoma, la voz de Alá,* Madrid, Aguilar, 1990, 2.ª ed.].
— *L'Islam,* colec. Repères, París, La Découverte, 1990.
El Corán, trad. de Denise Masson, París, La Pléiade/Gallimard [*El Corán,* trad. Rafael Cansinos, Madrid, Aguilar, 6.ª ed., 1973].
Gardet, L., *L'Islam, religion et communauté,* París, Desclée, 1982.
Godefroy-Demombynes, M., *Mahomet,* París, Albin Michel, 1957.
Rodinson, M., *Mahomet,* París, Seuil, 1968.

---

[9] Véase el capítulo 5.
[10] Nótese que hay un musulmán que no reconoce el valor de la *sunna;* se trata del jefe del Estado libio. Véase el retrato de Muammar Gaddafi en la tercera parte de este libro, capítulo 17.

2. EL DOGMA DEL ISLAM

Roger Arnaldez

> Todo musulmán proclama su fe en Dios único y en su Profeta, Mahoma. Roger Arnaldez, especialista en filosofía árabe y miembro del Instituto, analiza con una esclarecedora precisión los grandes principios de la doctrina musulmana.

I. PRIMER DOGMA: CREER EN UN SOLO DIOS

El Islam tiene ciertamente varios dogmas, pero todos se basan en un dogma esencial, el de la unicidad de Dios (*tawhid*). Todos los demás pueden deducirse fácilmente de éste. La primera parte de la profesión de fe «Afirmo que no hay otra divinidad que Dios» expresa esta creencia que será, durante el curso de los tiempos, la base de toda reflexión teológica, incluso teológico-política. Esta afirmación del *tawhid* se dirigió al principio contra el paganismo de las tribus de la Península Arábiga, luego contra la doctrina cristiana de la Santísima Trinidad, considerada como una forma de politeísmo, el tristeísmo, tal como lo denuncia el Corán (5,73): «Son infieles los que dicen que Dios es el tercero de una tríada», y (4,171): «Creed en Dios y en su Enviado, y no digáis tres». El politeísmo lleva en árabe el nombre de *chirk*, que significa la asociación a Dios de lo que no es Dios. Dios es creador y su creación prueba su existencia. Ha creado sin la ayuda de nadie y, como dicen algunos teólogos (los mutazilíes), sin haber necesitado ideas ejemplares de tipo platónico como proveedores de los elementos del plan del universo.

I.1 *Un Dios absoluto*

Dios hace lo que quiere, como no cesa de repetir el Corán. Su voluntad es arbitraria, en el sentido de que el hombre no puede pedirle razón de sus actos: «No se preguntará por lo que Él hace, pero ellos serán interrogados» (21, 23). Lo mismo ocurre con los mandamientos que da en su Ley: son tales como quiere. En efecto, Él es el «Rico», es decir, que no necesita de nada ni de nadie. «¡Hombres! ¡Ante Dios sois pobres! Dios es el Rico, el Alabado» (35, 15, 47, 38). Lo que Él hace está bien porque lo hace Él; si dota a sus criaturas de una sobreabundacia de bienes, no es porque en Él haya una esencia bienhechora que se derrama en dones de todas clases, sino porque así lo ha decidido. Aunque haya dicho en el Corán (51, 56) «Yo he creado a los yinns y a los hombres para que me sirvan», no obtiene beneficio alguno de ese servicio, que le es totalmente inútil, mas por haber decretado que los que le obedezcan serán recompensados en el paraíso, es a los hombres a quienes resulta bueno y útil servirle. Por eso, ha dicho (3, 97): «quien no crea en este precepto, sepa que Dios es rico respecto de los mundos».

I.2. *Un Dios legislador*

Si Dios ordena y prohíbe lo que quiere sin ningún motivo, de ello se infiere que hay que tomar la Ley al pie de la letra, en el sentido aparente (*zahir*) de los versículos, tal como está formulada en el Corán (y accesoriamente en los hadices o tradiciones auténticas del Profeta), por lo que el trabajo de los juristas debe reducirse a determinar el exacto sentido de los textos. Esta actitud completamente lógica sólo ha sido aplicada en todo su rigor por una escuela que ha permanecido marginal, la escuela zahirí, cuyo máximo representante es Ben Hazm de Córdoba (994-1064). Al no prescribir Dios sino lo que quiere, es evidente que sus prescripciones están textualmente contenidas en el Libro que ha hecho descender sobre su Profeta, y que, por ello, no hay nada que añadir o que retirar. Toda elaboración de los textos coránicos sería una interpretación humana que debe ser excluida. Pero no tardó en manifestarse que los versículos legislativos, aun completados por la tradición profética, eran insuficientes para responder a las necesidades de la Comunidad de los creyentes que, por la vía de la conquista, se había desarrollado considerablemente. Sin duda, los primeros musulmanes se basaron en legislaciones ya existentes, conformándose con ajustar los artículos a los principios que podían extraer del Corán y de los hadices, ya que la necesidad se erige en ley. No obstante, los juristas buscaron y encontraron en la Revelación versículos que les autorizaban a ampliar los elementos de la Ley, sin por ello alterar el espíritu de la misma, a fin de responder a las nuevas exigencias de la vida de los creyentes. En efecto, Dios apela a menudo a la reflexión; así es como hace esta recomendación

(59,2): «Extraed, pues, de ello una lección, vosotros que tenéis ojos para ver». Del versículo (4, 83), en el que aquellos que quieran hacer brotar la verdad en un asunto delicado se les aconseja relacionarlo con el Enviado para saber lo que deba hacerse, se ha sacado el término *istinbat*, que ha tomado el sentido de deducción y que autoriza consecuentemente una extensión de la letra de la Ley.

Eso justifica la introducción de principios metodológicos, denominados *usul al fiqh*, destinados a elaborar el derecho coránico con vistas a su aplicación a casos para los que no haya prescripciones textuales. El método más célebre es el del razonamiento analógico establecido por el imán Al-Chafii. He aquí la regla. Como Dios da a menudo en el Corán mandamientos particulares, el jurista debe buscar en ellos la causa general que los motiva. Se obtiene así un principio general del que podrán deducirse aplicaciones a casos que no figuran expresamente en los textos revelados de la Ley. Se tiene así la seguridad, gracias a este procedimiento, de respetar el espíritu de la legislación querida por Dios.

Se ha convenido también en que es voluntad de Dios preservar a la Comunidad del Profeta (*ummat al-Nabí*) de todo lo que pueda perjudicarle y poner en peligro su existencia. En efecto, la Ley que la rige debe durar hasta el Día del Juicio Final. Esta Comunidad es la mejor (3, 110): «Sois la mejor Comunidad que haya sido instituida por los hombres: mandáis lo que está bien y prohibís lo que está mal». En estas condiciones, algunos juristas han admitido como principio de derecho la búsqueda de lo que sea bueno para la Comunidad o de lo que le sea útil.

Además, el Corán recomienda todo lo que es propio para establecer un buen orden (*islah*) y pone en guardia contra todo lo que sea corrupción: «Y haz el bien como Dios hace el bien, y no desees la corrupción en la tierra» (28, 77). Citemos aún (7, 142) estas palabras dirigidas a Moisés: «Ponlo en buen orden y no sigas la vía de los que siembran la corrupción». La «búsqueda del bien» ha sido adoptada, en particular, por la escuela hanafí. Es un principio más extenso en su aplicación, pero no está tan bien definido como la «búsqueda de lo útil» adoptada por la escuela malikí. Anotemos, en este orden de ideas, que el consejo (*ichmaa*) de la Comunidad (*umma*) está considerado como principio de legislación. En efecto, según una tradición, el Profeta ha dicho que su Comunidad jamás estaría de acuerdo en un error. Dios ha garantizado la infalibilidad de esta Comunidad del Profeta hasta el fin de los tiempos: «Entre los seres que hemos creado, hay una Comunidad que se conduce según el derecho y que, según el derecho, practica la justicia» (7, 181).

Hay que señalar un último principio que caracteriza sobre todo a la escuela hanafí: el del juicio personal. Esto parece a primera vista muy alejado de la estricta observancia de las exigencias del Islam, puesto que parece admitir, junto a los mandamientos de Dios propiamente dichos, el valor de las decisiones personales. Pero aquí también puede apelarse a algunos textos coránicos, como los que recomiendan tener en cuenta las opiniones de los que ejercen la autoridad: «Obedeced a Dios, al Enviado y a los que entre vosotros ejercen la autoridad» (4, 59; *cf.* 4, 83). Además, según un hadiz, el Profeta envió a una tribu a uno de sus Compañeros, con la instrucción de recurrir al juicio personal cuando no encontrara en los textos revelados indicaciones sobre la conducta a seguir.

En fin, de modo general, el islam recomienda la práctica del esfuerzo personal (*ichtihad*) para solucionar los problemas que se planteen: es un deber que se impone a todos los doctores de la Ley (*al-ulama*), a los jueces, al califa y a todos los que de él reciban delegación. Según un hadiz, Dios concede una recompensa a todo creyente que haga un esfuerzo personal, incluso si se equivoca; si no se equivoca, le da una recompensa doble. Se ha admitido que en el caso de que el consenso de la Comunidad entera no sea materialmente definible puede reemplazarlo el de los sabios de los grandes metrópolis.

I.3. *Un Dios trascendente*

El problema se ha planteado en teología (*ilm-al-Kalam*) a propósito de los atributos de Dios, por una parte, y, por otra, de la predestinación (problema de la creación de los actos humanos).

El Corán enuncia un cierto número de calificativos atribuidos a Dios, tales como Todopoderoso, Omnisciente, Vivo, etc. Si se consideran como atributos, su número ¿no va a multiplicar la esencia de Dios y a arruinar la unidad de Dios (*tawhid*)? No podemos aquí sino señalar el problema, recordando simplemente que algunos teólogos, como los mutazilíes, han reducido los atributos a la esencia, diciendo que Dios es sabio, poderoso, etc., por su esencia y no por la ciencia ni por la potencia; que se ha distinguido los atributos de la esencia y los atributos de la acción; y que aquellos que, como los acharíes, conservaban la realidad de los atributos, sostenían, según una célebre fórmula de Ben Kulab (muerto en 865), que no son Dios, pero que no son otra cosa que Dios. Se ha considerado igualmente los atributos como «modos»; esta teoría se remonta a un mutazilí, Abu Hachim (muerto en 921), el hijo del célebre Yubai; fue recuperada por el asha' arí Yuwayni (muerto en 1085) que escribió: «El modo es un atributo ligado a una cosa existente, y que no está calificado en sí mismo ni por la existencia ni por la no existencia». Estas audaces formulaciones denotan por sí mismas cómo este difícil problema ha atormentado a los pensadores musulmanes. No obstante, algunos, más razonables quizás, han considerado que no se trata sino de nombres, «los más hermosos Nombres» de Dios, de los que dice el Corán (7, 180): «A Dios pertenecen los más hermosos nombres; invocadlo por ellos». El problema de teología especulativa desaparece entonces para dar lugar a un mandamiento práctico de adoración de Dios. Así es como los místicos musulmanes, los sufíes, han entendido estos Nombres.

Dios es, en su unicidad, y, consecuentemente, en su unidad, absolutamente trascendente (13, 9); «nada hay que le sea semejante» (42, 11). El pensamiento humano no puede elevarse hacia Él sino por la «vía negativa», es decir, negando de él todo lo que no es él: no es una sustancia, no es un accidente; no es un cuerpo, etc. Si se dice que es sabio, viviente, etc., no es en el sentido en el que se dice de los seres creados a los que se llama sabios, vivientes, etc. El hombre puede enunciar que Dios es sabio, etc., puesto que así lo enseña el Corán, pero, como dicen la mayoría de los teólogos, sin tratar de precisar cómo lo es. El pensamiento humano es, pues, incapaz de emitir un juicio sobre Dios y sus actos apoyándose en nociones ontológicas o axiológicas que sólo son aplicables a las criaturas. Se llega, consecuentemente, a este razonamiento: todo lo que existe y no es Dios, está creado por Dios; ahora bien, lo que nosotros consideramos como el mal, existe y no es Dios; luego el mal, o más exactamente aquello a lo que llamamos el mal, está creado por Dios. Esto es verdad, para todos los males que nos afligen: catástrofes naturales, enfermedades, males morales, infidelidad. Consecuentemente, la infidelidad está creada, al igual que la fe; los actos de los no creyentes como los de los creyentes están creados, pues sólo hay un creador, y no podría admitirse que un mismo acto humano fuera el efecto de dos creadores, Dios y el hombre.

Esta doctrina de la creación de los actos humanos ha sido sostenida por la mayor parte de los teólogos musulmanes, con diversos matices, particularmente entre los acharíes, con la teoría de la «adquisición», que es muy oscura y trata únicamente de definir «un justo medio en la creencia», según el título de una obra de Gazali, el gran teórico que sistematizó el pensamiento achaarí (muerto en 1111). El hombre sería considerado así como inseparable de los actos creados en él por Dios. Esta predestinación corresponde a la noción de decreto divino eterno e inmutable, a la voluntad inflexible de Dios: «Cuando Dios decreta una cosa, no tiene más que decir: sea, y es» (2, 117; 3, 47).

La escuela mutazilí, por el contrario, ha defendido la libertad del hombre en nombre de la justicia divina. En realidad, el Corán no dice que Dios es justo, sino que es sabio, que «ordena la justicia» (16, 90), que su palabra «se realiza en verdad y en justicia» (6, 115). En estas condiciones, ¿cómo querría Dios crear el mal, la injusticia y la infidelidad? Los argumentos mutazilíes no se basan, como puede verse, en el solo testimonio directo de los textos revelados, sino que parten de una reflexión racional sobre esos textos. En efecto, esta escuela no duda en apoyarse en la razón, puesto que el mismo Dios apela a ella en la enseñanza que da el Corán. El más importante de todos los argumentos es, por una parte, que es inconcebible que Dios imponga mandamientos a seres a quienes crea incapaces de ejecutarlos; y por otra parte, que si Dios creara los actos humanos, las prescripciones de la Ley serían tan inútiles para los hombres como lo serían para seres puramente físicos y desprovistos de razón: Dios no ha enviado la Ley a los animales, no ordena a los cuerpos pesados caer hacia abajo y a los cuerpos ligeros elevarse; las leyes naturales son ejecutadas automáticamente. Para los seres naturales no hay ni promesa de recompensa ni amenaza de castigo. El problema de las relaciones entre la omnisciencia o la plenipotencia divinas y la libertad humana es grave: no ha recibido solución definitiva en la teología (*kalam*).

I.4. *Un Dios que es un maestro exigente*

El dogma del *tawhid* y la condena del *chirk* han tenido también importantes consecuencias en el plano de la moral religiosa. En efecto, se ha considerado como *chirk* todo apego exclusivo a las criaturas, por desviar a los hombres de la adoración del Único. Por otra parte, el Corán denuncia el amor de las riquezas, la gloria obtenida de los hijos, la búsqueda de honores. Opone fuertemente la vida terrenal, efímera e ilusoria, a la Vida Última, y censura a los que cambian la vida duradera por la perecedera: «Los que han comprado el error al precio de la recta conducta, no han hecho buen negocio» (2, 16). «He ahí a los que han comprado la vida de este mundo al precio de la Vida Eterna: el castigo no les será aliviado» (2, 86; *cf.* 2, 185). «¡Cuán malo es aquello contra lo que han trocado sus almas» (2, 90). «En verdad, los que hayan comprado la incredulidad al precio de la fe, no perjudicarán en absoluto a Dios, pero tendrán un castigo doloroso» (3, 177). La misma idea en (3, 187) y en (9, 9). Esta idea de una compra se aplica incluso a Dios; a propósito de los combatientes del *yihad* se dice: «Sí, Dios compra a los creyentes sus vidas y sus bienes por la promesa de que tendrán el paraíso» (9, 111). Se ha comparado esta imagen del comercio con la de la apuesta de Pascal. En resumen, el dogma del *tawhid* exige que el hombre esté totalmente al servicio del Dios único y que obedezca su Ley y sólo a ella. Los sufíes han desarrollado estas ideas haciendo del desapego ascético del mundo una condición de la elevación hacia Dios, gracias a la purificación del alma por el beneficio de la Ley revelada.

II. SEGUNDO DOGMA: CREER EN LOS PROFETAS
    Y EN LOS LIBROS REVELADOS

Mahoma es el último y el sello de los profetas. Este artículo de fe implica un dogma que tiene una importancia extrema: que el Corán no es obra del Profeta, aunque fuese inspirado para escribirlo, sino que es la Palabra misma de Dios, increada para la mayoría de los musulmanes, creada, según los mutazilíes. Pero esta diferencia, teológicamente importante, no tiene efecto práctico en la concepción de la Revelación.

Dios hace saber que el Libro ha descendido de él. No entraremos en el detalle de las imágenes expresivas utilizadas: la Madre del Libro, la Tablilla-bien-guardada, el Cálamo. Los comentaristas han dado de ellas numerosas interpretaciones. Retengamos simplemente que subrayan que el Corán, como, por otra parte, todas las escrituras anteriores, la Tora, los Salmos, los Evangelios, tienen un origen celestial y no son obras humanas. El Corán se presenta como confirmador de todas estas Escrituras, no sin acusar a los judíos y a los cristianos de haber alterado u olvidado una parte de lo que les había sido revelado. Dios ha enviado a cada nación un profeta que hablaba en su lengua, pero, de hecho, el Corán sólo cita apenas a los patriarcas y a los profetas conocidos por la Biblia y los Evangelios. Cierto es que también cita a «profetas árabes», Hud, Salih y Chuayb enviados a las tribus de Ad, de Zamud y de Madian; se han propuesto genealogías de éstos para ligarlos a personajes bíblicos. Citemos aún a Dul Qarnayn (Alejandro Magno) y al misterioso Dul Kifl, que se resiste a toda identificación.

Desde Adán hasta Jesús, casi todos los personajes importantes de la historia bíblica son más o menos ampliamente evocados en el Corán. A veces, sólo aparece su nombre, como por ejemplo los de los profetas Elías y Eliseo. Muy poco se dice de Isaac y de Jacob. Una azora está dedicada a la historia de José presentada por Dios a Mahoma en estos términos: «Te hacemos el relato del mejor relato». En efecto, es el único caso en que el Corán ofrece una historia seguida. En las otras azoras, incluso cuando llevan por título los nombres de Abraham o de Jonás, los personajes en cuestión no aparecen sino episódicamente entre otros versículos que les son ajenos. La mayor atención se centra en Abraham, Moisés y Jesús. Pero el recuerdo que de ellos se hace está fragmentado y repartido en diferentes azoras. No se respeta ningún orden cronológico. En este sentido, el Corán es muy diferente de la Biblia. No se interesa por el curso de la historia, pues la Revelación es concebida como «descendiente» verticalmente en puntos discontinuos del tiempo, que aporta a las diversas naciones, a través de sus profetas, las verdades inmutables de la existencia de Dios, de su trascendencia, de su creación, de la obligación de obedecerle. Como han observado los comentaristas musulmanes, el «recuerdo» de tal o cual acontecimiento de la vida de Noé, de Abraham, de Moisés, de Jesús, es escogido por su valor de enseñanza, de «lección». Por ello, los personajes bíblicos que evoca el Corán no son presentados como seres que viven su propia historia en el tiempo, sino como figuras ejemplares de las que Dios recuerda tal acción, tal frase, para subrayar el alcance y el sentido del mensaje que entrega a Mahoma y que inserta así en la serie discontinua de los mensajes anteriores. Dios hace saber que el Corán confirma la Tora y el Evangelio: «¡Oh, vosotros que habéis recibido el Libro! (judíos y cristianos), creed en lo que Nos hemos hecho descender como confirmación de lo que está entre vuestras manos» (4, 47). Pero puede decirse igualmente que el recuerdo selectivo de lo que está en los Libros de los judíos y de los cristianos sirve para confirmar el contenido de la Revelación coránica.

Es indudable que el dogma del *tawhid* es el fundamento de la creencia en el valor de la unidad bajo todas sus formas: un solo Dios, una sola Fe, una sola Ley, una sola Comunidad. Es lo que se puede llamar el ecumenismo islámico. Pero ni los judíos ni los cristianos son reconocidos en la predicación mahometana. De ahí ha surgido la convicción de que los infieles, y muy particularmente las «Gentes del Libro» que no han aceptado abrazar la fe musulmana, rompen la unidad a todos los niveles: espiritual, ético-religioso y comunitario. Puede decirse que para los musulmanes el mal absoluto es la divergencia. Ésta es la razón de que entre todos los «profetas» anteriores a Mahoma haya uno que se destaque: Abraham, pues, «no siendo ni judío ni cristiano» (3, 67), era un creyente sincero (*hanif*) más allá de las divergencias que oponen a judíos y cristianos; llegado antes que Moisés y Jesús, Abraham representa la Fe en la pureza de su unidad perfecta. El Corán enseña que Abraham y su hijo Ismael fundaron el santuario de La Meca, la Kaaba (2, 125). Los ritos de la Peregrinación conmemoran esta fundación, así como todo lo que se relaciona con Agar e Ismael. Ahora bien, la Peregrinación es, en cierto sentido, la manifestación de la unidad de la *umma* diseminada por el mundo, y, por ello, es el símbolo de la unidad de la fe de todos los creyentes.

Sin duda las vicisitudes de la historia han desmentido ese ideal. Poco tiempo después de la muerte del Profeta, los creyentes guerrearon y se mataron entre sí, pese a la Palabra de Dios (4, 92) que prohíbe a un creyente matar a otro creyente, «salvo por error». Estos conflictos internos suscitaron graves problemas teológicos y originaron la división de la Comunidad en tres grandes confesiones: los sunníes, los siíes y los jariyíes, subdivididos a su vez en numerosas sectas. Todo eso pertenece a la historia política y cultural. (Véase el capítulo sobre el chiísmo de Françoise Micheau.) Pero lo más extraordinario es que, pese a todas estas divergencias, los musulmanes no han cesado de sentir profundamente la unión que les liga entre sí y el valor único de ese ideal unitario, que sigue siendo para ellos una promesa de Dios que tiene la misión de realizar, con su ayuda, de aquí al día del Juicio Final.

III. ¿DEBE PREVALECER EL DOGMA SOBRE LA LEY?

¿Debe dar prioridad el Corán al mensaje desarrollado por los juristas o a su mensaje espiritual cultivado por los místicos? Parece que «el despertar del Islam» está centrado en el aspecto jurídico del Corán para muchos de los que piensan que la salvación del Islam, como la del mundo entero, está en la observancia de la Ley musulmana (*charia*) que varios países musulmanes han decidido ya aplicar. Éste es ciertamente el ideal del movimiento integrista. No es nuestro propósito aquí estudiar en qué condiciones podría vivir una sociedad moderna según esta Ley. Su aplicación al pie de la letra parece imposible, a menos de retrotraer a la Comunidad a lo que era en la época del Profeta. Algunas disposiciones coránicas están ligadas, en efecto, a un tipo de sociedad que ya no existe o que tiende a desaparecer. Parece indiscutible que obligaciones del culto como las cinco oraciones cotidianas o el ayuno del Ramadán son difíciles de observar, por no hablar de los problemas que plantea la concentración de los fieles en La Meca para el cumplimiento de la peregrinación. En cuanto a las leyes que regulan las «transacciones» (*muamalat*) entre creyentes, es evidente que están referidas a una organización social arcaica. Así, las leyes que conciernen a la herencia implican la existencia de lo que se llama «la gran familia», reducida hoy a la comunidad de los padres y los hijos; lo mismo cabe decir de las leyes relativas al matrimonio, al repudio, al estatuto de las mujeres. Las reglas relativas al comercio, demasiado sucintas, son totalmente insuficientes en el mundo actual de los negocios. El derecho penal, tal como se presenta en los *hudud* (penas definidas en el Corán para algunos delitos, como el robo y el adulterio) llevan consigo igualmente el sello de una mentalidad que puede considerarse superada (véase el capítulo sobre el derecho, de Francis Lamand).

En cuanto a las tradiciones del Profeta, se encuentran, por ser más precisas y concretas, más estrechamente ligadas a las prácticas de los comienzos del Islam. Ahora bien, Dios ha ordenado obedecer al Profeta, es decir, actuar como él y como lo recomendaba hacer a los primeros fieles. Tales son los problemas que deben resolver los musulmanes que quieren restaurar la Ley islámica. Por ser el Corán la Palabra misma de Dios, no deja mucho campo a la interpretación, sobre todo cuando decreta reglas muy precisas, como las del estatuto personal. Pero del mismo modo que, desde el principio, los juristas musulmanes se aplicaron a islamizar las leyes, prácticas y costumbres en uso en los países conquistados, hoy tratan de integrar en la *charia* lo que consideran bueno y útil de las legislaciones de los países no musulmanes. Así puede verse, entre otros ejemplos, presentar como conquistas del Islam el parlamentarismo o la seguridad social. Siempre han sido notables la habilidad y la sutileza de los juristas en esta materia. La cuestión estriba en saber hasta dónde y a través de qué métodos tiene derecho el hombre a desarrollar así la Palabra de Dios. En tanto que Ley, el islam sólo interesa a los musulmanes. Pero en tanto que espiritualidad cultivada por los sufíes, puede interesar a todos los espíritus religiosos. Ha de tenerse en cuenta que numerosos convertidos al islam han sido alcanzados por el pensamiento de tal o cual gran místico, y que no se preocupan, al parecer, sino muy secundariamente, de lo que es primordial para los legalistas y de los problemas que les plantea la Ley. Sin duda, el camino hacia Dios no suprime la observancia de la Ley, puesto que de ella parte. Pero el punto de llegada, la Realidad (*Haqiqa*), está lejos del punto de partida, e incluso cuando se está profundamente adentrado en la Vía (*Tariqa*), se ha rebasado la Ley (*charia*). De hecho, forzoso es comprobar que los sufíes han sido siempre marginales en el islam que puede denominarse oficial, y que las cofradías en las que se han refugiado a menudo continúan siendo sospechosas, si no condenadas. Pues su particularismo conlleva el riesgo de romper la unidad de la Comunidad (véase el capítulo de Djamchid Mortazavi sobre el sufismo y el de Gilles Veinstein sobre las cofradías).

Así el dogma del *tawhid*, que ordena todo el pensamiento y toda la vida de los musulmanes, en tanto en cuanto está ligado a la Revelación de la Palabra misma de Dios que es el Corán y el ejemplo del Profeta que conserva el *hadiz*, se ha refractado en una pluralidad de doctrinas teológicas y políticas, de suerte que la unidad de la Fe, y de la comunidad que implica, no ha podido nunca realizarse concretamente en la historia, aunque sigue siendo un ideal muy vivo en el corazón de todos los creyentes.

PARA PROLONGAR ESTE CAPÍTULO

Arnaldez, R. *Trois Messagers pour un seul Dieu,* París, Albin Michel, 1983.
Bokhari, El, *L'authentique Tradition musulmane, choix de hadiths,* trad. G. H. Bousquet, París, Sindbad, 1986.
Miquel, A., *L'Islam et sa civilisation,* VIIe-XXe siècle, París, Armand Colin, 1977.

3. LA *CHARIA* O LEY ISLAMICA

Francis Lamand

> La ley islámica *(charia)* caracteriza al islam tanto al menos como su teología, su filosofía o su mística, pues en la religión musulmana, la fe está indisociablemente ligada a la ley. Universitario y abogado internacional, Francis Lamand, antiguo profesor de la Facultad de Derecho y de *charia* de la Universidad de Kuwait y ex consejero cultural de Francia en los Estados Árabes del Golfo, expone los fundamentos y las aplicaciones prácticas de la *charia*.

La *charia* se presenta como un «catecismo» de los mandamientos que debe observar el musulmán. Al lado de esta ley está la jurisprudencia o derecho musulmán *(fiqh)*, que es la interpretación de la *charia* por los juristas del Islam. Pero no se trata de derecho en el sentido occidental del término, del mismo modo que los juristas no deben ser asimilados a simples especialistas del derecho. En el Islam, los juristas son a la vez teólogos, puesto que la ley es parte integrante de la religión.

La ley islámica y el derecho musulmán son inseparables de su fundamento religioso *(usul)*. No se trata de un «artificial» enlace del derecho a la religión, como han pretendido algunos orientalistas que no eran juristas. La doctrina jurídica occidental, por su parte, ha considerado a menudo al derecho musulmán como un derecho religioso, con el mismo título que el derecho judío, el derecho hindú o el derecho canónico. Pero, en nuestra opinión, si los observadores occidentales confiesan sentirse desconcertados por la *charia* y por el *fiqh*, hasta el punto de enunciar sentencias negativas («el derecho musulmán no existe» o «el derecho musulmán no tiene nada de musulmán»), es porque presienten confusamente que el derecho musulmán es otra cosa que un derecho religioso.

El derecho musulmán ha sido elaborado a partir de la *charia* por los jurisconsultos y según procedimientos que apelan a la lógica y a la pura reflexión personal. Pero su especificidad es la de ser esencialmente un catálogo de reglas indicativas de cómo satisfacer a Dios, tanto en las obligaciones del culto como en las relaciones con los demás. Con la *charia*, como con el *fiqh*, estamos en el corazón mismo de la religión. Esto es desconcertante para un espíritu occidental acostumbrado a disociar los dominios de lo religioso y de lo profano, de lo individual y de lo comunitario, de lo privado y lo público. Pero la religión musulmana no es una religión de salvación individual desligada de la sociedad y de la política. Contrariamente al cristianismo, que ordena dar al César lo que es del César y a Dios lo que es de Dios, en Islam Dios es César: Él ha legislado para la comunidad de los creyentes (*umma*). La finalidad de la *charia* es organizar la Ciudad de Dios en la Tierra.

I *CHARIA* Y *FIQH*: UN RECUERDO HISTÓRICO

En Medina, Muhammad (Mahoma) se convierte en un Profeta hombre de Estado. No puede llamársele legislador, pues no ha creado leyes. Él interpreta la Ley divina, la legislación contenida en el Corán. Sólo Dios es legislador. Muhammad es la primera autoridad que va a elaborar la jurisprudencia islámica (*fiqh*). El Profeta será el primer jurista (*faqih*), el primero en dar consultas jurídicas (*mufti*), mucho antes de que el derecho musulmán haya sido construido por los jurisconsultos. Mahoma asume también la función de árbitro, a causa del carácter religioso de su misión y de la costumbre beduina del recurso al arbitraje [1].

Después de la muerte de Mahoma, el trabajo de jurisprudencia (*fiqh*), de organización de la religión en la sociedad, debe continuar. Con los primeros califas se desarrolla la noción de «Sunna del Profeta». Los antiguos árabes imitaban la costumbre (*sunna*) de los antepasados. En lo sucesivo, es el comportamiento del Profeta y de sus compañeros lo que hay que imitar y seguir. Dicho de otro modo, la revolución operada por el Profeta, por la ruptura de los lazos tribales, va a convertirse a su vez en objeto de imitación y a formar parte de la tradición. Pues en Arabia, desde siempre, lo que es tradicional es justo y está bien. Por el contrario, la innovación (*bidaa*) es detestable

---

[1] Joseph Chelhod, «La place de la coutume dans le Fiqh primitif et sa permanence dans les sociétés arabes à tradition orale», en *Studia Islamica,* LXIV, París, Maisonneuve-Larose, 1986, pp. 23 ss.; J.-P. Charnay, «Pluralisme normatif et ambiguïté dans le Fiqh», *Studia Islamica,* XIX, París, Maisonneuve-Larose, 1963, pp. 70 ss.

y detestada: «se rechazará toda innovación en nuestras enseñanzas», ha dicho el Profeta [2].

Durante el primer siglo de la hégira (siglo VII de la era cristiana), el Islam va a entrar en contacto con las instituciones legales de los países conquistados. Va a confrontarse con el derecho romano y bizantino, con el derecho canónico de las iglesias orientales, con la ley judía, con la sasánida (de los persas). Así, el adagio «al-walad li-l-firach» —el hijo pertenece al lecho conyugal— corresponde al adagio romano: «*pater is est quem nuptiae demonstrant*», fundamento de la presunción de paternidad en el derecho positivo francés. El consenso de los sabios, es decir, la opinión unánime (*ichmaa*) se parece mucho al «*opinio prudentium*» del derecho romano. Puede incluso aplicarse al *fiqh* la magistral definición del jurista romano Ulpiano «*jurisprudentia est divinarum atque humanarum rerum notitia; justi atque injusti scientia*» [3]. Lo que podría transcribirse así: «El *fiqh* es el examen de los derechos de Dios y de los derechos del hombre; el conocimiento de lo lícito y de lo ilícito». El derecho romano conoció muy pronto —en la época clásica— la distinción entre el derecho sagrado y el derecho civil, entre el «fas», conjunto de preceptos que reglamentan las relaciones de los dioses y de los hombres, y el «jus», derecho laico destinado a regular las relaciones entre los hombres. La laicización del derecho que de ello se derivó se ha traducido en una separación de lo jurídico y de lo teológico y se ha cumplido en la creación del derecho civil, edificado en el monumento histórico de la ley de las XII Tablas (449 a.C.) [4].

Nada semejante en el derecho musulmán: el *fiqh* no ha conocido jamás la mutación del derecho sagrado en derecho civil. Lo lícito y lo ilícito sólo están en lo divino y en la norma dada. No es casual que el mismo término árabe «haram» signifique a la vez, en el Corán, «sagrado» y «prohibido» [5]. No hay otro legislador que Dios: el *fiqh* es

---

[2] An-Nawawi, *Quarante Hadiths*, trad. A. Jaldun Kinany y Ahmad Valsan, Beirut, Dar Al-Koran Al-Kareem, p. 44.

[3] G. H. Bousquet, *Le Droit musulman*, París, Armand Colin, 1963, pp. 65 ss.

[4] Pierre Noailles, «Du Droit sacré au Droit civil, Essai sur l'origine de la juridiction civile à Rome», en *Nouvelles études sur le très ancien droit romain*, Publications de l'Institut de Droit Romain de l'Université de París, 1949, pp. 16 ss.; Raymond Monier, *Droit romain*, t. I, París, Domat Montchrestien, 1947, pp. 4, 26 ss.

[5] El sentido normativo de la ley islámica procede de la unión de lo «sagrado» y de lo «normativo», es decir, de la unidad del orden de la ley y del orden sagrado, lo que asegura su permanencia. En las sociedades occidentales laicas, es más bien la unión de lo «normal» y de lo «normativo» lo que caracteriza la regla de derecho.

menos un derecho que la regla de conducta de sí mismo, de la familia y de la ciudad. Es el «qanun al-siyasa», según la definición de Al-Gazali [6].

Bajo la dinastía de los califas omeyas, se crean los jueces religiosos (cadíes). Son los representantes del gobernador. Ya no se trata de una justicia privada con árbitros. Los jueces son funcionarios, es decir, responsables ante el Estado de depósito (*amana*) que se les ha confiado. Cuando los omeyas son derrocados por los abbasíes en 750, la ley islámica ha adquirido ya sus rasgos principales en cuanto a la organización de los procesos, la administración de la justicia y el enlace entre judicatura y *charia*. Pero el pensamiento jurídico va a verse, bajo el reinado de los primeros califas abbasíes, profundamente influido por la lógica griega. El gran jurisconsulto Al-Chafii, nacido en Palestina (767-820) [7], va a elaborar su teoría de las fuentes (*usul*) del derecho musulmán, verdadera «principiología» jurídica. Estas fuentes son cuatro:

— el Corán, que es el Verbo de Dios,
— la *sunna*, conjunto de tradiciones y juicios del Profeta,
— el consenso de los sabios de la comunidad: *ichmaa*,
— el razonamiento analógico: *qiyas*.

Sólo la última fuente hace intervenir a la reflexión lógica. El acuerdo unánime de los sabios se ve reconocido por el derecho musulmán, que tiene por fin el bien de la comunidad, con la misma autoridad que el Corán y la *sunna*. Según el hadiz del Profeta, «Dios reconoce el bien en lo que los musulmanes han juzgado como tal» [8].

En el siglo VIII, hacia el fin del reinado de los omeyas y el comienzo del de los abbasíes, la comunidad de los sabios va a repartirse en escuelas jurídico-religiosas o ritos (*madhab*, plural *madahib*),

---

[6] Abu Hamid Ib Mohamed Al Gazali, célebre teólogo, filósofo, reformador y místico musulmán, nacido en Tous (Juraán), en 1058, muerto en 1111. Su doctrina, como la de Ben Hazm (*infra*, nota 10), contribuyó ampliamente a la formación del pensamiento jurídico musulmán.

Henri Laoust, «Comment définir le Sunnisme et le Shiisme», en *Revue des Études Islamiques*, XLVII/1, Librairie Orientaliste Paul Geuthner, 1979.

[7] *Infra*, p. 41.

[8] Marouf Al-Dawalibi, *La Jurisprudence dans le Droit islamique*, Pref. Louis Massignon, 1981, Beirut, Dar Al-Kitab Allubnani, pp. 39 ss.

que han fundado, junto a la jurisprudencia, la doctrina jurídica del Islam sunni [9].

La escuela hanafí, fundada en el siglo VIII por *Abu Hanifa,* iraní nacido en Iraq, muerto en Kufa en 767, está extendida por Turquía, Jordania, Siria, Afganistán, Pakistán, India, Bangla Desh, Unión Soviética y Egipto. La escuela profesa el rigor en la elección de los hadices (los «dichos» del Profeta) y el recurso subsidiario al *istihsan,* es decir, al juicio de aprobación personal [10]. El hanafismo se convirtió, bajo los otomanos, en el madhab oficial del Imperio.

La escuela malikí, fundada por *Malik ben Anas,* muerto en Medina en 795, se ha convertido en el rito de los musulmanes de África del Norte y de África occidental. Malik consideraba fundada su doctrina en la práctica de Medina, que representa la tradición más auténtica por ser Medina la ciudad del Profeta y de los cuatro primeros califas. A falta de textos seguros, Malik retiene el criterio subsidiario de la utilidad (*maslaha*) cuando se trata de defender la religión, la razón, la persona, la familia o los bienes [11].

La escuela chafií, fundada por *Al-Chafii,* muerto en El Cairo en 820, domina en Indonesia, en Malasia, en la costa oriental de África, en Siria. Es el rito más abierto y define con claridad el papel del Corán, de la *sunna,* de la *ichmaa* y del razonamiento analógico. Éste —*qiyas*— consiste en deducir la causa de un estatuto legal y en extender ese estatuto a todos los casos asimilables a la misma causa [12].

La escuela hanbalí subsiste principalmente, hoy en día, en Arabia Saudí. Su fundador, *Ben Hanbal,* muerto en Bagdad en 855, es más rigorista que cualquier otro jurisconsulto de su época. La escuela se opone a todas las formas de innovación y postula esencialmente el retorno a los preceptos del Corán y de la *sunna* [13]. El wahhabismo ha surgido del neohanbalismo de *Ben Taymiya,* asumido por *Muhammad ben Abdelwahlab.*

---

[9] Roger Arnaldez, *L'Islam,* París, Desclée/Novalis, colec. «L'Horizon du Croyant», 1988, pp. 57 ss.; Paul Balta, *L'Islam dans le monde,* París, La Découverte, 1986, pp. 13 ss.; Anne-Marie Delcambre, *L'Islam,* París, La Découverte, col. «Repères», 1990, pp. 21 ss.

[10] Henri Laoust, *loc. cit.*

[11] Henri de Waël, *Le Droit musulman,* CHEAM, 1989, p. 18.

[12] Henri Laoust, *loc. cit.* Sobre la crítica del método del qiyas por el gran jurista andaluz Ben Hazm (nacido en Córdoba en 994, muerto en 1064), véase Roger Arnaldez, ob. cit., pp. 42 ss.

[13] Josep Schacht, *Introduction au Droit musulman,* París, Maisonneuve-Larose, 1983, pp. 59 ss.

Cualesquiera que puedan ser sus divergencias en cuestiones doctrinales o metodológicas, estas cuatro escuelas de derecho convergen en los principios fundamentales del derecho musulmán. De ahí que sea perfectamente admisible que un musulmán cambie de escuela. Este impulso didáctico tuvo por principal consecuencia suscitar y desarrollar el esfuerzo de reflexión personal (*ichtihad*). Pero hacia el siglo XI (siglo V de la hégira), se cierra la puerta de la *ichtihad*. Esta decisión —política— va a modificar el enfoque metodológico: se imita, se practica el arte de la repetición, se usa y abusa de los resúmenes. El jurista hanbalí Ben Taymiya, en el siglo XIV (siglo VIII de la hégira) no aboga por la reapertura de la puerta de la *ichtihad*, aunque, no obstante, se declare hostil a la imitación servil (*taqlid*). Pero sin *ichtihad* ya no puede haber jurisconsultos creadores (*muchtahid*) como Al Chafii. En cambio, los juristas dan consultas jurídicas (*fatwa*, plural *fatawa*): toman el nombre de *muftíes*. La evolución doctrinal les debe mucho. Las colecciones de *fatawa* constituyen un verdadero repertorio para conocer, si no la práctica de la *charia*, sí, al menos, la doctrina elaborada a partir de esta ley islámica.

II. LA LEY ISLÁMICA: SU CONTENIDO

El contenido de la ley islámica debe ser percibido tanto en las disposiciones de derecho positivo que enuncia como por los principios fundamentales que se expresan en ellas: por ejemplo, la equidad, la solidaridad, la justicia social que el Profeta consideraba como un valor islámico más elevado que la defensa de la propiedad. El *fiqh* comprende dos partes, los *usul* y los *furu*, es decir, los principios metodológicos y sus aplicaciones. Los *usul al-fiqh* presentan una escala de calificaciones religiosas para cada una de las acciones individuales o colectivas («obligatorio», «recomendado», «indiferente», «reprensible o desaprobado», «prohibido») que se completa con una escala de validez jurídica. Así se hallan definidos, con sus sanciones, los principios que rigen el matrimonio, la viudedad, la repudiación, la liberación, el régimen de sucesión, las prescripciones alimentarias, los juramentos, los delitos, las penas de derecho, la guerra legal, la organización judicial, el procedimiento, la teoría de la prueba y la ética económica [14].

---

[14] Henri Laoust, *loc. cit.*, en Roger Arnaldez (comp.), ob. cit., p. 56.

En el marco forzosamente limitado de este estudio, que no permite sino una exposición esquemática de los datos elementales del derecho musulmán, nos atendremos principalmente a las disposiciones más características relativas al derecho público y privado y a las incriminaciones.

II.1. *El derecho privado*

Reagrupa un conjunto de reglas que afectan sobre todo al estatuto de las personas, de la familia, y a las obligaciones.

El estatuto jurídico y la capacidad de las personas dependen de las distinciones que hace entre ellas el derecho musulmán. Distinción entre musulmanes y no musulmanes. Distinción entre personas libres y esclavas. Distinción entre personas con plena capacidad y aquellas sobre las que pesan prohibiciones. Distinción entre hombres y mujeres: éstas tienen una capacidad inferior a la de los hombres en algunos dominios. En materia de testimonio y de herencia, la mujer está considerada como la mitad de un hombre; en cambio, en lo que concierne al derecho de propiedad y a las obligaciones, la mujer es igual al hombre, e incluso tiene algunas ventajas en determinadas disposiciones del régimen matrimonial [15].

La familia es el único grupo fundado en la consanguinidad o afinidad que reconoce el Islam: la ley islámica reconoce a la familia y no a la tribu, lo que, en la época del Profeta, era una revolución [16].

El matrimonio es un contrato de derecho civil, solemne, fundado esencialmente en el consentimiento mutuo de los esposos. El hombre libre puede contraer matrimonio hasta con cuatro mujeres a la vez, a condición de ser justo con cada una de ellas [17]. Pero los impedimentos legales al matrimonio son numerosos. El primero es el del parentesco más inmediato, incluso de leche. En cambio, está permitido e incluso recomendado casarse con la prima hermana, hija de tío paterno. El matrimonio temporal (*muta*), reconocido por los chiíes duode-

---

[15] Joseph Schacht, ob. cit., pp. 108 ss.
[16] Raymond Charles, *Le Droit musulman*, París, PUF, 6.ª ed., 1982, pp. 39 ss.
[17] Esta disposición coránica (IV, 3) fue la primera que limitó el número de esposas. No hay ninguna restricción de este género ni en el Antiguo ni en el Nuevo Testamento. Cabe notar que otra disposición (Corán IV, 129) es claramente disuasoria: «Nunca seréis capaces de establecer la igualdad entre las mujeres». Por lícita que siga siendo, la poligamia es cada vez menos practicada en los países musulmanes de hoy.

cimanos, no es admitido por los sunníes. En el matrimonio, la mujer guarda sus propios bienes. Tiene derecho a ser mantenida (*nafaqa*), vestida y alojada, sin que tenga que participar en los gastos de instalación del hogar. Y si el derecho de sucesión de la mujer representa tan sólo la mitad de la parte del hombre, conviene observar que la mujer no asume ninguna obligación de mantenimiento.

El divorcio (*talaq*) es, de hecho, una repudiación de la mujer por el hombre, que puede ser revocable o definitiva, según la forma en que se formule. Una repudiación revocable no disuelve la comunidad conyugal. Una repudiación definitiva (es decir, pronunciada tres veces) disuelve la comunidad conyugal, y si los divorciados quisieran recomenzar la vida en común tendrían que efectuar un nuevo matrimonio. La triple repudiación se ha convertido en la forma normal del divorcio.

En lo que concierne a los poderes respectivos de los esposos, la autoridad marital domina e incluso comporta, teóricamente, un derecho de corrección limitado. Pero el derecho de la madre sobre el hijo es más amplio que el del padre: ella tiene el derecho de cuidar de él (*hadana*) hasta los siete o nueve años si se trata de varones y hasta su mayoría de edad si se trata de mujeres. La adopción en tanto que tal no existe: no está admitida por el Corán [18]. En efecto, el Islam reserva los derechos de parentesco únicamente a la filiación por la sangre.

En materia de obligaciones, a falta de una teoría general, el derecho musulmán enuncia un conjunto de principios que cubren los dominios delictivo y contractual. Ciertamente, la libertad de contratar, que sería incompatible con el control moral *a priori* de las convenciones jurídicas, no está proclamada, pero existe en algunos compromisos contractuales determinados. El cambio de consentimiento es generador de obligaciones, pero la obligación contraída no es válida jurídicamente si no está justificada por una contrapartida: el enriquecimiento sin causa (*fadl mal bila iwad*) está prohibido.

La ética contractual se basa en la equidad, la igualdad y la buena fe, así como en la nulidad de las convenciones que tengan una causa ilícita (por ejemplo: la usura, los juegos de azar, la venta de bebidas alcohólicas); como en la mayoría de los derechos modernos occidentales, la regla moral está presente en las obligaciones.

El derecho musulmán distingue la responsabilidad derivada de

---

[18] Marouf Al-Dawalibi, ob. cit., p. 24, IV.

un acto ilegal o de un delito (responsabilidad calificada de «delictiva» en el derecho francés) de la responsabilidad derivada de un acto contrario a los términos de un contrato (responsabilidad «contractual»). Ésta no está fundada en la culpa, es decir, en una falta moral en las obligaciones suscritas (lo que distingue al derecho musulmán del derecho francés y de los derechos inspirados en el derecho romano), pero procede del hecho de la no ejecución de una obligación o de un perjuicio (*taadi*): lo que puede compararse a la noción objetiva de «*breach of contract*» del derecho anglosalón («*common law*»).

II.2. *El derecho público*

Las normas constitucionales, fiscales y de derecho público internacional tienen un lugar limitado en la ley islámica. Pero la falta de organización relativa del derecho público se encuentra paliada por la aplicación de los principios coránicos [19].

Así es como, en materia de *derecho constitucional*, el Islam ha establecido la libertad y la igualdad política y social, que se han convertido en nociones jurídicas. Tal fue el espíritu del pacto constitucional de Medina, con el que el Profeta planteó, históricamente, las condiciones de una coexistencia pacífica entre los musulmanes, los cristianos, los judíos y los no creyentes. Con esa iniciativa, Mahoma establecía su primer Estado, fundado en la tolerancia y en la unión entre todos los miembros de la comunidad [20]. El Estado islámico se basa en la voluntad del pueblo: poder, pueblo y ley concurren en su estructura.

El derecho administrativo está gobernado por dos principios solidarios: la autoridad debe ejercerse para el bien de los administrados; cada administrador es responsable de lo que administra. Desde el comienzo de la era musulmana, en el siglo VII, estos principios han sido aplicados en el ámbito de los servicios públicos: por ejemplo, la expropiación de los bosques necesarios a la utilidad pública, la institución del «cordón sanitario» contra las enfermedades contagiosas, de los hospicios en las rutas de los grandes viajes, de los impuestos regulares reservados a las necesidades de los pobres y a la manumisión de los esclavos [21].

---

[19] Raymond Charles, ob. cit., pp. 28 ss.
[20] Marouf Al-Dawalibi, *L'Etat et le Pouvoir en Islam,* Coloquio Internacional de la Unesco, Dar Al-Kitab Allubnani, 1982, p. 42.
[21] Marouf Al-Dawalibi, *La Jurisprudence dans le Droit islamique,* ob. cit., pp. 28 ss.

Las personas morales no son reconocidas jurídicamente. Incluso el Tesoro Público (*bayt al-mal*) no es concebido como una institución: su propietario es la comunidad de los musulmanes.

El derecho público internacional, fundado en el doble principio de igualdad y justicia, se ha desarrollado en el Islam en las múltiples relaciones de paz y de guerra, regidas por las reglas coránicas. La noción musulmana de derecho del hombre depende del contenido de la ley islámica. La protección del hombre, en esta perspectiva, es una obligación que se impone tanto en tiempo de paz como en tiempo de guerra. Es de la fuente divina de la que dimanan los derechos del hombre, esenciales e inalienables, que conviene armonizar con los intereses de la comunidad, según el imperativo de justicia prescrito por el libro sagrado. Los «derechos del hombre» en el Islam están ligados al hombre en tanto que ser social y han surgido de la unidad del mandamiento coránico; es, pues, una noción individual, social, humanista y unitaria [22].

II.3. *Las incriminaciones*

No hay concepto general del derecho penal en Islam: hay una escala de penas, de castigos (*hadd,* plural *hudud*), para sancionar determinadas infracciones que son crímenes contra la religión. Pecados mortales, de algún modo. Es teología moral y no derecho [23].

Los conceptos de culpabilidad y de responsabilidad criminal están poco desarrollados; el de las circunstancias atenuantes es inexistente. No hay teoría sobre la tentativa ni sobre la complicidad.

Los crímenes castigados severamente por el Corán, sin que el juez tenga derecho alguno a la apreciación personal, son los que el Corán ha considerado como los más peligrosos para el orden público y las costumbres de la sociedad: el «desorden» público (o crimen contra la seguridad pública, que hoy puede traducirse por la acción

---

[22] Javid Iqbal, «Human Rights in Islam», en *Islamic Law and Social and Economic Development,* Third Pakistan-France Colloquium, Idara Saqafat-e-Pakistan, Islamabad, 1982, pp. 241 ss; Saïd Ramadan, *Islamic Law, Its Scope and Equity,* 2.ª ed., Ginebra, 1970, pp. 143 ss.; Marcel Boisard, *L'Humanisme de l'islam,* París, Albin Michel, 1979, pp. 94 ss.; Mohammed-Allal Sinaceur, «Islam et Droits de l'Homme», en A. Lapeyre, F. de Tinguy y K. Vasak, *Les Dimensions universelles des Droits de l'Homme,* t. I, Bruselas, Bruylant, pp. 149-173.

[23] Joseph Schacht, ob. cit., pp. 147 ss.

terrorista), el asesinato, el robo, el adulterio y la imputación calumniosa de adulterio [24], la apostasía. El *hadd* que de ello se deriva va de la flagelación a la pena capital.

En cambio, el arrepentimiento (*tawba*) hace caer el *hadd*, lo que demuestra el carácter religioso de éste. Existe una fuerte tendencia a limitar los casos de aplicación del *hadd* a través de una definición restrictiva. La presunción de buena fe existe en favor del acusado.

Al lado de estos castigos previstos por el Corán, ha sobrevivido en el caso de atentados a la persona, el derecho a la venganza privada: la pena del talión, que no puede ser infligida sin la mediación del poder judicial. Si la víctima acepta el perdón, el arrepentimiento puede llevar a la remisión de la pena.

Algunas infracciones están castigadas con penas no determinadas por la ley religiosa y dejadas al arbitrio del juez: es lo que se denomina *taazir* o corrección arbitraria. Las infracciones del *taazir* son atentados al orden social (como el falso testimonio, la corrupción, la usura, el abuso de confianza) y están sancionados con penas discrecionales. El *taazir* se presenta como un sistema de defensa social [25].

Aunque en el Islam no existe el derecho penal en el sentido occidental del término, la legalidad penal [26], cuyo principio sólo fue admitido por las legislaciones modernas después de la Revolución francesa, quedó establecida, en cambio, desde su origen, por la *charia* [27]. El principio de la legalidad de los delitos y de las penas, y su corolario, el principio de la no retroactividad de las leyes penales (promulgado por el artículo 8 de la Declaración de los Derechos del Hombre), se derivan de los textos sagrados de la ley islámica que, en este punto, se ha anticipado a las legislaciones occidentales modernas [28].

---

[24] Joseph Schacht, *ibid.*
[25] Taïmour Mostafa-Kamel, «Trois conceptions de la légalité pénale», «Analyse des systèmes français, soviétique et musulman», tesis, Burdeos, 1980, pp. 468 ss.
[26] Principio según el cual un hecho no puede ser considerado como una infracción y ninguna pena puede serle aplicada si no está expresamente previsto en la ley penal en vigor: «Nullum crimen, nulla poena sine lege».
[27] Taïmour Mostafa-Kamel, ob. cit., pp. 33, 350, 353.
[28] Taïmour Mostafa-Kamel, *ibid.*

II.4. *Ley islámica y sociedad*

Todo derecho positivo trata de reducir la distancia entre la teoría y la práctica y de adaptarse a las necesidades sociales y económicas de la sociedad que rige.

La ley islámica se ha caracterizado siempre por una considerable distancia entre teoría y práctica. La *charia* se aplica en la medida en que no choca con la conciencia popular. Si esta ley se opone a una ley consuetudinaria muy anclada en la conciencia popular, se recurre a subterfugios, a ficciones jurídicas (*hiyal*). Las sutilezas jurídicas permiten respetar la letra de la ley a expensas del espíritu. Así es como la práctica de la usura (*riba*), condenada por la ley islámica, sobrevivió a la condena: en efecto, la prohibición fue a menudo soslayada por la práctica de una doble venta.

El hecho de que las leyes que rigen la vida de los musulmanes no hayan estado siempre en total armonía con la ley islámica ha suscitado, históricamente, dos tipos de reacción.

En primer lugar, la reacción del tipo purista, de la que cabe aducir como ejemplos la reforma de los almorávides en el siglo XI o, más cerca de nosotros, la reforma *wahhabí* en el siglo XIX. En segundo lugar, las reacciones modernistas. En efecto, algunos países musulmanes, aunque continuasen venerando la *charia*, eligieron, para el derecho, la adopción de códigos modernos. Egipto adoptó en 1883 códigos laicos modernos. Vino después la ley otomana de 1917. Posteriormente florecieron otros códigos, como el código civil sirio de 1949, el código civil iraquí de 1953, el código civil libio de 1954...

Sin embargo, la *charia* no ha perdido nada de su vigor normativo, al cabo de más de mil años, cualesquiera que sean las orientaciones u opciones de las sociedades musulmanas. En los países de orientación tradicional, como Arabia Saudí, la *charia* es la ley del Estado. En los países de tendencia modernista, la ley islámica conserva una influencia social ideal e incluso inspira a las legislaciones laicas. Esta permanencia de la *charia* se deriva de la especificidad del «sentido normativo» en el Islam [29].

Pero la cuestión que se plantea —por y para numerosos musulmanes— es la de saber si la *charia* responde a las necesidades sociales y económicas de la sociedad musulmana de hoy. Su rigor, su inmuta-

---

[29] Véase *supra*, nota 5.

bilidad, su espíritu a la vez imperativo y restrictivo debido a su fuente religiosa, han conducido desde hace tiempo a algunos reformistas musulmanes y a los observadores occidentales a denunciar su arcaísmo y su inmovilismo.

Ciertamente, no debe olvidarse que, por imperativa que sea, la *charia* no ha tenido nunca por finalidad ser dura. La ley islámica debe, según la tradición, «facilitar las cosas al hombre, no dificultárselas». Con la excepción de algunos rituales chiíes y sufíes, el Islam rechaza en su conjunto la austeridad y la práctica de flagelaciones y sacrificios, tan caros a los santos del cristianismo. Es ineludible evocar, a propósito de la ley islámica, el precepto coránico, tan revelador y tan olvidado a menudo, que dice así: «Dios no obliga a una persona sino según su capacidad» [30].

Pese a todo, la *charia*, al regir todos los aspectos de la vida social, presenta a la vez una ubicuidad de aplicación y una insuficiencia de medios técnicos para adaptar la sociedad musulmana a la evolución contemporánea. El derecho público y administrativo, el derecho fiscal, imponen hoy la constitución de un cuerpo de reglas menos especulativas que prácticas [31]. El derecho penal necesita igualmente ser instituido en torno a nociones esenciales de tentativa, de reincidencia, de circunstancias agravantes y atenuantes, de presunción... En el dominio de los intercambios económicos, que favorecen la interpretación de los derechos modernos en los países musulmanes, y en el del derecho de las obligaciones, comercial y bancaria, las restricciones al principio de la autonomía de la voluntad, la prohibición de intereses y de contratos considerados aleatorios [32] pueden representar trabas al progreso económico de la sociedad musulmana y postular profundas modificaciones de las estructuras jurídicas.

¿Es posible tal adaptación? En lo inmediato creemos que no, pues la toma de conciencia de la evolución de la sociedad, en Islam, choca actualmente con un fenómeno político: el de la resurgencia del imperativo islámico rigorista y el de los impulsos doctrinales revolucionarios de minorías musulmanas, que proyectan en Occidente una imagen agresiva y regresiva de la *charia*, cuando el mensaje coránico es fundamentalmente un mensaje de paz. Sin embargo, si en el futuro se apaciguan las turbulencias de las ideologías políticas, los juristas

---

[30] Corán, II, 286.
[31] Henri de Waël, ob. cit., pp. 82 ss.
[32] Henri de Waël, *ibid.*

musulmanes tal vez puedan optar por considerar el espíritu de la ley más que la letra. Un consenso de los sabios del Islam —en la tradición de la *ichmaa*— sobre las soluciones a dar a los problemas contemporáneos de la sociedad, sería capaz, nos parece, de reducir algunos arcaísmos y hacer lícitas algunas técnicas jurídicas indispensables al desarrollo económico de la sociedad y al «bien de la comunidad».

Pero los fundamentos y las estructuras de la *charia* continuarán siendo inconmovibles. Si la *charia* ha sobrevivido a las conmociones de la historia del Islam y continúa siendo el sueño confesado o inconfesado de los gobiernos de los países musulmanes, es porque no constituye un derecho en el sentido occidental del término, sino un ordenamiento normativo de base y finalidad teológicas. El destino de las sociedades musulmanas está ligado al de la *charia*.

4. EL CHIÍSMO DE AYER A HOY

FRANÇOISE MICHEAU

> El chiísmo, Islam minoritario y militante, inquieta por su complejidad y sus manifestaciones. Françoise Micheau, historiadora, profesora en París I, muestra con claridad las condiciones en las que ha nacido el chiísmo, las teorías originales que ha elaborado y las formas históricas que ha tomado.

La victoria del imán Jomeini y la instauración de la República islámica de Irán en 1979 han situado al chiísmo en el primer plano de la actualidad. Presentar esta forma diferente de Islam, minoritaria pero cargada de una gran potencia militante y pasional, no es tarea fácil. Designarla como una «herejía» o como un conjunto complejo de ramas y sectas heréricas, apenas sería explicativo puesto que la misma noción de ortodoxia, definida por un poder religioso supremo, es extraña al Islam. Es más exacto definir al chiísmo como «el partido de Alí», pues tal es el sentido de las palabras *chiat Alí,* pero es insuficiente para captar su alcance, a la vez doctrinal y político. El chiísmo, nacido en la oposición a las dinastías establecidas, extrae sus caracteres propios de los problemas y de los acontecimientos que dividieron a la Comunidad musulmana en los primeros siglos de su historia y que condujeron progresivamente a la elaboración de una teoría original del poder. No puede comprenderse el chiísmo de ayer y de hoy sin conocer esos hechos.

I. LOS ACONTECIMIENTOS FUNDADORES DEL CHIÍSMO

El profeta Mahoma murió en 632. Se designó inmediatamente un sucesor, no para continuar su misión profética, definitivamente acabada —Mahoma es considerado como el Sello de los profetas—, sino para asegurar la dirección de la joven comunidad musulmana. La necesidad de un sucesor —tal es el sentido de la palabra árabe califa— jamás fue discutida, al menos hasta la época moderna. En cambio, se plantearon graves cuestiones que no encontraron respuesta unánime.

¿A quién designar, dado que Mahoma no había tomado claramente posición a favor de alguno de sus próximos? ¿Cómo elegirlo a falta de reglas netamente definidas? ¿Qué poderes otorgar al jefe de una comunidad extendida en muy breve plazo a las dimensiones de un vasto imperio? ¿Qué lugar dejar a los parientes más próximos de Mahoma, a la aristocracia de La Meca, a los artífices de la conquista, a los convertidos recientes? ¿Dónde situar el corazón del nuevo imperio, en Arabia, en Siria, en Iraq? Los grandes conflictos que, entre 656 y 750, pusieron fin definitivamente a la unidad del Islam y originaron el jariyismo y el chiísmo, enfrentaron a hombres que daban respuestas divergentes a esas cuestiones.

I.1. *El califato de Alí y la batalla de Siffin*

Alí fue nombrado califa en 656. Era primo y yerno de Mahoma, puesto que era hijo de su tío Abu Talib y el esposo de su hija Fátima. Muy próximo por el parentesco, lo fue también por la abnegación. Fue uno de los primeros convertidos al islam. Pero su papel político parece haber sido discreto antes de 656. El nuevo califa tenía el apoyo de la familia de Mahoma y de los conquistadores del Iraq, pero pronto se encontró con la feroz oposición de Muawiya, apoyado por la vieja aristocracia de La Meca y por los árabes de Siria, región de la que era gobernador.

El choque entre los dos clanes tuvo lugar en Siffin, a orillas del Éufrates, en el año 657. Cuando la suerte de las armas parecía decidirse a favor de Alí, sus adversarios propusieron una tregua y un arbitraje que dieron ventaja a Muawiya. Algunos de los que habían apoyado a Alí desaprobaron su actitud y le abandonaron. De ahí su nombre de jariyíes, «los salientes». Se opusieron violentamente a Alí, hasta el punto de que uno de ellos lo asesinaría en 661. El jariyismo, replegado en la negativa a todo compromiso y en la aplicación rígida de los principios coránicos, se impuso por su rigorismo doctrinal y moral. Conoció horas de gloria y de expansión, sobre todo en el Magreb, donde permitió la expresión de poderosos particularismos locales. En nuestros días sobrevive en la comunidad ibadí del Mzab argelino, en Yébel Nafusa, en Tripolitania, en la isla de Yerba y en la montaña de Oman.

La mayoría de los musulmanes no recusó el poder de hecho de los omeyas, la nueva dinastía inaugurada por Muawiya; se les deno-

El chiísmo de ayer a hoy

mina sunníes, por entender que permanecen fieles a la *sunna* del Profeta (ver capítulos precedentes) y están dispuestos a aceptar a todo califa que respete las leyes coránicas. Pero estos dramáticos acontecimientos hicieron de Alí, considerado como injustamente apartado del califato, la figura de referencia para todo movimiento de oposición al soberano establecido y para todo poder en busca de legitimidad.

I.2. *La matanza de Kerbela*

Las rebeliones que sacudieron al Imperio omeya se inscribieron en el marco chií. Los rebeldes reivindicaban el poder para un miembro de la familia del Profeta, es decir, para un descendiente de Mahoma y de Alí; pero sus claves profundas estaban en la hostilidad a la política realizada por los omeyas. La primera de esas grandes rebeliones fue dirigida por Husayn (o Hussein), el hijo menor de Alí y de Fátima; el hijo mayor, Hasan, se abstuvo de luchar abiertamente contra los omeyas. El décimo día del mes de Muharram del año 680, en la ciudad iraquí de Kerbela, un ejército omeya conducido por Yazid, hijo de Muawiya, derrotó a los rebeldes. Setenta personas perecieron en esa matanza, entre ellas Husayn y su familia. El período de aflicción y de penitencia que siguió al acontecimiento, considerado desde siempre por la tradición chií como un martirio, insufló un fervor religioso nuevo. El destino trágico de Alí y de Husayn, símbolos del justo y del débil oprimido por el fuerte, hizo del chiísmo un movimiento en el que el sufrimiento, la pasión y la expiación constituyen temas propios, desconocidos para el resto del Islam.

I.3. *La revuelta de al-Mujtar*

Menos célebre en la historia, hay otra rebelión de la época de los omeyas que merece ser citada. Fue protagonizada por un tal al-Mujtar, un árabe de Kufa (ciudad del sur de Iraq) en nombre de Muhammad ben al-Hanafiya. Este último, hijo de Alí pero no de Fátima (de ahí su nombre de ben al-Hanafiya), fue entonces considerado como el jefe legítimo de los musulmanes, por haber muerto ya los dos hijos de Alí y de Fátima. Mujtar fracasó en su empresa. Después de la muerte de Muhammad ben al-Hanafiya, hacia el año 700, algunos de sus partidarios estimaron que la dirección de la comunidad correspondía a su hijo. Éste, algunos años después, transmitió por vía testamentaria el cargo a un descendiente de al-Abbas, tío del Profeta. Este hecho es de una historicidad discutida; totalmente ocultado por la tradición chií, fue, en todo caso, invocado por los abbasíes para legitimar su acceso al califato en 750. Pero otros fieles de Muhammad ben al-Hanafiya lanzaron la idea de que éste no había muerto y que volvería a triunfar sobre sus enemigos cuando Dios lo quisiera. Así comenzó a imponerse, en momentos de incertidumbre y de repliegue de los movimientos de oposición, el tema del Mahdí, «el bien dirigido», cuya espera da al chiísmo una dimensión mesiánica.

I.4. *La victoria de los abbasíes en 750*

El vasto movimiento insurreccional que estalló hacia 745 en el Jurasán (provincia del este iraní) y que debía llevar al poder a la gran dinastía de los abbasíes de Bagdad (750-1258), es complejo y ha sido objeto de análisis divergentes. Pero su sentido general está claro: coalición de grupos de oposición a los omeyas, el levantamiento encontró sus partidarios entre los descontentos con el régimen establecido. Durante algún tiempo se apoyó en las reivindicaciones chiíes de un califa perteneciente a la familia del Profeta. Pero fueron los abbasíes los que se alzaron con el triunfo. Esta elección de un descendiente de al-Abbas es comprensible en una sociedad en la que los lazos familiares se extienden dentro de un amplio conjunto, en el que el tío desempeña un papel de primer orden y en el que las mujeres no tienen lugar en la sucesión. Sea como fuere, la toma del poder por los abbasíes en 750 provocó la ruptura entre la nueva dinastía y los descendientes directos de Alí. La consecuencia de lo que tradicionalmente se llama «la revolución abbasí» fue la reorganización de la oposición en torno a la familia de Alí y de Fátima. El biznieto de Husayn, Yafar al-Sadiq, cristalizó el difuso sentimiento chií de su tiempo. Se impuso la idea de que sólo había existido una línea de imanes legítimos, todos descendientes de Alí y de Fátima, jefes auténticos de la comunidad musulmana con exclusión de todos los demás.

Así nació el chiísmo en los hechos, modelado por estos acontecimientos fundadores que permanecen, recuerdo a la vez doloroso y exaltante, en el corazón de todos los musulmanes chiíes.

Cada año se conmemora el martirio de Husayn con devoto fervor. Cuando, en junio de 1963, Jomeini comparó públicamente al Shah de Irán con Yazid, el califa omeya que ordenó la matanza de Kerbela, no habría podido encontrar una imagen más sencilla y más fuerte para hacerse el portavoz del descontento popular. Está claro que el chiísmo fue en principio una realidad política. Poco a poco se reforzó por una fermentación doctrinal. Los siglos III y IV de la hégira (siglos IX y X) fueron un gran período en la historia del Islam. El de la consolidación del sunnismo, con el establecimiento de las escuelas jurídicas y la redacción del Canon de la *Sunna* (véase el capítulo anterior), pero también el de la formación del chiísmo como teoría, a la vez política y religiosa, del poder.

II. LA TEORÍA CHIÍ DEL PODER

II.1. *La doctrina del imanato*

Para el sunnismo, el califa, llamado a veces imán, dirige temporalmente los países del Islam, cuya unidad y defensa debe garantizar. Para el chiísmo, el imán, pues tal es el nombre retenido, está investido de muy otra función. La palabra árabe «imán» significa «el que está delante, el que muestra la vía»; se utiliza generalmente para designar al simple guía de la oración colectiva en la mezquita. Pero con el sentido de «guía de los creyentes» se aplica al jefe de la Comunidad, con una fuerte connotación religiosa. Pues, para los chiíes, la misión profética de Mahoma se prolonga en el imanato, cuyo titular es impecable e infalible. El imán, depositario de la Ley, es su intérprete privilegiado, pues le ha sido transmitido el don del conocimiento perfecto. Es el único apto para enseñar el sentido auténtico y profundo de la Palabra divina. En oposición al sunnismo, doctrina de consenso comunitario, aunque éste haya sido acaparado por los doctores en ciencias religiosas, el chiísmo es una doctrina de iniciación y de autoridad. Responde a la aspiración que tienen periódicamente los hombres de obedecer a un jefe infalible, a un maestro indiscutible guiado e inspirado por Dios. El chiísmo se define en primer lugar y ante todo por este apego al imán, que llega hasta al culto de Alí, de sus hijos, de sus más antiguos descendientes. Al tiempo de la profecía, que comenzó con la creación de Adán y prosiguió con los profetas para cerrarse con la muerte de Mahoma, ha sucedido el tiempo del imanato, tal «una noche iluminada por las estrellas tras un día resplandeciente», tiempo de los «Amigos de Dios» que conduce progresivamente al fin de la Historia.

II.2. *La gnosis del sentido oculto*

Esta teoría del imanato está reforzada por la idea de que hay, más allá de la apariencia literal, un sentido oculto de la Revelación. En otras palabras, la doctrina chií está basada en la oposición entre lo que es manifiesto, aparente, exotérico (*zahir*) y lo que está oculto, invisible, esotérico (*batin*). Esta gnosis del sentido oculto ha ido enriqueciéndose, en el transcurso de los siglos, con aportaciones exteriores al Islam: mitos del Irán antiguo, las religiones del misterio de la Grecia antigua, y neoplatonismo sobre todo. Ha conducido a un esfuerzo de interpretación de la Revelación, en la que la razón y la reflexión han encontrado lugar. Contrariamente al sunnismo, que se ha encerrado, al cabo de algunos siglos, en posiciones jurídicas y doctrinales definitivas, el chiísmo ha permanecido abierto a la investigación. Una de las paradojas, y no de las menores, de esta doctrina es la de haber favorecido a menudo la actividad intelectual y haberse mostrado receptiva a las investigaciones del sufismo, de la filosofía, del gnosticismo.

II.3. *El imán oculto y la espera del Mahdi*

Así entendido, el imanato no puede ser una «de esas cosas ordinarias que se abandonan a la decisión del pueblo», como decía Ibn Jaldún con clarividencia y no sin un atisbo de humor. El conocimiento de las cosas ocultas fue transmitiéndose, a partir de Mahoma y de Alí, por la línea de los imanes, considerados como los únicos legítimos aunque alguno de ellos no ejerciera el poder. Esta sucesión quedó interrumpida con el último imán: el séptimo para unos, el duodécimo para otros. Ahí comienzan las divergencias entre los chiíes. Para los llamados septimanos, la línea de los imanes se detuvo en el séptimo, Ismail, por el que también se les denomina ismailíes. Para los llamados duodecimanos (es decir, los adeptos del duodécimo), la sucesión se cierra con el duodécimo imán. Estas divergencias genealógicas han cristalizado en dos concepciones del chiísmo: una forma extremista, la de los ismailíes, en total ruptura con los poderes establecidos, y una forma más moderada, la de los duodecimanos, más predispuestos a actitudes de compromiso. Pero ambas formas convergen en una común convicción: el último imán visible, sea el que fuere, no ha muerto, ha «desaparecido», y esta desaparición ha hecho comenzar un período de ausencia para unos, de ocultación para otros. De ello surge la cuestión de cómo vivir en estos tiempos en los que no hay un imán legítimo para dirigir a los creyentes. Los duodecimanos declaran esperar el retorno del imán oculto o Mahdi, cuyo reinado significará el triunfo de la paz, de la justicia, de la verdad; de aquí a entonces se remiten a la jerarquía religiosa de los «mollahs», entre los que escogen a su guía espiritual. Los ismailíes afirman que la línea de los imanes visibles se ha prolongado en una línea de imanes ocultos susceptibles de manifestarse un día u otro, ya sea directamente, ya por representantes. El ismailismo ha proporcionado un marco ideológico a brillantes realizaciones políticas, que en sus orígenes no eran sino usurpaciones pero que extraían su legitimidad de su pertenencia a la línea del Profeta. Así, los fatimíes de El Cairo, que pretendían descender de Alí y de Fátima (de ahí su nombre), reinaron en El Cairo desde 969 a 1171, afirmándose como los únicos califas legítimos; hicieron de Egipto un país poderoso que supo resistir al empuje de los turcos e imponerse de modo definitivo en el Medio Oriente árabe.

II.4. *El chiísmo moderado de los zaidíes*

Ya sea duodecimano o ismailí, el chiísmo se caracteriza por una concepción del poder y de su legitimidad que encarna el imán. Pero existe otra corriente en el chiísmo que se separa de esta teoría: el zaidismo, que toma su nombre de dos descendientes de Alí llamados Zayd: el hijo mayor de Hasan y el nieto de Husayn que se rebeló hacia el año 740 contra el régimen omeya. Los zaidíes rehúsan reconocer una línea hereditaria de imanes impecables e infalibles. Para ellos, todo descendiente de Alí y de sus hijos, Hasan y Husayn, puede convertirse en imán si se impone por sus cualidades propias de piedad y de sabiduría, y si se alza contra el soberano ilegítimo. El zaidismo está más cerca de la mentalidad y de la doctrina sunníes; pero esta concepción de oposición al poder ha servido de marco a movimientos de autonomía regional y a rebeliones sociales. Así es como en el Yemen una dinastía local, que invocaba una ascendencia hasaní, se mantuvo desde 901 a 1962. Y cuando a fines del siglo IX los Zanch, esclavos negros que trabajaban en los grandes dominios del bajo Iraq, se rebelaron, su jefe mantenía que descendía de Alí.

III. EL CHIÍSMO HOY

Puede considerarse actualmente que el 10% de los musulmanes pertenecen a las diversas ramas y sectas del chiísmo. Muy esquemáticamente —no se trata aquí de hacer una presentación exhaustiva de la historia de los múltiples componentes del chiísmo— puede regruparse en tres conjuntos a los chiíes de hoy.

III.1. *Los chiíes de Irán*

Fue en 1501 cuando Irán adoptó oficialmente el chiísmo. El fundador de la dinastía sefeví pretendía descender por uno de sus antepasados del séptimo imán, Musa, hijo de Yafar al-Sadiq; asi afirmaba su autonomía y su originalidad frente al poderoso imperio turco otomano sunní. Pero tuvo que negociar con los mollahs que, desde la desaparición del duodécimo imán, se presentan como defensores del Islam y garantes de legitimidad. El papel de estos jefes religiosos se reforzó aún más con la llegada al poder de la dinastía Qajar (1779-1925) y la de los Pahlavis (1925-1979), pues estos soberanos estaban desprovistos de toda autoridad carismática. Con las manifestaciones rituales colectivas y su fuerza movilizadora, la organización de un «clero» es una de las principales características del chiísmo iraní. En la jerarquía religiosa, ayatolá —o «signo de Dios»— es el título dado a los teólogos de renombre, a los que los fieles se refieren. Los grandes ayatolás, en particular el principal entre ellos, considerado como recurso supremo en caso de divergencias, desempeñan un papel muy importante en la orientación del país. En 1962, los grandes ayatolás, en total diez, designaron a Jomeini como el que debía servir de guía. Se comprende así por qué la palabra imán, que tiene precisamente el sentido de «guía», es también utilizado para designarlo. Los mollahs perciben directamente de los fieles las tasas islámicas, en nombre del imán ausente, mientras que en el mundo sunní es el Estado el recaudador. Los mollahs gozan, pues, de una autonomía que les ha permitido conservar en todas las circunstancias su papel privilegiado de intérpretes únicos de la Ley, en nombre del imán ausente, y alzarse, en numerosas ocasiones, contra el control de su país por el extranjero. Meisánica y militante, la República islámica iraní afirma ser la vanguardia en el combate del Bien contra el Mal, encarnado por las potencias norteamericana y soviética, pero también por los demás regímenes musulmanes, corrompidos e hipócritas.

III.2. *Las grandes comunidades chiíes*

La mayoría de las grandes comunidades chiíes situadas fuera de Irán pertenecen igualmente a la corriente duodecimana. Representan más de la mitad de la población en Irak y en Bahrein, el 40% en Afganistán, el 20% en Pakistán. En líneas generales, estas comunidades están muy sensibilizadas ante lo que suceda en Irán, sin por ello poner en cuestión su fidelidad hacia sus propios países. En el Líbano, los chiíes han sido siempre una fuerza importante, aunque oprimida tanto por los sunníes como por los cristianos maronitas. Se estima hoy que constituyen el 35 ó el 40% de la población libanesa. Bajo la influencia determinante del imán Musa Sadr, el chiísmo libanés se ha organizado. La creación en 1975 del ala militar del movimiento Amal («La Esperanza») marcó el despertar de unas comunidades social y políticamente desfavorecidas. Pero los más extremistas de los chiíes libaneses se han reagrupado en el Hezbola, el partido de Dios, una de las más inaprehensibles formaciones islamistas, en todo caso fuertemente vinculada al régimen iraní. En el Yemen del Norte, casi el 60% de la población está formado por chiíes de tendencia zaidí.

III.3. *El mundo de las sectas chiíes*

La actualidad lleva regularmente al primer plano los actos fanáticos de algunas sectas chiíes, mientras que otras son conocidas por haber sido, durante el transcurso de los siglos, las víctimas de los sunníes en el poder. Todas se adscriben al chiísmo ismailí y han conocido una historia rica y compleja, en la que se mezclan particularismos locales y reivindicaciones sociales, creencias celosamente mantenidas en secreto y organizaciones clandestinas, frustraciones de minoritarios y violencias manifiestas. Así ocurre con los drusos refugiados en las montañas jordanolibanesas, con los nusairíes de Siria, con los boharas de Bombay, los alevíes de Turquía. Su importancia política y religiosa es ante todo local, pero a menudo muy fuerte. Los nusairíes o alaudíes sólo representan el 10% de la población de Siria, pero, desde 1970, el jefe del Estado, Hafez el-Assad, y su clan pertenecen a esa comunidad. Otra línea ismailí está representada hoy por los jodjas de la India que dependen, así como otros grupos en Asia y África, del Aga Jan; por su dinamismo social y económico imprimen un fuerte sello en la vida paquistaní.

Esta rápida enumeración muestra la diversidad del chiísmo, a la vez perseguido y militante, en la oposición y triunfante. Sus orígenes y su historia han hecho de él una fuerza de oposición, el refugio de frustraciones y de rebeliones sociales, el soporte doctrinal de reivindicaciones políticas. Más frecuentemente en la sombra que en el poder, ha guardado siempre el gusto del secreto y el sentido del martirio, hasta el punto de presentarse como el Islam de los desheredados y de los perseguidos. En el Egipto de los fatimíes, en la Persia de los seríes, en el Yemen de los zaidíes, en la Siria de Hafez el-Assad, o en el Irán de Jomeini, el chiísmo triunfante se ha afirmado como fuente de legitimidad, de vitalidad, de combate. Aquí, como en otras partes, el peso del pasado, las fuerzas sociales, las diversidades regionales, las opciones políticas forman realidades contrastadas y prohíben reducir al chiísmo a una imagen, a una definición, a una doctrina.

N.B.: La obra más completa sobre el tema continúa siendo la de Henri Laoust, *Les Shismes dans l'Islam,* París, Payot, 1965.

LA FAMILIA ALIDE

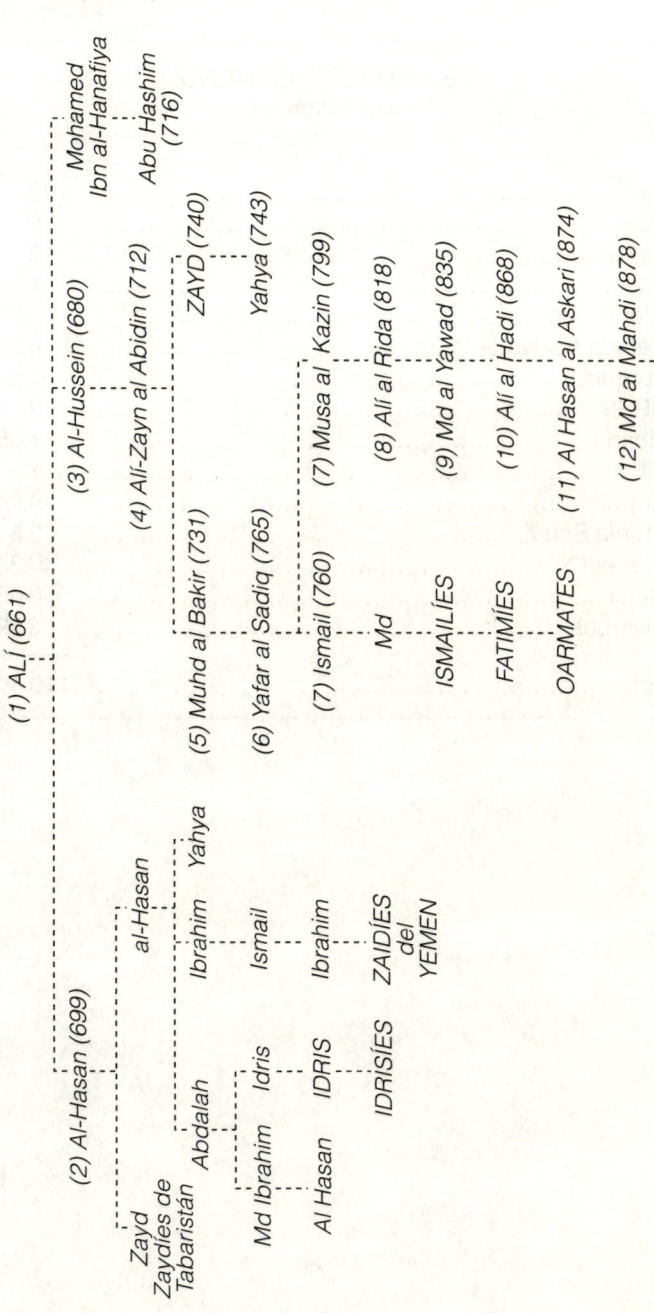

(1) ALÍ (661)

- (2) Al-Hasan (699)
  - Zayd — Zaydíes de Tabaristán
  - al-Hasan
    - Abdalah
      - Md Ibrahim
      - Al Hasan
        - IDRISÍES
    - Ibrahim
      - Idris
        - IDRIS
    - Yahya
      - Ismail
      - Ibrahim
        - ZAIDÍES del YEMEN

- (3) Al-Hussein (680)
  - Mohamed Ibn al-Hanafiya
    - Abu Hashim (716)
  - (4) Alí-Zayn al Abidín (712)
    - ZAYD (740)
      - Yahya (743)
    - (5) Muhd al Bakir (731)
      - (6) Yafar al Sadiq (765)
        - (7) Ismail (760)
          - Md
            - ISMAILÍES
            - FATIMÍES
            - QARMATES
        - (7) Musa al Kazin (799)
          - (8) Alí al Rida (818)
            - (9) Md al Yawad (835)
              - (10) Alí al Hadi (868)
                - (11) Al Hasan al Askari (874)
                  - (12) Md al Mahdi (878)
                    - DUODECIMANOS o IMAMÍES

LOS CHIÍES EN EL MUNDO
(en millones)

Irán	40
India	20
Pakistán	18
Irak	8
Afganistán	7,6
Yemen del Norte	4,7
Turquía	4,5
URSS	2
Líbano	1,05
Siria	1
Kuwait	0,4
Arabia Saudí	0,3
Bahrein	0,23
Qatar	0,03
Diversos	2,59
Total	110,40

5. EL SUFISMO

DJAMCHID MORTAZAVI

> Forma mística del Islam, el sufismo ha permitido la eclosión de las más altas manifestaciones de lo absoluto. Djamchid Mortazavi, ex decano de la Universidad de Tabriz y profesor asociado en la Universidad de Burdeos, nos introduce en el itinerario interior de los que han seguido esta vía.

El sufismo apareció en los países musulmanes muy poco después del advenimiento del Islam. Algunos libros clásicos han presentado a Uways Qarani (Veis de Qaran, muerto en 22 ó 37 de la hégira, 642 ó 657 de la era cristiana) como el primer sufí conocido. Se cuenta que, antes de morir, el Profeta del Islam ordenó a sus compañeros que le dieran su ropa y había dicho de él que olía el perfume de la amistad que le llegaba de Yemin (Qaran). Otros han considerado a Rabiaa Adawiya (muerta en 135 de la hégira/752) como una de las primeras sufíes.

Puede decirse, no obstante, que el sufismo no ha nacido de una sola persona. No es una secta, ni una cofradía, sino, por el contrario, una corriente de pensamiento que es la cumbre y el resultado doctrinal de varias corrientes convergentes en Mesopotamia y en Irán con el islam como base. Entre esas corrientes figuran el neoplatonismo, el misticismo de la India, el gnosticismo, el pensamiento del antiguo Irán y el cristianismo. Sin embargo, algunos especialistas sostienen que el sufismo es un pensamiento y una forma de vivir surgidos únicamente del islam y limitados a sus principios y concepciones.

Se han atribuido tres etimologías diferentes a la palabra «sufí»: «surf», la lana, «safa», la pureza y «suffa», el banco de la mezquita en el que predicaba el Profeta. Naturalmente, los sufíes y los místicos musulmanes existían mucho antes de esas definiciones, y ya en el siglo V de la hégira, Abu Hasan Puchanyi había dicho: «En otro tiempo el sufismo era una realidad sin nombre, pero ahora es un nombre sin realidad».

De hecho, al principio, el sufismo no era bien conocido ni estaba bien definido, de suerte que todos los que tenían un espíritu religioso se mezclaban con los sufíes creando así confusión acerca de su realidad. Poco a poco, sin embargo, durante el transcurso de los siglos, la especificidad y la originalidad del sufismo fueron imponiéndose a partir de la enseñanza de los grandes maestros espirituales de la mística musulmana. Además, el sufismo se extendería por un inmenso territorio desde la India al África negra.

Podemos dividir la historia del sufismo en tres períodos distintos:

— el de los sufíes solitarios,
— el del sufismo colectivo y de los *janaqah*, o casas de retiro de los sufíes,
— el de las grandes cofradías sufíes.

En la primera fase, los sufíes eran jeques y derviches solitarios que vivían en los desiertos. No pretendían erigirse en maestros espirituales, como tampoco creían representar una escuela de pensamiento teológico y filosófico. Consideraban simplemente que para ser un buen musulmán y un verdadero creyente no había que conformarse con la apariencia de la religión y con la significación exotérica de la *charia* (ley religiosa). Por esa razón llevaban una vida austera y ascética. Ayunaban durante semanas conforme a sus votos y a su ideal religioso o simplemente porque, demasiado pobres, no tenían con qué alimentarse. No tenían ni maestros ni discípulos, y, cuando un derviche venía a pedirles consejo y bendiciones, trataban de desembarazarse de él, a fin de consagrarse exclusivamente a la vida mística y al amor de Dios.

I. UN FENÓMENO SOCIAL Y POLÍTICO

A partir del siglo v, el sufismo —doctrina teológica y metafísica— se convierte en un fenómeno social. En efecto, los sufíes comienzan entonces a vivir en común en las cada vez más numerosas *janaqah* y atraen a ellas discípulos. Es, pues, otro aspecto del sufismo lo que se afirma. Su reputación es grande y ejerce una fuerte influencia en todos los países musulmanes.

Las *janaqah* estaban instaladas en amplias residencias y en los abrigos de las caravanas capaces de alojar a centenares de sufíes y derviches, quienes estaban bajo la responsabilidad espiritual y financiera de un jeque; llevaban una vida apacible y bastante fácil. En algunas *janaqah*, los jeques y sus discípulos practicaban el *sama*, es decir, el canto y la danza místicos. El *sama* chocaría con la viva hostilidad de los que estimaban que era contrario a los principios de la religión y a sus reglas. En cambio, los partidarios de esa práctica desarrollaron una argumentación para probar su naturaleza espiritual y mística. A partir del siglo VIII de la hégira (siglo XIV de la era cristiana), la historia del *sama* sufrió un cambio radical bajo la influencia de la cofradía de los mawlawis, fundada por Yalal al-Din Rumi. Después de su muerte, el *sama* revistió un simbolismo cósmico, cuando en sus orígenes sólo traducía un estado espiritual o *hal* considerado como espontáneo y provisional. La cofradía de los mawlawis se ha hecho célebre en Occidente bajo el nombre de «derviches danzantes».

A medida que va desarrollándose, el sufismo va convirtiéndose en algunos países en una fuerza política y social. Así, los reyes de la dinastía sefeví en Irán se consideraban descendientes de un jeque sufí, Safi al Din-Ardabili (muerto en 1334 d.C.), y recibieron el nombre de «Gran sufí». Del mismo modo, los miembros del gran ejército bajo esta dinastía, los qzil-Bach, se consideraban sufíes. Los sufíes eran también muy estimados en Turquía, y el ejército de los jenízaros se vinculaba a la escuela bektachi fundada por Hayi Bektach Vali. Sin embargo, el cambio del modo de vida y la posibilidad de llevar una existencia fácil en las *janaqah* provocó una cierta decadencia en el seno de esta corriente de pensamiento.

Extraño destino el del sufismo, en su vasta extensión temporal y geográfica, condenado y perseguido en ciertas épocas, respetado y venerado en otras. Profesado por hombres con un espíritu abierto y universal, ha sido también practicado por los ascetas y religiosos más ordinarios. Algunos de sus más sinceros y profundos adeptos han permanecido desconocidos, según su deseo, mientras que otros que no tenían ningún sentido místico han sido integrados en su seno.

Geográficamente podemos distinguir también tres regiones importantes:

1. Iraq, Arabia Saudí, Siria y Egipto.
2. Irán, Turquía, las repúblicas musulmanas soviéticas, Afganistán y Pakistán.
3. África del norte, África negra y Andalucía.

Claro es que no puede establecerse con precisión una distinción y una diferencia doctrinal entre estas tres divisiones geográficas, pues para operar una clasificación desde el punto de vista del pensamiento teológico y metafísico es necesario un estudio personal sobre los maestros espirituales.

Rabia fue una de las primeras en hablar ampliamente del amor divino. Ella afirmaba que Dios se encuentra en todas partes. Cuando se disponía a cumplir la peregrinación, exclamó: «¡Oh, Dios mío! Allí a donde quiero ir hacia Ti, La Meca, no hay más que una piedra. Tú estás donde yo estoy. Lo que necesito es comtemplarte; es preciso, pues, que estés aquí».

II. EL CONOCIMIENTO MÍSTICO

Poco claras al principio, las concepciones de los sufíes evolucionan con el tiempo: pasan de un punto de vista puramente religioso a una concepción neta de la unidad de la existencia (Wahdat al Wuyud). Muchos estudiosos han afirmado que el sufismo estaba lleno de oscuridad y que las opiniones variaban de un jeque a otro. Cierto es que, por varias razones, el estudio del sufismo es tarea difícil.

Ante todo, los sufíes estiman que la adquisición de la ciencia discursiva no es necesaria para llegar al Conocimiento místico (*marifa*). Muy por el contrario, para ellos la deducción es fuente de extravío, mientras que la iluminación y la inspiración permiten llevar a la Verdad (*haqiqa*). Por eso no dan apenas importancia a la presentación de sus ideas de forma sistemática.

Otra causa de dificultades estriba en el hecho de que los místicos, en general, tenían por consigna «guardar el secreto» (*kitmansir*), es decir, no divulgar los secretos divinos. De ahí que adoptaran, para expresar sus ideas, un método totalmente simbólico y esotérico que les protegía de los ataques y les permitía hacer comentarios ambivalentes. Recurrían a los cuentos que se prestan a explicaciones ambiguas y ofrecen varios niveles de comprensión. Abu Sulaymán Darani (muerto en el año 215 de la hégira) dijo: «El conocimiento místico (*marifa*) está más cerca del silencio que de la palabra».

Los sufíes creen que el islam es la mejor de las religiones, pero jamás han negado por ello que las otras sean santas. Al contrario, siempre han afirmado que todas las religiones son semejantes e iguales. En efecto, puesto que Dios está en todas partes y es la causa de todas las cosas, no puede limitársele a ninguna secta o creencia particular. Por estar todas las cosas en Dios y por representar las manifestaciones de la Unidad Suprema, sólo el «color», la apariencia de esta realidad, cambia en las diferentes doctrinas. Dios es comparable al sol y sus rayos que brillan en muchos cristales de colores diferentes y revisten en cada uno el color de ese cristal. Por ser Dios la causa de todas las cosas, los místicos estiman que hay algo de verdad en cada idea. Un verdadero místico no será, pues, ni sectario ni fanático, ni discutirá las opiniones populares, por saber que toda querella es fuente de errores. Él reconoce que las cosas, consideradas aisladamente, no son perfectas, pero sostiene que el mundo, considerado en su totalidad, es de una perfección absoluta.

La cuestión que más ha retenido la atención de los sufíes es la del conocimiento de sí, el estudio del espíritu del hombre y de sus atributos y de los medios de llegar al acercamiento a Dios. Para alcanzar la alegría absoluta y la beatitud, conviene escoger el camino que conduce a la verdad, definir los deberes morales, distinguir las condiciones de una vida santa y purificar el espíritu.

Irfan, la gnosis, es el conocimiento de la Unidad, que permite comprender que las manifestaciones del dominio de la multiplicidad no son sino imágenes y sueños. Todos los esfuerzos del místico tenderán, pues, a retirar el velo de esos sueños e imágenes que le transmiten sus sentidos y que no son sino una apariencia que le separa de la Realidad Única.

El hombre es el microcosmos en relación con la Existencia única que es el macrocosmos: es en este principio en el que reside su eminente dignidad. Si supera a los demás seres es por la capacidad que tiene de conocer la realidad. Cuando el hombre está condicionado por el peso de sus deseos, está lejos de Dios, pero cuando el amor de la Verdad es poderoso en él renuncia al mundo material y la visión de la realidad se le hace posible. Por ser el cuerpo humano la causa de su separación de Dios, mientras más capaz sea el hombre de debilitar su cuerpo y de fortificar su espíritu, más cerca estará de la verdad.

El *arif* (el místico) es el testigo de los atributos de Dios, no de Su Esencia, pues no es posible tener conocimiento de la Realidad Suprema.

El *nafs,* en la terminología de los sufíes, designa la totalidad de los deseos y del mal en el hombre. Destruir ese alma carnal y concupiscente será, pues, necesario para llegar al conocimiento místico. En la vía mística (*tariqa*), el alma carnal representa el mayor obstáculo, y la lucha contra ella es la gran guerra santa (*yihad-akbar*). Los sufíes dicen que el hombre no puede llegar al conocimiento de la Verdad a través de sus cinco sentidos o de la razón, pues son limitados, mientras que la Realidad Suprema es infinita. Sólo un corazón puro y despierto es capaz de recibir la inspiración (*ilham*), la iluminación (*ichraq*), el desvelamiento (*kachf*) y la visión mística (*chuhud*), que son los medios de obtener el conocimiento místico (*marifa*).

El corazón del hombre, en el sentido que le dan los sufíes, es el instrumento de conocimiento trascendental. Es comparable a un espejo que refleja los atributos de Dios; si no los refleja, es porque no está suficientemente purificado de los deseos materiales. Evidentemente, el corazón místico no es una parte del cuerpo sino la realidad profunda del espíritu del hombre.

III. LAS ETAPAS DEL ITINERARIO ESPIRITUAL

Los sufíes han dicho que la *charia* (ley religiosa), necesaria al común de los mortales, no basta a los místicos, cuyo fin es el acceso a la Realidad Suprema. En efecto, según la ordinaria convicción, toda religión está inspirada por dos sentimientos: el miedo y la esperanza (jawf-va-riya); el temor del infierno y la esperanza del paraíso. Pero los sufíes son tajantes: la fe debe basarse únicamente en el amor divino. La finalidad hacia la que tienden es la proximidad de Dios, en el que todo está dado; la verdadera religión es la del amor, y el misterio de la creación es el del amor divino.

A fin de llegar a la Unidad absoluta, en la que ya no existen ni la individualidad ni la multiplicidad, los sufíes distinguen un cierto número de grados o de etapas que el *salik* (buscador místico) debe recorrer en su itinerario espiritual antes de llegar al *fana*: el arrepentimiento (*tawba*); la abstención de todo lo que es ilícito (*wara'*); el ascetismo (*zuhd*), el desapego (*faqr*), la paciencia (*sabr*), la confianza en Dios (*tawakkul*) y el contentamiento (*riza*).

En la vía mística, los que buscan la Verdad llegan a estados espirituales (*ahwal*) que son espontáneos y provisionales: la atención a Dios (*muraqiba*), la proximidad (*qurb*), el temor (*jawf*), la esperanza (*riya*), el éxtasis (*wachd*), la nostalgia (*chawq*), la intimidad (*uns*), el desvelamiento (*kachf*), la iluminación (*ichraq*), la visión (*chuhud*) y la certidumbre (*yaqin*). Algunas cofradías y algunos jeques han considerado también el canto y la danza místicos (*sama*) como un estado espiritual.

Los sufíes han descollado en precisiones técnicas y en la aplicación de una pedagogía del despertar muy elaborada, inspirada en la mayéutica platónica. Los jeques sufíes declaran que un verdadero místico no debe tener ni el cuerpo ni el espíritu afectados por la menor cosa ilícita. Lo más importante para ellos era que tras la etapa del arrepentimiento nada ilícito fuese consumado, realizado o pensado. El mayor pecado es el *chirk* (asociacionismo), que consiste en asociar cualquier cosa, ya sea en acto o en pensamiento, a Dios y a su amor. Lo que cuenta esencialmente es la intención. La noción de lo sagrado reside en el espíritu del hombre y debe ser preservada a toda costa.

Por otra parte, según una regla unánimemente adoptada por todos los maestros espirituales, está prohibido pedir cualquier cosa a quienquiera que no sea Dios, pues contar con la ayuda humana sería una falta de confianza total en Dios, contraria a una de las etapas que se debe franquear en la vía mística. Además, pedir cualquier cosa a alguien significa creer en la existencia de otras voluntades y poderes susceptibles de acudir en nuestra ayuda. Ahora bien, tal cosa supondría la demostración de que no sólo no se ha llegado a la etapa de la confianza en Dios sino también de que tampoco se ha llegado a la etapa de «satisfacción», puesto que no se es capaz entonces de contentarse con lo que nos da Dios y se busca en otra parte. Eso evidencia que no hemos franqueado la etapa de la paciencia, puesto que no sabemos continuar esperando lo que la Providencia nos depare.

Si tras la primera etapa, la del arrepentimiento, no se observan las condiciones requeridas para franquear las etapas siguientes, queda probado que no se ha franqueado esa primera etapa, pues, en realidad, el arrepentimiento designa la firme voluntad de evitar las faltas y las carencias espirituales que existen en el espíritu del hombre.

En definitiva, hay que considerar todas las etapas místicas, y los principios por ellas encarnados, como ligadas entre sí, al modo de los anillos de una cadena: es necesario avanzar regularmente, atravesándolas de forma sucesiva. En cuanto a la últipa etapa, la del *fana* (aniquilación del ser en el Ser), supone que ya se han superado todas las que hemos enumerado. Los prodigios y los milagros realizados por los jeques sufíes, al igual que la posibilidad y la necesidad de su realización, es un tema que ha hecho correr mucha tinta durante el transcurso de los siglos. ¿En qué consisten esos actos sobrenaturales y prodigiosos? En el seno mismo del sufismo se han producido controversias al respecto. Algunos jeques decían que no es obligatorio para ellos efectuar esos prodigios, ya que prodigios y milagros son específicos de los profetas. Pero otros decían que ésta es una de las etapas místicas y creían en la necesidad de tales actos para mostrar a sus discípulos su poder y para ejercer una mayor autoridad psíquica sobre ellos, a fin de poder dirigirles en la vía mística.

IV. AMOR HUMANO, AMOR DIVINO

Las obras clásicas del sufismo admiten generalmente que todos los grandes maestros han poseído algunos poderes extraordinarios y realizado innumerables prodigios en el curso de sus vidas. Algunos jeques han dicho que los prodigios constituyen un criterio que permite distinguir a los verdaderos maestros espirituales de los hipócritas que se hacen pasar por tales. Otros, al contrario, han afirmado que esos actos milagrosos no prueban nada, puesto que un mago o un brujo puede realizar cosas similares. Naturalmente, la mayor objeción a tales poderes proviene de los adversarios sufíes. Sin demorarnos en estas controversias, y aunque se trate de problemas completamente marginales en relación con la esencia del sufismo y del misticismo, hemos creído útil dedicarles algunas palabras.

Sabido es que lo más importante y lo más caro para los sufíes y para los místicos en general es el amor. Para ellos hay dos clases de amor: el «amor humano» y el «amor divino» o amor místico. Este último es, naturalmente, el más esencial, pues es el amor del hombre por su origen. De hecho, el espíritu del hombre es la parte divina de su existencia y viene del mundo de la divinidad; es un cautivo del alma carnal y un prisionero del cuerpo. Aunque haya olvidado todo lo que sabía, a causa de los velos terrestres, sabe que no pertenece a este mundo. Siente siempre la nostalgia de su «país de origen». Esta nostalgia se manifiesta en el ser humano como una búsqueda permanente y perpetua.

Este estado espiritual, esta nostalgia, esta búsqueda, es lo que los sufíes llaman el «amor divino». No puede cesar mientras el hombre permanezca con vida, mientras no haya regresado a su origen. Este amor es el resultado de nuestra expatriación, de nuestra soledad en nuestra individualidad, de nuestro encadenamiento en la cárcel del «yo». Consecuentemente, mientras exista este «Yo», existirán esa nostalgia y el dolor que de ella resulta, pero es un dolor deseado y un caro sufrimiento para los místicos.

PARA PROLONGAR ESTE CAPÍTULO

Mortazavi, D., *Soufisme et psychologie,* París, Du Rocher, 1989.
——, *Symbolique des contes et mystique persane,* París, J. C. Lattés, 1987.
——, *Le secret de l'Unité dans l'ésotérisme iranien,* París, Dervy-Livres, 1988.
Vitray-Meyerovitch, E. de, *Anthologie du soufisme,* París, Sindbad, 1978.

6. LAS COFRADÍAS

Gilles Veinstein

> En el curso de los siglos, el islam ha desarrollado, paralelamente a las formas oficiales, relaciones más concretas y afectivas entre el hombre y su Dios. Gilles Veinstein, historiador, director de estudios en la Escuela de Altos Estudios en Ciencias Sociales, presenta el mundo complejo y fascinante de las cofrafías o hermandades, tan próximas a un islam popular.

El islam no se limita a sus instituciones y a sus reglas, a los «cinco pilares», ni al conjunto de preceptos, tanto sociopolíticos como éticos o propiamente religiosos, definidos por la ley canónica, la *charia*. Las mezquitas no son los únicos lugares en los que se expresa el fervor de los fieles reunidos, en la misma medida que los doctores de la ley, los ulemas, que aseguran la aplicación de la *charia* pero dejan al creyente solo frente a un dios lejano y abstracto, no son los intercesores verdaderos de la comunidad. Al lado del islam oficial, un tanto legalista y formalista, se ha desarrollado, casi desde sus orígenes, «otro» islam que establece otras relaciones entre el hombre y lo divino, más concretas y afectivas. Las relaciones que mantiene con el islam de los teólogos y de los juristas son muy variables, desde la complementariedad o la estrecha alianza, hasta la rivalidad e incluso la guerra abierta, cuando se le rechaza como herético.

Este islam, de formas por lo demás tan diversas que se presta mal a las generalizaciones, es el de las numerosas órdenes o cofradías (*tariqa,* plural *turuq*) que tejen sus redes desde hace siglos a través de la casi totalidad del mundo islámico. Aunque permanente, el fenómeno es muy desigualmente vivaz según las épocas y las regiones, y su historia prosigue en nuestros días con un vigor variable. También está oculto en parte, pues no siempre tienen las cofradías existencia legal, y además contienen aspectos esotéricos sólo conocidos por los iniciados. Así se explica que a menudo sean objeto de malentendidos en cuanto a su papel y naturaleza. Sin embargo, hacer abstracción de estas formas de vivencia religiosa sería ignorar una dimensión esencial de las poblaciones a las que concierne hasta en sus capas más humildes, sería quedarse en la superficie de la vida social, sin tratar de descifrar sus planos de fondo.

La historia de las cofradías se remonta a la aparición de los primeros místicos musulmanes, designados con el término de sufíes por el nombre de la pobre ropa de lana (*suf*) con la que se vestían habitualmente. En esa fase inicial, se trataba de individualidades que se esforzaban por alcanzar, más allá de una aplicación literal de la ley, un conocimiento directo de la divinidad. Comenzaron a reunirse en conventos (*ribat, janaqah, zawiya, jalwa*), pero para que esos simples grupos se transformasen en cofradías propiamente dichas, con la agrupación de discípulos bajo la autoridad de un maestro que les sirviera de iniciador y de guía, habría que esperar al siglo XII y a las conmociones políticas que comienzan por entonces a afectar al mundo musulmán: los regímenes chiíes desaparecen en beneficio del sunnismo en Irán y en Oriente Medio; luego, con la conquista de los mongoles, se le impone a la mayor parte de la *umma* un dominio pagano, al menos al principio. En esas condiciones, el islam, expulsado del poder, que es su lugar normal, en sus versiones chiíes o de forma total, refluye en el corazón de las masas populares o reviste formas nuevas. Las primeras órdenes aparecen entonces (conservarán la apelación de *jirqa* primitivas), con denominaciones que provienen del nombre del místico al que se remiten: la Kubrawiya de Nachm addin Kubra (m. 1221), la Qadiriya de Abdel Qadir al-Yilani (m. 1166), la Rifaiya de Ahmad ibn ar-Rifai (m. 1182), la Madyaniya de Abu Madyan (m. 1197), llamada después Chadiliya por su «segundo fundador» Abu l-Hasan ach-Chadili (m. 1258), la Chichtiya de Muin ad-Din M. Chichti (m. 1236).

Durante el siglo XIII verán igualmente la luz la Qalandariya, la Ahmadiya y aún la Mawlawiya inspirada por el místico originario del Jurasán, Yalal ad-Din Rumi, emigrado al Asia Menor a consecuencia del avance mongol, que murió en Konia en 1273. El movimiento de creación prosiguió en el siglo XIV con la aparición, entre otras, de la Bektachiya en Asia Menor, de la Naqchbandiya, surgida de Baha ad-Din an-Naqchbandi (m. 1389), en Asia central, de la Safawiya, que constituye Safiyadin al-Ardabili (m. 1334) entre los turcomanos de Azerbayán oriental, de la Jalwatiya, que se remonta a Umar al-Jalwati (m. hacia 1397).

El siglo XV conocerá todavía, por ejemplo, el auge, en la India y en Sumatra, de la Chattariya, introducida por Abdala ash-Chattar, originario de Irán (m. 1428).

I. LA ESTRUCTURA PIRAMIDAL

Paralelamente, en el transcurso de los siglos XIV y XV, que son también los de la ascensión del Imperio otomano, las órdenes se constituyen en cuerpos organizados (*taifa*) en los que se distinguen novicios, iniciados y maestros, con una graduación de una asombrosa analogía con la de las gildas de la época. Los centros locales, que se han multiplicado, están encerrados en una estructura piramidal cuya cima ocupa la «casa madre» (*asitane, pirhane*); el gran maestro delega todos o parte de sus poderes en las diferentes «provincias» (*walaya*) de la orden, a una jerarquía de representantes (*jalifa, naqib, muqaddam*) acreditados y controlados. Si la Bektachiya, por ejemplo, se remite a una figura semilegendaria, Hayi Bektach Veli, procedente del Jurasán, en Anatolia, en la época de los mongoles, que murió hacia 1335, la *taifa* correspondiente no se desarrolla antes del siglo siglo XV, con Balim Sultan por organizador, «segundo fundador» (*pir-i sani*), puesto al frente de la casa-madre en 1501, que murió en 1516. Por lo demás, la centralización y la rigurosa organización que, a partir de esa fecha, distingue a las órdenes en algunas fases de su historia, no son generalmente duraderas. La regla es más bien la de la ramificación en grupos más o menos independientes o incluso opuestos, y hasta la atomización en células o logias aisladas, por lo que la unidad de apelación deja de corresponder a un lazo orgánico efectivo.

En los siglos siguientes, mientras las órdenes antiguas prosiguen su existencia, implantándose eventualmente en nuevas zonas, continúa el proceso de creación de cofradías. Sus fundadores manifiestan el cuidado de ligarlas a un maestro de los primeros tiempos. Las postrimerías de los siglos XVIII y XIX son períodos particularmente fecundos en la renovación del movimiento cofrade: por ejemplo, Ahmad al-Tiyani (1737-1815) funda en el Magreb la Tiyaniya, y varias órdenes surgen de la enseñanza de otro reformador, originario de Fez, Ahmad ibn Idris (1760-1837) y de sus discípulos: Idrisiya, Rachidiya, nueva Majdubiya, Mirganiya y Sanusiya.

Actualmente, las cofradías están presentes en todos los países islamizados desde más o menos tiempo. Sólo están privados de ellas aquellos países en los que se ha impuesto una tendencia del islam radicalmente hostil a estas formas de devoción: la Arabia de los wahhabíes y el Temen de los imanes zaidíes. En los países del Golfo, la implantación es muy reciente, como consecuencia de la llegada de inmigrantes egipcios en estos últimos años. Bajo los regímenes marxistas actuales, como, por otra parte, en la Turquía republicana, las cofradías, combatidas en el plano ideológico, llevan una existencia más o menos clandestina.

II. EL MAESTRO, GUÍA ESPIRITUAL

La vocación primera de toda cofradía es la de conservar, transmitir y difundir la enseñanza del fundador, sobre todo su experiencia mística y los métodos, la «vía» por la que llegaba a ella. Este mensaje, enriquecido por las aportaciones de los principales discípulos y sucesores, constituye el fondo doctrinal, más o menos intelectual o «popular», así como el conjunto de prácticas que caracterizan a la orden, no sin variantes según las ramas. El maestro actual (*muchid, pir, chaijj, dede, baba*) está unido al fundador por una cadena de filiación espiritual (*silsila*) a través de las generaciones. En la práctica, la sucesión se hace frecuentemente de padre a hijo, pero este principio, llamado *evladiyet,* nunca ha sido la regla general.

Por otra parte, el maestro supremo delega todos o parte de sus poderes en representantes locales de la orden, en virtud de un «diploma de investidura» (*ichazatuama*). De su guía espiritual, el novicio (*murid*) recibe la iniciación (*baia, talqin, chadd*) —un segundo nacimiento— que le permitirá al término de su formación alcanzar, a través de diversas etapas psicológicas (*maqamat, ahwal*), la percepción de la realidad divina (*haqiqa*).

Pero el maestro no es solamente un guía espiritual. Ha heredado del fundador, y eventualmente ha reforzado por sus propios méritos, un poder sobrenatural (*baraka*): es un próximo de Dios (*wali*), que le ha dotado de poderes particulares, principalmente taumatúrgicos (*karamat*), cuyos benéficos efectos le sobrevivirán desde su propia tumba. En un plano más prosaico, el maestro es para su novicio un consejero natural en todas las grandes decisiones de la vida.

Por otra parte, hay generalmente varios grados de iniciación y varias categorías de miembros en el interior de una cofradía. Los miembros plenos, designados por términos variados (entre otros los de *darwich, faqir, aji*) se consagran enteramente a la orden, con la observancia de la totalidad de sus reglas (incluida eventualmente la del celibato) y cumplen todos los ejercicios, ya sean itinerantes o estén retirados en conventos (*zawiya* o *zauia, takiya* o *tekke*). Éstos constituyen una categoría aparte de la sociedad, diferenciados tanto por el modo de existencia como por la vestimenta, muy a menudo miserable, en la tradición de los primeros sufíes, pero a veces lujosa, como los chadili del Sudán, en el siglo XVIII, que denotaban así su autosuficiencia; o bien fantástica, como entre los musa suhagi del Gujerat, que se visten como mujeres por presentarse como las novias de Alá.

Pero una cofradía puede disponer de un segundo círculo de afiliados cuyos elementos han recibido una iniciación menos avanzada y que, aun conservando una vida social y profesional ordinaria, se asocian a las manifestaciones y ceremonias organizadas por la orden, realizan eventualmente retiros en los *zawiya* y están unidos al maestro por un lazo de sumisión y fidelidad personal. Por lo demás, esta tendencia a la «secularización» de los cofrades no ha hecho sino acentuarse en los períodos recientes y se ha convertido en una necesidad allí donde los *turuq* no tienen existencia legal. Las mujeres, cuando son admitidas, lo son a título de asociadas; hay excepciones, sin embargo; algunas órdenes, como por ejemplo la Naqchbandiya o, en Oriente Medio, una más reciente, la Yachrutiya, las aceptan sin ninguna limitación. Además, ellas siguen masivamente las ceremonias «abiertas» de las órdenes y muy particularmente las visitas a las tumbas de los «santos», que son una de sus devociones favoritas. Por otra parte, las grandes solemnidades organizadas en torno a esas tumbas, en particular con ocasión de los aniversarios del nacimiento o de la muerte (*mawlid*) del jeque cuya memoria se venera, deparan a menudo a las órdenes la oportunidad de extender su audiencia, más allá de sus afiliados, asociados y simpatizantes ordinarios, incluso (como en la India) a elementos no musulmanes de las poblaciones vecinas. Las muchedumbres que se congregan entonces dan la medida de la influencia de los lugares santos de las cofradías, que actúan así como «pequeñas Mecas», que atraen los *Ersatz* del *hach,* contabilizados entre los méritos del fiel.

III.   LA BÚSQUEDA DEL ÉXTASIS

Entre los ejercicios practicados en el marco de las cofradías figuran las veladas (*sahr*), los ayunos (*siyam*), pero también manifestaciones más espectaculares tendentes a llevar al participante a un estado de trance: los conciertos espirituales (*sama*), la danza (particularmente entre los mawlawi, los famosos derviches danzantes), las invocaciones (*wird*) y sobre todo las letanías (*dikr*). Este último ejercicio, en el que los discípulos que rodean al jeque alcanzan el éxtasis por la repetición a un ritmo cada vez más intenso de los nombres de Dios, ocupa un lugar central en la vida de las cofradías. Se distingue sin embargo el *dikr* murmurado, llamado silencioso (*juji*) o del corazón (*qalbi*), del *dikr* pronunciado en voz alta (*yali* o *yahri*). Otras particularidades vienen a injertarse en esta diferencia mayor que distingue a las órdenes y que a veces enfrenta entre ellas a las ramas de una misma orden.

La búsqueda del éxtasis puede tomar otras formas, que una terminología peyorativa califica a veces de chistosas (*mizah*): consumo de excitantes (café, hachís, opio), acrobacias, laceración de las ropas (*tamziq*), mortificación por el hierro y por el fuego, etc. En particular, la práctica consistente en perforarse partes del cuerpo con agujas, puntas de hierro o de sables, para manifestar el estado de invulnerabilidad sobrenatural al que el jeque conduce a sus fieles, ha sido aplicada por diferentes órdenes, aunque hoy sólo subsiste de modo residual, no sin degenerar en ocasiones en mera atracción turística.

A veces puede reconocerse fácilmente en tal o cual creencia o práctica de tal o cual cofradía la supervivencia de creencias y prácticas de un fondo religioso local, anterior al islam o en coexistencia con él. Las cofradías se presentan así como lugares de supervivencia, como crisoles de sincretismo, y ejercen una función mediadora entre el islam, árabe por sus orígenes y universal por vocación, y las culturas vernáculas. Así es como ha podido ponerse en evidencia una filiación del chamanismo en místicos musulmanes turcos, una influencia del yoga en los de la India, o el apego a antiguas prácticas mágicas en los de Indonesia.

Todos estos comportamientos —y muy en particular el «culto de los santos»—, más o menos alejados del espíritu y de la letra del islam, han suscitado desde siempre la crítica de los guardianes de la ortodoxia. Esta crítica es radical entre fundamentalistas como los wahhabíes o, más recientemente, los Hermanos Musulmanes, y mucho más moderada en otras corrientes, al haber operado los doctores una distinción entre órdenes «aceptadas» (*maqbul*) o legales (*ba-char*) —y la mayor parte de las órdenes están en este caso— y órdenes «condenadas» (*mardud*) o ilegales (*bi-char*) a causa de sus excesos.

El rechazo de los abusos no ha venido sólo del exterior. Se ha producido también en la corriente de la «renovación» (*tajdid*), a partir de fines del siglo XVIII, del movimiento mismo de las cofradías, en el marco de órdenes tradicionales como la Jalwatiya o la Naqchbandiya, o en el de las órdenes reformadas creadas en esa época.

Además, la distinción entre islam legal e islam místico pierde nitidez al alejarse de las regiones centrales para entrar en la periferia del mundo musulmán. Aquí el proceso de islamización fue a menudo obra, parcial o exclusivamente, del proselitismo de los sufíes misioneros iniciados en el centro, sobre todo en Bagdad y en La Meca. Por tal razón, en la India, China, Asia central, Indonesia, el Cáucaso o en África negra, no hay necesariamente una neta separación entre el místico y el doctor, entre la enseñanza del *fiqh* y la de la *tariqa*, entre la función del *muderris* y el papel del *murchid*.

IV. EL PODER DE LAS *TURUQ*

Espirituales en sus principios, las *turuq* pueden ser igualmente potencias materiales más o menos considerables. Los jeques y sus familias, sobre todo cuando llegan a perpetuarse en verdaderas dinastías, controlan muy variados recursos: donativos en dinero y en especies de los afiliados y los peregrinos, patrimonios en bienes raíces bajo forma de *waqf* u otros tipos de concesiones. Es frecuente, en particular en el actual Oriente Medio, que una parte al menos de esos recursos alimenten obras sociales y culturales de indiscutible alcance.

Dueño de una fortuna considerable, sobre todo cuando se empeña en hacerla fructificar, el jefe de una cofradía puede adquirir un estatuto de señor temporal de los dominios y comunidades que rige, más o menos independiente del poder central y de la ley estatal. Del mismo modo, su autoridad sobre los fieles está frecuentemente reforzada por su posición en la estructura social que sirve de base al reclutamiento de la cofradía. En muchos casos, en efecto, la adhesión no es resultado de una opción personal sino que está condicionada por la pertenencia familiar, tribal, de clan, profesional o simplemente geográfica. El dominio espiritual del jeque se conjuga así con sus prerrogativas de otra naturaleza, obligando al discípulo a una doble fidelidad. Incluso se han dado casos extremos en que el jeque ha pasado de una simple autonomía local, o de un dominio social limitado, a la apropiación del poder central. Un famoso ejemplo histórico de ello viene dado por la Safawiya del siglo XVI cuyo jefe, Chah Ismail, creó una dinastía que reinó en Irán durante tres siglos, pero la primera mitad del siglo XX ha conocido también varios casos, efímeros por lo demás, en Somalia, Libia, en el Cáucaso y en el Kurdistán, de Estados constituidos sobre la base de cofradías, por haberse visto tales organizaciones como las únicas susceptibles, en un contexto dado, de concretar un sentimiento nacional.

Más generalmente, sin ocupar la cima del Estado, las cofradías tienen a veces que desempeñar un papel político, en formas muy diversas, en los países en que están implantadas. Por sus círculos de influencia, incluso por sus contactos internacionales, pueden ayudar al establecimiento de un régimen político, a la propagación de su ideología y a la eliminación de sus adversarios, como, por ejemplo, en el Egipto naseriano o en la Indonesia «pantjasilaísta». En otros contextos, pueden, por el contrario, favorecer a la oposición, intervenir en el juego de los partidos en liza. En general, las cofradías constituyen un factor permanente de la vida política de algunos Estados musulmanes contemporáneos (por ejemplo, Pakistán, Sudán, Senegal [1], y hasta la Turquía poskemalista). Los exegetas occidentales han visto en ellas, asimismo, un elemento decisivo de la resistencia a los poderes coloniales y de las luchas de liberación nacional. Si este papel es indiscutible en varios episodios famosos, no hay que incurrir en el error de sobreestimarlo ni sistematizarlo, pues las *turuq* están lejos de haber tenido siempre la organización rigurosa y el espíritu combativo que se les ha atribuido. En ocasiones han servido incluso de intermediarias entre las poblaciones indígenas y los europeos, y a veces han llegado a aliarse con estos últimos contra un adversario común, como fue el caso de África, por ejemplo, de la Tiyaniya o de la Mirganiya del Sudán.

Esta influencia política virtual explica que los Estados hayan tratado de controlar las órdenes e incluso de eliminarlas. La larga historia otomana ilustra sucesivamente estas dos situaciones. Los sultanes de Estambul colmaron de donativos a las órdenes «aceptadas», a la vez que supervisaban el nombramiento de sus jeques y favorecían su centralización y su reagrupamiento para facilitar su control. Asimismo instituyeron en algunas grandes ciudades los *chayj-at-turuq*. (Muhammad Alí siguió la lección en Egipto, y aun hoy en este país, el único del Medio Oriente árabe que reconoce legalmente a las cofradías, éstas se hallan presididas por un «Consejo supremo de cofradías místicas» con poderes importantes, redefinidos en los años 1976-1978.)

---

[1] En lo que concierne a la importante cofradía de los muridíes, véase en la tercera parte el retrato de su fundador, Amadu Bamba.

En una nueva etapa, el sultán otomano reformador Mahmud II decretó la prohibición de la Bektachiya y, casi cien años después, el fundador de la República turca, Mustafa Kemal, extendió la prohibición al conjunto de las *tekke*, estigmatizadas como focos de oposición a las reformas y acusadas de reacción y de oscurantismo.

Tales rivalidades ideológicas y políticas entre el poder y las cofradías han conocido evidentemente una tensión particular en los países musulmanes bajo regímenes marxistas, como la URSS, China, Yugoslavia, Albania. Colocado fuera de la ley y a contracorriente del islam oficial concertador de un *modus vivendi* con el Partido, el islam «paralelo» no ha dejado por ello de mantener sus redes de casas de oración, sus escuelas, sus lugares de peregrinación, y de recaudar (como en la URSS) la limosna legal, la *zakat*, prohibida sin embargo. Clandestino o semiclandestino, según las órdenes, las regiones, los períodos, el movimiento de las cofradías sobrevive y se refuerza incluso al proporcionar a la resistencia ideológica y nacional un marco y unas formas de expresión. Sólo en Albania, tal vez, desde la prohibición general de las religiones en 1967, puede haberse producido una erradicación efectiva.

Así, a pesar de los casos de decadencia o de necrosis, las *turuq* continúan estando más vivas en el mundo islámico y en los países de inmigración musulmana de lo que podían pronosticar tanto los puristas como los modernistas y los ateos que condenan formas de devoción por ellos estimadas como heterodoxas o arcaicas. Es precisamente allí donde el islam es perseguido o está demasiado abiertamente sometido a un poder impío, donde las formas de organización y de expresión religiosas que encarnan las cofradías desde la época de la conquista de los mongoles hallan toda su razón de ser. Sin embargo, en estos contextos recientes, las distinciones antiguas entre las órdenes se difuminan en beneficio de una indiferenciación más confusa, al igual que va haciéndose menos pronunciada la fisura antaño radical entre las cofradías sufíes y las corrientes fundamentalistas, sunníes o chiíes, que ocupan hoy el proscenio.

PARA PROLONGAR ESTE CAPÍTULO

Popovic, A. y Veinstein, G. (comps.), *Les Ordres mystiques dans l'islam, cheminements et situation actuelle,* París, EHESS, 1986.

SEGUNDA PARTE

ESPACIO Y CIVILIZACIÓN

7. FECHAS DE REFERENCIA

A.-M. Delcambre, F. Micheau y E. Moller

I. NACIMIENTO DEL ISLAM

hacia 570	Nacimiento de Mahoma.
hacia 610	Mahoma recibe las primeras revelaciones. Inicio de su predicación.
622	Emigración de La Meca a Medina. Comienzo de la hégira.
624	Año 2 de la hégira. Victoria de Badr sobre La Meca.
625	Año 3 de la hégira. Derrota de Ohod frente a La Meca.
627	Año 5 de la hégira. Batalla del foso, los de La Meca son rechazados.
630	Triunfo de Mahoma en La Meca.
632	Muerte de Mahoma.
632-634	Califato de Abu Bakr.

II. LAS PRIMERAS CONQUISTAS

634-644	Califato de Umar.
636	Victoria sobre los bizantinos en Yarmuk, en Siria.
637	Victoria sobre los persas sasánidas en Qadisiya.
638	Conquista de Jerusalén.
641	Conquista de Egipto. Fundación de Fustat (El Cairo).
644-656	Califato de Uzmán.
656	Comienzo del califato de Alí.
657	Batalla de Siffin, que marca la división del Islam en sunníes, chiíes y jariyíes.
661	Asesinato de Alí. Comienzo de la dinastía de los omeyas.
670	Fundación de Qairawán.
711	Al Este, los árabes alcanzan el Indo. Al Oeste, franquean el estrecho de Gibraltar y comienzan la conquista de España.

732	Batalla de Poitiers.
750	Fin de la dinastía de los omeyas. Comienzo de los abbasíes.
751	Victoria de Talas sobre los chinos.

III. APOGEO DE LA CIVILIZACIÓN ARABOMUSULMANA

756	Fundación del Emirato Omeya de España.
762	Fundación de Bagdad.
786-809	Califato de Harun al-Rachid.
789-809	Dinastía idrisí en Marruecos.
789	Fundación de Fez.
hacia 800	Primera fábrica de papel en Bagdad.
800-909	Dinastía aglabí en Ifriqiya (Magreb oriental).
813-833	Califato de Al-Mamum en Bagdad.
831-902	Los árabes de Ifriquiya conquistan Sicilia.
868-905	Dinastía tuluní en Egipto.
910	Los fatimíes toman el poder en el Magreb.
929	Abderrahmán III toma el título de califa en Córdoba.
969	Los fatimíes conquistan Egipto y fundan El Cairo.
970	Fundación de la mezquita Al-Azhar en Egipto.
998	Comienzo del reinado de Mahmud, sultán mameluco de Gazni (Afganistán).
1001	Primera expedición de Mahmud a la India.
1031	Fin del califato de Córdoba. España dividida en reinos de taifas.
1050	Los banu hilal llegan a África del Norte.

IV. LA SEGUNDA EXPANSIÓN DEL ISLAM

1055	Los turcos selyuquíes entran en Bagdad.
1070	Fundación de Marrakech, capital de los almorávides, amos del Magreb.
1071	Victoria de los selyuquíes sobre los bizantinos en Mantzikert. Conquista del Asia Menor.

1085	Los ejércitos de la Reconquista se apoderan de Toledo. Los normandos se apoderan de Sicilia.
1086	Victoria en Zalaca de los almorávides sobre los cristianos.
1095	El Papa Urbano II predica la primera cruzada.
1099	Toma de Jerusalén por los cruzados.
1121	Comienzo de la dinastía de los almohades en el Magreb.
1147	San Bernardo predica la segunda cruzada.
1171	Saladino derroca al califato fatimí de Egipto y funda la dinastía ayyubí (Egipto, Siria, Alta Mesopotamia).
1190	Tercera cruzada.
1204	Toma de Constantinopla por las tropas de la cuarta cruzada.
1206	El general mameluco de los guríes funda el sultanato de Delhi (India).
1212	Los cristianos de España, vencedores de los almohades en Las Navas de Tolosa.
1219-1222	Los mongoles, conducidos por Gengis Jan, devastan el Asia central musulmana y el Irán oriental.
1231-1236	Los mongoles devastan el noroeste de Irán.
hacia 1240	Fundación del Imperio del Malí.
1243	Los mongoles derrotan a los turcos selyuquíes en Anatolia.
1250-1517	Dinastía mameluca en Egipto.
1255-1256	Los mongoles, conducidos por Hulagu, devastan la Transoxiana e Irán y destruyen Alamut.
1258	Los mongoles destruyen Bagdad y matan al califa abasí.
1260	Advenimiento del sultán mameluco Baybars. Los mongoles saquean Siria y son vencidos por los mamelucos egipcios en Ayn Yalut (Palestina). Fin de las invasiones mongolas. Comienzo de la dinastía de los iljaníes de Persia, cuya capital está en Tabriz.
1269	Comienzo de la dinastía de los meriníes en Marruecos.
1270	Octava cruzada. San Luis muere de peste en Túnez.
1271	Viaje de Marco Polo.
1291	Caída de San Juan de Acre. Fin de los Estados latinos de Oriente y de las cruzadas.
1295	Gazán, séptimo iljaní de Irán, se convierte al islam (sunní). A comienzos del siglo XIV, el octavo iljaní, cristiano, se hace musulmán chií.

1307-1311	Conquista por el sultanato de Delhi de una gran parte de la India peninsular (Dekkan).
1334	Muere el noveno iljaní, musulmán sunní. Fin de los iljaníes de Irán.

V. LA ERA OTOMANA

1324-1354	El principado de los turcos otomanos se afirma en Asia Menor.
1345	Primera campaña otomana en Europa.
1363-1405	Tamerlán, mongol turquizado y convertido al islam, toma Samarcanda por capital. Devasta Asia central e Irán, Siria e Irak.
1385-1389	Conquistas otomanas en los Balcanes.
1389	Advenimiento del sultán turco otomano Bayeceto I (Bayaceto).
1396	Los turcos otomanos derrotan a los húngaros en Nicopolis.
1399	Campaña de Tamerlán contra el sultanato de Delhi (saqueo de Delhi).
1402	Tamerlán, vencedor en Ankara, rompe la primera expansión otomana.
1405	Muerte de Tamerlán. Sus descendientes, los timuríes, sólo conservan una pequeña parte de su imperio.
1413-1481	Nueva expansión otomana.
1451-1481	Reinado del sultán otomano Mehmet II.
1453	Los otomanos conquistan Constantinopla.
1492	Caída de Granada. Fin de la España musulmana. Descubrimiento de América.
1498	Los portugueses en las costas de la India.
1502	Chah Ismail funda la dinastía sefeví y declara al chiísmo religión de Irán. El Asia central permanece en manos de las dinastías mongolas musulmanas, en su mayor parte gengisjánidas.
1508-1509	Los sefevíes se apoderan de Bagdad.
1517	Los turcos otomanos se apoderan de Egipto.
1520-1566	Reinado del sultán otomano Solimán el Magnífico.
1526	Babur funda el imperio mongol en la India.

1529	Asedio de Viena por los turcos otomanos.
1535	Alianza entre Solimán el Magnífico y Francisco I, rey de Francia.
1538	Una flota otomana ataca sin resultado a Diu, puerto de la India conquistado desde hacía poco por los portugueses. La ruta de las Indias queda abierta en lo sucesivo para los europeos.
1556	Entronización de Akbar, emperador mongol de la India.
1565	Los otomanos, vencidos en Malta por los caballeros.
1571	Derrota de la flota otomana en Lepanto.
1574	Los turcos otomanos ocupan Túnez.
1587	Apogeo del Irán sefeví con el chah Abbas I.
1683	Nuevo fracaso de los turcos ante Viena.
1699	Paz de Carlovitz. El Imperio otomano devuelve territorios a Hungría.
1707	Muere el último gran emperador mongol de la India. Decadencia inmediata de la dinastía.
1757	Los ingleses se apoderan de Bengala (victoria de Plassey). La conquista de la India por los ingleses, casi total ya desde 1824, acabaría en 1843.
1773	Toma de Riad por la dinastía saudí. Extensión del wahhabismo.
1774	Comienzo de la cuestión de Oriente: tratado de Kutchük-Kaynardyi entre rusos y otomanos.
1787-1792	Guerra ruso-turca.
1788	Austria entra en el conflicto.

VI. EL IMPERIALISMO EUROPEO Y LA *NAHDA* (RENACIMIENTO)

1798-1801	Campaña de Bonaparte en Egipto.
1805	Muhammad Alí (Mehmet Alí) toma el poder en Egipto.
1830	Comienzo de la conquista de Argelia por los franceses.
1839	Comienzo de la época de los tanzimat (decretos reformadores) en Turquía. Nacimiento de Yamal al-Din al-Afgani, pionero del reformismo musulmán. Comienzo de la *nahda* (renacimiento).
1847	El argelino Abdelqadir se rinde a los franceses.
1849	Nacimiento de Muhammad Abduh, maestro del reformismo musulmán.

1860-1861	Guerra civil en el Líbano. Matanza de cristianos por los drusos.
1865-1876	Los rusos se apoderan del Asia central musulmana. Algunos jans mongoles conservan sus tronos.
1870	Decreto Crémieux en Argelia: se concede la nacionalidad francesa a los judíos.
1876	Advenimiento del autoritario sultán turco Abdul-Hamid II.
1881	Protectorado francés en Túnez (tratado del Bardo).
1822	Ocupación británica de Egipto.
1895	Comienzo del movimiento de los Jóvenes Turcos.
1912	Protectorado francés en Marruecos con Lyautey.
1914	Egipto se convierte en protectorado británico.
1915	Genocidio armenio.
1916	Acuerdo Sykes-Picot para el reparto entre Inglaterra, Francia y Rusia de los despojos otomanos en Oriente Medio.
1917	Revolución de octubre en Rusia. Sultán Galiev sueña con la unión del islam y del comunismo en Asia. Declaración Balfour, por la que se crea un «hogar nacional judío» en Palestina.
1920	Mandato francés sobre Siria y el Líbano. Mandato británico sobre Palestina e Iraq. Tratado de Sèvres. El ejército rojo destrona al jan de Jiva (Jawarizm), último soberano gengisjánida.
1921	Reza chah toma el poder en Irán.

VII. LA EDAD DE LAS INDEPENDENCIAS

1922	Independencia de Egipto. Fuad I, rey de Egipto. Abolición del sultanato en Turquía.
1923	Proclamación de la República turca, con Mustafá Kemal como presidente y Ankara como capital. Transjordania se convierte en reino independiente, con Abdalah como rey.
1924	Ataturk declara la abolición del califato e instaura el laicismo.
1925	Reza chah funda la dinastía pahlaví en Irán.
1927	Inglaterra reconoce la independencia de Arabia Saudí.

	Ibn Saud, rey del Hiyaz en Arabia. Advenimiento de Mohamed V en Marruecos.
1928	Creación de la Asociación de los Hermanos Musulmanes en Egipto.
1932	Independencia de Iraq. Proclamación del reino de Arabia Saudí.
1936	Acuerdo angloegipcio que conduce a la evacuación británica de casi todo Egipto. Muerte de Fuad I y entronización de Faruq.
1945	Evacuación francesa de Siria y el Líbano. Fundación de la Liga de Estados Árabes. Independencia de Indonesia.
1947	Separatismo musulmán en la India: nacimiento de Pakistán. Partición de Palestina votada por la ONU.
1948	Proclamación del Estado de Israel.
1952	Naser y los oficiales destronan al rey Faruq en Egipto.
1954	Insurrección, el 1 de noviembre, en Argelia y comienzo de la guerra de la independencia.
1956	Independencia de Marruecos y de Túnez. Nacionalización de la Compañía universal del Canal de Suez. Independencia del Sudán.
1958	Abolición de la monarquía en Iraq y proclamación de la República. Comienzo de la independencia de los Estados de África negra.
1961	Independencia de Kuwait.
1962	Independencia de Argelia. Revolución del Yemen. Fundación de la Liga islámica mundial. Abolición de la esclavitud en Arabia Saudí.
1964	El rey Saud es destronado. Faysal, proclamado rey de Arabia.
1967	Guerra de los Seis Días entre Egipto e Israel.
1968	Golpe de Estado en Iraq: el partido Baaz toma el poder en Bagdad.
1969	En Libia, caída del rey Idris. El coronel Gaddafi toma el poder. Yaser Arafat se hace con la dirección de la OLP. En Sudán, el general Nemeyri toma el poder. Victoria de los marxistas en Yemen del Sur. Incendio de la mezquita de Al-Aqsa en Jerusalén. Creación de la Organización de la Conferencia Islámica.
1970	Muerte de Naser. Le sucede Anuar el Sadat.
1971	Independencia de Bahrayn y de Qatar. Fundación de

	los Emiratos Árabes Unidos. Independencia de Bangladech.
1973	Conflicto entre Egipto e Israel.
1974	Huari Bumedián (Argelia) propone a la ONU un proyecto de nuevo orden económico internacional.
1975	Asesinato del rey Faysal de Arabia. Comienzo de la guerra civil libanesa. «Marcha verde» de los marroquíes hacia el Sáhara occidental y comienzo del conflicto sahariano.
1979	Revolución islámica en Teherán. Jomeini toma el poder. Grupos de la oposición saudí atacan la gran mezquita de La Meca.
1980	Comienzo de la guerra entre Iraq e Irán.
1981	Constitución del Consejo de Cooperación del Golfo (Arabia Saudí, Bahrayn, Emiratos Árabes Unidos, Kuwait, Omán y Qatar).
1982	Adopción por la cumbre árabe de Fez de un plan de paz que reconoce implícitamente la existencia del Estado de Israel.
1983	Restauración de la ley islámica (*charia*) en Sudán.
1987	Comienzo de la Intifada (levantamiento) en los territorios ocupados por Israel.
1988	Fin de la guerra Irán-Iraq. Proclamación por Arafat del Estado palestino.
1989	Muerte del ayatolá Jomeini. Creación del Consejo de Cooperación Árabe (Egipto, Iraq, Jordania, Yemen); creación de la Unión del Magreg Árabe (Libia, Túnez, Argelia, Marruecos y Mauritania).
1990	Reunificación del Yemen del Norte y del Sur. Iraq invade Kuwait el 2 de agosto: la crisis provoca la fragmentación del Consejo de Cooperación Árabe y la división de la Liga Árabe.

Fechas de referencia 83

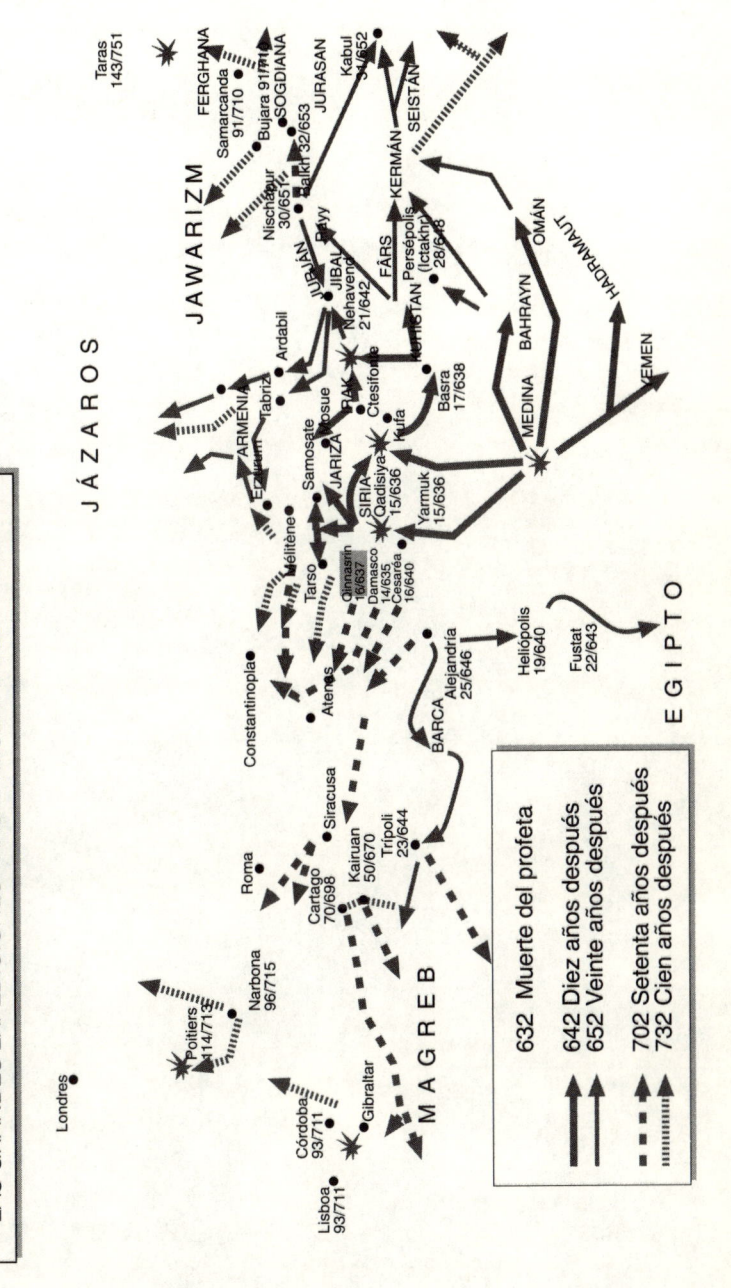

8. LAS PRIMERAS CONQUISTAS

André Miquel

> Un siglo después de la muerte de Mahoma, los árabes han conquistado un inmenso imperio que se extiende desde el Atlántico hasta el Indo. Se ha explicado esta epopeya por el fanatismo conquistador. André Miquel, arabizante y profesor en el Colegio de Francia, muestra las causas profundas de estas conquistas, tan rápidas y sin embargo tan duraderas.

Tras la muerte de Mahoma, en 632, le suceden los califas: después de los cuatro primeros, Abu Bakr, Umar, Uzmán y Alí, designados por una asamblea de compañeros del Profeta, viene la dinastía omeya, que, desde Damasco, reinará desde 661 a 759. Entretanto, el viejo mundo cambiará de rostro. La sola enunciación de las fechas basta para expresar la gran conmoción: 635, caída de Damasco. En 636, le toca el turno a Irak y luego, a partir de 640, a Egipto. Los años 642-644 ven a los ejércitos musulmanes en Irán y en Tripolitania. A partir del 650, todo el nordeste iraní es conquistado. Cien años más tarde, el Islam se extiende hasta España, Asia central y el territorio del actual Pakistán. La misma Constantinopla ha sufrido varios ataques por mar y tierra. Balance: apenas en poco más de un siglo, el Islam ha unificado en un solo conjunto el imperio de Alejandro y la mitad meridional del Imperio romano. Esto conduce, evidentemente, a preguntarse cómo y por qué algunos millares de hombres, mal equipados y armados, surgidos de un país considerado hasta entonces como marginal en la historia, han logrado esta impresionante serie de victorias, de «aperturas» del mundo a la fe nueva, como dice la tradición del islam.

Ante todo, hagamos tabla rasa de una explicación propuesta a veces: un brusco cambio de clima, una súbita agravación de las condiciones naturales, que habrían impulsado en un mismo movimiento a poblaciones famélicas al asalto de las ricas tierras del entorno, de la famosa media luna fértil que se extiende desde Egipto a Mesopotamia pasando por las llanuras sirias. Además de que nada en la historia conocida del clima autoriza a apoyarse en semejante fenómeno, se comprende mal cómo una masa heterogénea, sin proyecto político, habría podido mantenerse en los territorios conquistados, y, aun más, habría logrado imponerles su propia identidad.

Volvamos a cosas más serias. A la fe, ante todo. Aunque el historiador de hoy no pueda hacer de ella el único factor del éxito, el entusiasmo de los primeros creyentes y, por qué no, el de sus sucesores, no puede descartarse con un simple manotazo. Muy al contrario, la promesa del Paraíso hecha a los que murieran en el camino de la fe, el ejemplo del Profeta, el compromiso de sus compañeros, los primeros muertos en combate que daban al Islam sus primeros mártires, todo eso desempeñó, sin duda, un papel considerable.

El historiador no estima inconciliables, entre el número de factores a poner en juego, los dos elementos de la fe y del deseo de riquezas, de la conquista de la tierra para Dios o por ella misma y por todo lo que puede dar. Reconocida así la parte, la justa parte que corresponde al entusiasmo de los creyentes, puede clasificarse la salida de los árabes de su península natal entre los grandes movimientos de una humanidad que, durante largo tiempo, fue nómada.

I. UN INSTRUMENTO DE CONQUISTA:
LA POLÍTICA DEL DROMEDARIO

El avance hacia los países fértiles del entorno y, más tarde, hacia la Tripolitania o las costas y valles de África del norte, no ofrecía dificultades de terreno ni de clima a los recién llegados y a su animal predilecto: el camello. Los obstáculos comenzaban allí donde el relieve y la vida de las montañas o de otros desiertos les confrontaban a condiciones nuevas y a poblaciones, sedentarias o nómadas, bien instaladas y acostumbradas. Era el caso de África del norte, donde los árabes se vieron relevados, para la conquista de España, por los beréberes convertidos. Era también el caso de las altas tierras de Irán y de Asia central donde, una vez rotas las resistencias, las poblaciones locales asumieron el mismo papel, con el dromedario de Arabia relevado por su hermano de la región, el camello de dos gibas llamado de Bactriana. Esquemáticamente, hubo, pues, dos fases, las del avance inicial y del relevo, y dos fases de expansión; los árabes proporcionaron en la primera la mayor parte cuando no la totalidad de las tropas, y el encuadramiento en la segunda.

Militarmente hablando, la cuestión que se plantea es la de saber cómo grupos hasta entonces especializados en las correrías y en las luchas intertribales pudieron vencer a ejércitos institucionales, bien equipados y con una larga tradición guerrera. Es innegable el genio de algunos de aquellos capitanes que supieron disciplinar a una tropa a menudo heteróclita y hacer frente, en los combates terrestres, a los pesados equipos de los ejércitos bizantinos y persas, compensando la ligereza de los primeros armamentos —sable, lanza y arco— con el entusiasmo y el ardor de soldados poco avaros de sus vidas. Naturalmente, la táctica ayudó también. Para remediar la insuficiencia de medios se recurrió a la movilidad, que enloquece tanto más al adversario cuanto menos móvil es, que permite, al concentrar las fuerzas en un punto del frente, compensar la desventaja inicial y, con el entusiasmo guerrero por añadidura, romper las líneas, envolverlas para cercarlas o para crear la desbandada.

La presencia de los recién llegados se traduce, en los hechos y en los símbolos, por la creación de ciudades, que afirman estar ahí para siempre. Tres al menos de esas primeras fundaciones estaban llamadas a un gran destino: Basora, El Cairo y Qairawán, ciudades de guarniciones, ciudades de tribus instaladas, ciudades, en suma, maravillosamente situadas en encrucijadas estratégicas y comerciales, en las que estaba ya inscrita la historia por nacer: la de un mundo joven, nuevo, que venía a reemplazar a civilizaciones declinantes o consideradas como tales, la de un mundo abierto al Mediterráneo, a las profundidades de Asia y a los mares del Extremo Oriente, la de un mundo abierto al resto del mundo.

Bizancio y la Persia de la dinastía sasánida, en confrontación perpetua, larvada o abierta, no estaban ciertamente preparadas para esperar que el peligro viniera de donde venía, de ese lejano sur, de esa Arabia de la que les separaban Estados tampones, vasallos, que pronto serían arrastrados por la tormenta. Un factor importante, y tal vez decisivo, explica, con los demás, la facilidad de la conquista árabe: el estado de crisis en que vivían los países de Oriente Medio y sus poblaciones, duramente afectadas, incluida la de Egipto, por la última guerra entre los dos imperios desde 606 a 628. En Irán, los fastos del poder, la fuerza militar de su caballería y de sus elefantes, el oro amasado, los beneficios del comercio lejano y el control de las rutas, marítimas o terrestres con el Extremo Oriente y África oriental, enmascaran mal los sobresaltos del aparato estatal, las crisis dinásticas y, sobre todo, las tensiones sociales ante la riqueza acaparada por una minoría, el declive de la pequeña nobleza agraria y el empobrecimiento de las masas urbanas; todo un terreno cultivado, en el siglo VI, por el gran movimiento «comunistizante» del mazdakismo, un terreno preparado para recibir el mensaje igualitario del Islam.

En Bizancio, la situación, no menos grave, se presenta de forma diferente. Aquí no nos hallamos ante un conjunto nacional como el de Irán, sino ante países bajo dominación extranjera, ante ciudades que simbolizan ese dominio, ante poblaciones rurales que permanecen refractarias a una lengua, el griego, más o menos importada o considerada como tal, lengua de «elites», en todo caso, frente a las lenguas nacionales, como el arameo en Siria y el copto en Egipto; en fin, ante una doctrina oficial e imperial, la de la Trinidad, frente a muchas otras interpretaciones del misterio cristiano que se resisten a ser desarraigadas. La aparición del Islam, de gentes surgidas del profundo Oriente, podrá tomar, contra Bizancio, aires de liberación.

II. ¿FIELES O GUERREROS? UNA INVASIÓN PACÍFICA

Frente a sociedades tan frágiles, los árabes aportaban nada más ni nada menos que un proyecto de vida. Una fe que se resumía en una fórmula simple: un solo Dios, anunciado por el que cierra la serie de los profetas, Mahoma. Un código: el de la vieja Arabia, pero con valores sublimados y transformados por el nuevo mensaje, en el que el honor del creyente releva al del nómada pagano. Un sistema social cuya teoría se resume en una palabra: la solidaridad entre hombres iguales entre sí por ser musulmanes. Nunca se evaluará en su justa medida el carácter revolucionario de la irrupción del joven islam, la claridad de su credo y su voluntad de cambiar, para mejorarlo, el mundo de los hombres. Había en todo esto no sólo razones para vencer, sino también para hacerse aceptar.

Pues tal vez sea en eso en lo que reside, en último análisis, el secreto de los primeros éxitos del Islam: supo hacerse aceptar en la vida cotidiana, tanto al menos como supo imponerse por la fuerza de las armas cuando fue preciso. Sin caer en la hagiografía, y juzgando el acontecimiento histórico como es debido, es decir, en relación con su época y sus valores, hay que afirmar claramente que entre todas las irrupciones que nuestra tradición escolar denomina las grandes invasiones, la menos sangrienta y, por decirlo todo, la más humana fue ésta. Un símbolo: Jerusalén, tomada por el califa Umar sin efusión de sangre, vivo reproche a lo que será más tarde la llegada de nuestros antepasados, los cruzados, que chapotearán en la sangre vertida, una sangre tanto cristiana como musulmana.

   Naturalmente, esta tolerancia global del Islam medieval no puede satisfacernos hoy, ya seamos cristianos, musulmanes, fieles de otras religiones o ateos. Pues lo que necesitamos es fraternidad, igualdad, en el marco de los Estados de derecho. Y Dios sabe que nuestra época nos demuestra aún cuán difícil es esto. Pero en el siglo VII la tolerancia era un progreso, ¡y qué progreso!, y con largos siglos por delante: es el Imperio otomano, con su capital Estambul al frente, el que acogerá a los judíos europeos víctimas de los pogromos, los de Bohemia, Austria y Polonia, y luego, después de 1492, los de la muy católica España victoriosa del Islam.

III. Y LOS NÓMADAS SE HACEN FUNDADORES DE CIUDADES

Volvamos al proceso mismo de la conquista, y para eso distingamos ante todo la que a menudo se olvida: la de la misma Arabia. Fenómeno urbano, nacido en una ciudad, el Islam sólo progresó al principio, y muy poco, en el desierto. Hubo que convencer a sus moradores, hasta después de la muerte del Profeta, por la predicación o por las armas. Hecho eso, o en trance de hacerse, se planteaba la cuestión de qué había que entender por árabes. ¿Sólo los de la península o también todos aquellos, nómadas, caravaneros o sedentarios, que poblaban la estepa hasta los confines de Egipto, Siria, Irak y de la alta Mesopotamia?

   Investigaciones recientes demuestran que Mahoma y sus compañeros tuvieron un proyecto coherente, tanto político como religioso, de reagrupar a todo el pueblo árabe, el de la península y sus inmediaciones, en torno al texto sagrado que había sido revelado en su lengua y se constituía así, de golpe, en el mejor fermento de su unidad, de una comunidad (*umma*) que era la de los creyentes, sin duda, pero también la de un pueblo y casi ya la de una nación.

   Mahoma había sabido, sobre la fe del Corán y por primera vez en la historia, reunir a los árabes, derivar sus viejos antagonismos tribales hacia un proyecto que les sobrepasaba, dar a la tradicional movilidad beduina un exutorio hacia fuera de sí misma. Este agrupamiento árabe, desde el momento en que llegara a desbordar los límites con los países vecinos, no podía dejar de entrar en conflicto con las dos potencias establecidas, Bizancio y Persia. ¿Lo había previsto Mahoma? El hecho es que el Corán cita a los «rum», los «romanos» de Constantinopla, como enemigos con los que hay que hablar con las armas en la mano. El hecho está ahí, en todo caso, el de la conquista, y una conquista que, esta vez, sobrepasaba el marco árabe y proponía al Islam mucho más: ni más ni menos que el mundo.

Para las poblaciones de los países vecinos ¿cabe hablar de extranjeros recién llegados? Guardémonos de evocar, en paralelismo con otros contextos, la imagen de una irrupción de bárbaros en tierras y poblaciones que los vieran llegar con sorpresa. Conocían a esos árabes que llevaban sus caravanas a sus ciudades. Algunos, nómadas, formaban parte del paisaje de lo que podríamos llamar próximos o lejanos arrabales. Pero esa vez ocurría que llegaban en gran número, con un credo religioso y con un proyecto social hechos para seducir, como ya hemos dicho antes. Por tratarse más precisamente de religión, insistamos en el hecho de que, en Egipto y en Siria, el credo trinitario oficial no había borrado a las innumerables escuelas que continuaban enzarzadas en plantear el problema de la naturaleza de Cristo o, en otras palabras, de la unidad de Dios. Entre todas aquellas, había una, y no de las menores, la del arrianismo, que negaba la divinidad de Cristo, reservándosela sólo a Dios. Ahora bien, el Corán dice lo mismo, y de todos modos, con arrianismo o sin él, llega a un terreno agitado, perturbado, al que propone un enunciado simple. Aparece, frente al trinitarismo oficial impuesto por Bizancio, por el extranjero, como el heredero y el defensor de lo que piensa sobre ello el Oriente profundo.

El fenómeno ha funcionado también fuera, sobre todo en la España visigótica, uno de los bastiones del arrianismo, hasta tal punto que algunos, no sin cierta exageración, han podido sostener que fueron los propios españoles los que se conquistaron a sí mismos para el Islam. En España y en otras partes, de todos modos, el advenimiento del nuevo mensaje se acompañó de otras medidas particularmente eficaces: el mantenimiento, durante decenios, de las administraciones establecidas, el reconocimiento a los judíos y a los cristianos, mediante un impuesto especial, de la libertad de practicar sus cultos y de ser juzgados, en el caso de que un musulmán no estuviese implicado, por sus tribunales rabínicos o episcopales. Lo demás siguió naturalmente: las conversiones, facilitadas por el deseo de escapar al impuesto, el uso del árabe, pronto promovido como lengua oficial y de comunicación, etc. Continúan en pie los misterios atinentes a la amplitud y a la rapidez de estos procesos engendrados por la conquista. Todavía en nuestros días suscitan los estudios de los investigadores. Pero todo esto demuestra al menos una cosa: que la fuerza, por sí sola, no hubiese bastado para producir esa gran conmoción de una historia que continúa siendo nuestra.

PARA PROLONGAR ESTE CAPÍTULO

Esta contribución, aparecida en el número especial «Islam» de *Notre Histoire* (núm. 44, abril de 1988, París), ha sido reproducida con la amable autorización del autor y de la revista.
Christian Décobert, «Les mécanismes de la conquête arabe», *L'Histoire,* núm. 105, noviembre de 1987.
Un vasto fresco está esbozado por André Miquel en *L'Islam et sa civilisation,* París, Armand Colin, 5.ª ed., 1990.

9. ISLAM, CIVILIZACIÓN Y CIENCIA

ABDUS SALAM

I. EL ISLAM Y SU CIVILIZACIÓN

El advenimiento de la dinastía omeya en Damasco (661) marca el comienzo de la edad de oro de la civilización árabe, que se confirma con la entronización de los abbasíes en Bagdad (750) y se prolonga hasta el siglo XII. Se asiste entonces a la eclosión de un verdadero humanismo, nacido en las ciudades, a la sombra de las grandes cortes principescas. El mecenazgo y la apertura al mundo explican este auge cultural y científico. Todos los dominios del saber son explorados: historia, geografía, filosofía, física, medicina, matemáticas, astronomía. Las artes y las letras alcanzan rápidamente un alto grado de perfección. Recordemos que la cúpula del Rocher, en Jerusalén, una obra maestra, fue edificada en 691, medio siglo después de la muerte del Profeta.

Damasco, Bagdad, Samarra, Samarcanda, El Cairo, Qairawán, Bujía, Tremecén, Fez, Marrakech, Granada, Córdoba... son centros de creación que ilustran el «milagro árabe» (árabe porque todos, sabios y letrados, se expresan en lengua árabe), como había habido, en la antigüedad, un «milagro griego». Materia de maravillamiento: a pesar de los cismas y aunque el Islam englobe a una multitud de pueblos, la permanencia de la unidad en la fe y en el arte se impone y lo hace sin impedir expresarse al genio propio de cada región.

Iniciado a fines del siglo XI, el declive de las ciencias es muy rápido: en menos de dos siglos, los sabios musulmanes salen de la escena de la historia; reaparecen tímidamente a fines del siglo XX. En cambio, el auge de las artes y de las letras continúa hasta el siglo XVIII con diversa fortuna, según las regiones, para rebrotar a partir de la mitad del siglo XIX con la *Nahda* (Renacimiento).

Comunicación presentada en la conferencia-debate organizada en la Unesco el 27 de abril de 1984 por Islam et Occident. «L'islam et l'Occident devant les conquêtes de la science: concordance ou conflit?», en *Islam et Occident,* octubre de 1984, pp. 11 ss.

De los alminares cuadrados de Andalucía y del Magreb a los alminares-encajes de El Cairo y de Estambul y a los alminares fusiformes de Ispahán y de Afganistán, nos encontramos ante variaciones sobre un mismo tema, sumergidos en un mismo universo espiritual y estético. La Alhambra de Granada y el Taj Mahal de Agra, en la India, ¿no pueden ser comparados a «la punta extrema de las dos alas de un pájaro»?

Mezquitas, palacios, fortalezas, caravasares, atestiguan la originalidad de las concepciones de los arquitectos musulmanes a lo largo de los siglos. El arte musulmán, multiforme, se ha expresado a través de la cerámica, el cobre, el vidrio, la madera, los tapices, los tejidos, la caligrafía... Aunque rechace la representación figurativa y manifieste preferencia por la abstracción, no por ello ha dejado de producir las admirables miniaturas persas, iraquíes y turcas. En el dominio de las letras, es imposible citar la larga serie de poetas ilustres que van desde Abu Nuwas a Adonis, nuestro contemporáneo. Los cuentos de *Las mil y una noches* ocupan tal lugar en Occidente que tienden a eclipsar innumerables obras maestras que comienzan a ser traducidas, como el *Roman de Baibars*. Y desde el siglo XIX, no paramos de descubrir la riqueza del historiador Ibn Jaldún, el lejano precursor de la sociología.

Nos hemos limitado a evocar estas obras porque son fácilmente accesibles: el lector curioso las descubrirá con facilidad. En cambio, por ser menos conocida la aportación, considerable sin embargo, de los sabios musulmanes, hemos estimado útil concederle un capítulo, redactado por el profeso Abdus Salam, premio Nobel de física nuclear.

P. B.

Apenas un centenar de años después de la muerte del Profeta, los musulmanes se dedicaron a la tarea de dominar las ciencias tal y como entonces existían. Con una prisa febril, tradujeron sistemáticamente la totalidad del saber constituido de la época en la lengua de su religión, el árabe. Fundaron bibliotecas en las que trabajaron traductores y sabios (*Bayt al-hikma*) y se elevaron en las ciencias a una posición de preponderancia absoluta que iban a conservar durante tres siglos y medio.

En su monumental *Historia de la Ciencia*, George Sarton nos proporciona referencias casi cuantitativas que permiten apreciar la amplitud del fenómeno. Divide su historia de las más altas conquistas de la ciencia en «épocas», cada una de las cuales tiene una duración de cincuenta años. A cada una asocia una figura central; así tenemos, de 500 a 450 antes de Cristo, la época de Platón, seguida de las épocas de Aristóteles, de Euclides, de Arquímedes, etc. De 750 a 1100, sin embargo, viene la sucesión ininterrumpida de las épocas de Yabir, Jawarizmi, Razi, Masudi Abul-Wafa, Biruni y Omar Jayyam. Durante esos 350 años, árabes, turcos, afganos y persas ocuparon el primer lugar en el mundo de las ciencias, en calidad de químicos, algebristas, médicos, geógrafos, matemáticos, físicos y astrónomos de la comunidad musulmana. Sólo a partir de 1100 aparecen en la cronología de Sarton los primeros nombres occidentales; no obstante, todavía durante doscientos cincuenta años, comparten los honores con hombres del Islam como Ibn Ruch (Averroes), Nasir al-Din Tusi e Ibn Nafis.

Una de las razones importantes del éxito de la empresa científica del Islam fue su carácter internacional. La comunidad cultural islámica englobaba toda clase de naciones y razas, y la sociedad musulmana de los primeros tiempos era tolerante hacia los hombres que le eran extranjeros y hacia sus ideas. El profundo respeto del Islam por las ciencias se tradujo en particular por los apoyos materiales de que se beneficiaron en la comunidad islámica. Podríamos parafrasear los términos empleados por H. A. R. Gibb a propósito de la literatura árabe diciendo de la situación paralela de las ciencias que:

Más que en ninguna otra parte, el florecimiento de las ciencias en el Islam dependía de la generosidad y del apoyo de los grandes personajes. Allí donde la sociedad musulmana se disgregaba, la ciencia perdía su vitalidad y periclitaba, pero mientras en una u otra capital hubiera príncipes y ministros que estimaran útil para su placer, su beneficio o su reputación ser mecenas de las ciencias, la llama permanecía encendida.

II. LA EDAD DE ORO DE LAS CIENCIAS EN EL ISLAM: EL MÉTODO EXPERIMENTAL

La edad de oro de la ciencia en el mundo islámico fue, sin ninguna duda, el período situado en torno al año 1000, época de Ibn Sina (Avicena), el último de los de la Edad Media, y de sus contemporáneos, los primeros de los modernos, Ibn al-Hayzam y Al-Biruni.

Ibn al-Hayzam (Al-Hazen, 965-1039) fue uno de los más grandes físicos de todos los tiempos. Comenzó sus investigaciones en Basora, luego emigró a Egipto, donde hizo progresar el conocimiento de la óptica mediante trabajos experimentales de primera importancia. Enunció la proposición según la cual un rayo de luz al pasar a través de un medio homogéneo toma el camino más fácil y más «rápido» [1]. Al decir esto se adelantaba en varios siglos al principio de duración mínima que debía ser enunciado por Fermat. Formuló la ley de la inercia, que iba a convertirse en la primera ley del movimiento de Newton; describió el proceso de refracción en términos mecánicos, al considerar el movimiento de «partículas de luz» que pasan a través de la superficie de separación entre dos medios conforme a la ley rectangular de las fuerzas —lo que debía ser ulteriormente redescubierto y desarrollado por Newton. La quinta parte del «Opus Majus» de Rogerio Bacon es prácticamente una copia de la óptica de Ibn al-Hayzam. Se comprende así la razón de que Bacon «no se cansara nunca de declarar que el conocimiento de la lengua y de la ciencia árabes era la única vía del verdadero conocimiento».

Al-Biruni (973-1048), segundo contemporáneo ilustre de Ibn Sina (Avicena), trabajó en Afganistán. Era un científico empírico, como Ibn al-Hayzam. Era tan moderno y tan poco medieval en sus métodos de investigación como Galileo, seis siglos más tarde, con el que comparte (con anterioridad) el mérito del descubrimiento independiente del principio llamado de Galileo de la invariancia de las leyes de la Naturaleza, es decir, la liberadora proposición de que las mismas leyes físicas rigen igualmente en la tierra y en la esfera celeste en la que gravitan las estrellas.

La ciencia occidental ha surgido, sin la sombra de una duda, de la herencia grecoislámica. Sin embargo, todavía se oye decir a menudo que la ciencia islámica fue una ciencia derivada, que los hombres de ciencia musulmanes siguieron ciegamente la tradición teórica griega sin añadir nada al método científico. Nada más falso. En todo período de intensa actividad científica se empieza por construir sobre la base de la herencia recibida. Luego viene la edad de la madurez, en la que la enseñanza de los viejos maestros es sometida a la duda sistemática, de lo que se sigue una ruptura. La importancia atribuida a la observación y a la experimentación, al prin-

---

[1] H. J. J. Winter, *Eastern Science,* Londres, John Murray, 1942, pp. 72-73.

cipio del ascenso de las ciencias en el Islam, marcó esa ruptura: los ejemplos más netos son los de Ibn al-Hayzam y Al-Biruni.

Escuchemos a Al-Biruni juzgar a Aristóteles: «Lo enojoso en la mayoría de la gente es el respeto extravagante que profesan a las ideas de Aristóteles; acogen sus opiniones como verdades absolutas, aun a sabiendas de que lo que siempre hizo fue emitir teorías, según su capacidad, sin jamás pretender estar protegido por Dios o al abrigo del error».

O también a Al-Biruni denunciando de esta manera la superstición medieval:

La gente dice que el 6 (enero) hay una hora en la que toda el agua salada de la Tierra se convierte en dulce. Ahora bien, todas las cualidades del agua dependen exclusivamente de la naturaleza del suelo [...] estas cualidades son de naturaleza estable [...]. En consecuencia, esta aserción [...] carece de todo fundamento [...]. La experiencia continua de los hechos demuestra fácilmente su inanidad a cualquiera.

Y, en fin, Al-Biruni, insistiendo, a propósito de la geología, en la observación:

[...] Pero si veis el suelo de la India con vuestros propios ojos y meditáis sobre su naturaleza, si consideráis las piedras redondeadas que se encuentran en la tierra en todas las profundidades, y que son gruesas piedras cerca de las montañas y allí donde los ríos tienen una corriente violenta, piedras de tamaño más pequeño cuando se aleja de las montañas y allí donde el agua de los ríos corre más lentamente, piedras que se presentan bajo la forma de arena pulverizada allí donde los ríos comienzan a estancarse cerca de su desembocadura o en las proximidades del mar, si consideráis todo eso, no podréis evitar pensar que la India fue en otro tiempo un mar que ha sido progresivamente colmado por los aluviones de los ríos.

Briffault dice que:

Los griegos sistematizaban, generalizaban y teorizaban, pero la investigación paciente, la acumulación de conocimientos positivos, los métodos minuciosos de la ciencia, la observación detallada y prolongada de la búsqueda experimental eran procedimientos completamente extraños al temperamento griego. Lo que llamamos ciencia apareció en Europa como fruto de un nuevo espíritu de investigación, de nuevos métodos de búsqueda, del método de experimentación, de observación, de medida y también de desarrollo de las matemáticas bajo una forma desconocida de los griegos. Este espíritu y estos métodos fueron introducidos en el mundo europeo por los árabes. La ciencia (moderna) es la aportación más decisiva de la civilización islámica [2].

A estas ideas de Briffault hacen eco estas palabras de Sarton: «El logro más alto, al mismo tiempo que el menos evidente, de la Edad Media, fue la formación del espíritu experimental y eso hasta el siglo XII, principalmente gracias a los musulmanes».

Una de las tragedias de la historia es que esa aurora del espíritu moderno en las ciencias, inaugurada por Al-Biruni e Ibn al-Hayzam quedase interrumpida; no fue seguida de un cambio definitivo de orientación de la metodología científica. Apenas cien años después de la época que había visto los trabajos de Al-Biruni y de Ibn al-Hayzam, la creación científica al más alto nivel acabó en el mundo islámico. La humanidad tendría que esperar quinientos años antes de recuperar, con Tycho Brahe, Galileo y sus contemporáneos, el mismo grado de madurez y la misma exigencia de observación y experimentación.

III. EL DECLIVE DE LAS CIENCIAS EN EL ISLAM

Este declive de las ciencias iniciado hacia el año 1100 se hizo definitivo doscientos cincuenta años más tarde. ¿Por qué se apagó la creación científica en el mundo islámico?

Nadie lo sabe con certeza. Hubo, naturalmente, causas externas, como las devastaciones originadas por las invasiones mongolas, pero ese episodio, por doloroso que fuese, sólo provocó el efecto de una interrupción. Sesenta años después de la llegada de Gengis Jan, ¿no fundó su nieto Hulagu un observatorio en Maraga, donde trabajó Nasir al-Din Tusi? En mi opinión, la desaparición de la ciencia viva en el seno de la comunidad islámica se debió más bien a causas internas, a saber: en primer lugar, al aislamiento de nuestra empresa científica, y en segundo lugar, al desánimo de la innovación (*taqlid*). Los últimos años del siglo XI y el comienzo del siglo XII en el Islam

---

[2] Briffault, *Making of Humanity*, pp. 190-202, según Muhammad Iqbal *The reconstruction of Religious Thought in Islam*, reeditado por M. Ashraf, Lahore, 1971, pp. 129-130.

fueron períodos de violentos conflictos religiosos y sectarios de inspiración política. El imán Al-Gazali, en el primer capítulo de su gran *Ihya ufum al-din* («El renacimiento de las ciencias religiosas»), escrito hacia el año 1100, percibía este declive. Pedía una mayor dedicación a la adquisición y creación de las ciencias que eran necesarias a la preservación de la sociedad islámica, entre las que citaba en particular las matemáticas y la medicina.

En su *Al-Munq-id min al-Dalal*, llegaba a decir:

En verdad, es un crimen doloroso que comete contra la religión el hombre que se imagina que la defensa del Islam pasa por el rechazo de las ciencias matemáticas, pues no hay nada en la verdad revelada que se oponga a estas ciencias, ya sea por la negación o por la afirmación, como nada hay en estas ciencias que se oponga a la verdad de la religión.

Pero aquí ya libraba una batalla perdida.

Poco después, el espíritu de la época no era ya propicio a la creación científica, sino que se orientaba, ya fuese, con el sufismo, hacia otra forma de relación con el mundo, ya hacia una ortodoxia rígida impregnada de una falta de tolerancia (*taqlid*) hacia la innovación (*ichtihad*) en todos los dominios de la instrucción, ciencias incluidas.

Para ilustrar esta apatía que golpeaba al Islam en materia de creación científica, citaré las palabras de Ibn Jaldún (1332-1406), uno de los más grandes historiadores de la sociedad y una de las inteligencias más vivas de todos los tiempos en su dominio. Ibn Jaldún escribe en su *Muqaddima* [3]:

Acabo de enterarme de que las ciencias filosóficas gozan de gran favor en el país de Roma y en el vecino país, al norte, de los francos. Me dicen que se estudian de nuevo y que se enseñan en numerosos cursos. Al parecer, hay numerosos tratados de esas ciencias, mucha gente para conocerlas y estudiantes para aprenderlas. Pero Dios sabe mucho más que yo, pues «Crea lo que quiere y escoge lo que es mejor» (XXVIII, 68).

Ibn Jaldún demuestra poca curiosidad y ningún pesar. La indiferencia a la adquisición de un saber nuevo que evidentemente demuestran sus palabras, es significativa del repliegue de la empresa científica que se produce en esa época. Como todo el mundo sabe, el

---

[3] Ibn Jaldún, *Discours sur l'Histoire universelle, Al-Muqaddima*, trad. Vincent Monteil, París, Sindbad, 1967-1968, t. 3, pp. 1049-1050.

aislamiento en el dominio de las ciencias y la veneración de la autoridad que él engendra lleva consigo los gérmenes de la muerte intelectual. En los buenos tiempos de los siglos IX y X, los musulmanes habían fundado en Bagdad y en El Cairo instituciones científicas, como el *Bayt al-hikma,* en las que se agruparon numerosos sabios venidos de países diversos. Pero eso acabó a partir de 1300. Toda la ciencia que se practicaba aún estaba concentrada en los colegios religiosos (*madrasa* o *medrese*), en los que se apreciaba más la tradición que la innovación. El carácter enciclopédico que revestían el saber y la ciencia se había convertido por sí mismo en un factor de inhibición a una época de especialización. En las *madrasa* no se toleraba ni se estimulaba ya el espíritu crítico considerado como una facultad armoniosa que permite al joven investigador plantearse cuestiones acerca de la enseñanza que recibe, ponerla en duda y descubrir conceptos nuevos.

Los hombres instruidos de Transoxiana que, al anunciarse la creación de la primera madrasa, instituyeron, de creer a la tradición, una ciencia conmemorativa solemne para perpetuar el recuerdo de la ciencia difunta, no se equivocaron en su apreciación, como lo demostró el porvenir [4].

Después, esa falta de tolerancia hacia la innovación que se manifiesta en el tiempo de Ibn Jaldún continuó impregnando el espíritu de los tiempos, hasta bajo los grandes imperios del Islam, los de los turcos otomanos, los Sefevíes iraníes y los mongoles de la India. Y, sin embargo, los sultanes no ignoraban los progresos que los europeos estaban alcanzando en la tecnología; no podían dejar de advertir, a expensas suyas, la superioridad de los venecianos y de los genoveses en el arte de la fundición de los cañones, ni la superioridad de los portugueses en el dominio de la navegación y de la construcción naval puesto que éstos reinaban sobre los océanos del mundo, incluidos los mares que bañaban las tierras islámicas y hasta las rutas marítimas del hayi. Pero parecían no darse cuenta de que no era por azar por lo que los portugueses eran marinos superiores: sus cualidades habían sido adquiridas por medio de la ciencia y de un entrenamiento asiduo, a partir de la creación, en 1419, del centro de investigación de Sagres por Enrique el Navegante.

---

[4] Snouk Hurgronje, *Mekka,* II, p. 228, citado en *The History of Philosophy in Islam,* por J. J. De Boer, Luzac and Co., Londres, 1903.

¿Hay que buscar la causa de este declive en una arrogancia mal entendida? He aquí lo que, en el año 800, escribe el cónsul británico ante el Imperio otomano, William Eton [5].

Nadie tiene la menor idea de los principios de la navegación y del uso del compás [...]. El viaje, este gran medio de expansión y de progreso para el espíritu, está enteramente reprimido por la mentalidad arrogante que tienen de su religión [...] y por el espíritu celoso con el que consideran las relaciones con extranjeros para una persona no investida de funciones oficiales [...]. Así, el hombre de cultura general es una especie desconocida: quienquiera se interese, si no es un simple artillero, por una cosa como la fundición de cañones o bien por la construcción naval, no será apenas mejor considerado que un loco.

Y concluye con esta observación que tiene resonancias temiblemente modernas: «Les gusta comerciar con los que les aportan artículos útiles y de valor y les evitan la pena de fabricarlos».

IV. LA CIENCIA MODERNA Y LA FE

¿Persiste esta situación en nuestros días? ¿Estimulamos en los países islámicos la investigación científica y la libre investigación, dándoles los medios adecuados?

De todas las grandes civilizaciones del planeta, la comunidad islámica es la que concede a la ciencia la parte más restringida. Algunos musulmanes creen que, contrariamente a la tecnología, que es esencialmente neutra y cuyos excesos pueden ser moderados por el respeto de los preceptos morales del Islam, la ciencia es portadora de valores; piensan que la ciencia moderna conduce necesariamente al «racionalismo» y, a fin de cuentas, a la apostasía, y que aquellos de entre nosotros que han recibido una formación científica son conducidos a «negar los principios metafísicos de nuestra cultura». Sin hablar del hecho de que la tecnología no puede prosperar sin un alto nivel científico y de la ofensa hecha a los «principios de nuestra cultura» —¿tan frágiles son? Sospecho que semejante actitud ante la ciencia es un legado de las batallas del pasado, que se remonta a los

---

[5] William Eton, *A Survey of the Turkish Empire,* 4.ª ed., Londres, 1809, pp. 190-193, 206-210, 231-233, 275, 278-281, 283-284.

tiempos en que los supuestos filósofos racionales, con sus dogmáticas creencias en las doctrinas cosmológicas que habían heredado de Aristóteles, tenían dificultades para reconciliar éstas con su fe.

Debemos recordar que las mismas batallas oponían con mayor ferocidad todavía a las diferentes escuelas de la cristiandad en la Edad Media. Esas querellas entre las escuelas se basaban sobre todo en problemas de cosmología y de metafísica:

¿Se sitúa el mundo en un lugar inmóvil? ¿Hay algo más allá de él? ¿Acciona Dios el *primum mobile* directa y activamente en tanto que causa eficaz, o sólo en tanto que causa final y última? ¿Obedece el movimiento de los cielos a un solo agente o a varios? Las potencias en acción en los cielos ¿conocen la fatiga y el agotamiento? ¿Cuál es la naturaleza de la materia celeste? ¿Posee ésta, como la materia terrestre, cualidades inherentes tales como el frío, la humedad y la sequedad?

Cuando Galileo se esforzó por clasificar conjuntamente los problemas que correspondían legítimamente al dominio de la física y les buscó luego respuestas tan sólo por medio de la experimentación física, fue perseguido. Y es ahora, 350 años después, cuando reconocemos que tenía razón. Durante una ceremonia especial en el Vaticano, el 9 de marzo de 1983, Su Santidad el Papa declaró:

La experiencia de la Iglesia, durante y después del caso Galileo, le ha conducido a una actitud más madura [...]. La Iglesia aprende por la experiencia y por la reflexión y comprende mejor ahora la significación que debe darse a la libertad de investigación [...] uno de los nobles atributos del hombre [...]. El hombre alcanza la Verdad por la investigación [...]. Por tal razón, la Iglesia está convencida de que no puede haber contradicción real entre la ciencia y la fe [...]. [No obstante] no es por un estudio humilde y asiduo por lo que [la Iglesia] aprende a disociar lo esencial de la fe de los sistemas científicos de una época dada, especialmente en los tiempos en que la lectura de la Biblia, influida por una cierta cultura, pareció ligada a una cosmogonía obligatoria.

PARA PROLONGAR ESTE CAPÍTULO

Vautier, P., *Abdus Salam, un physicien,* Pons Beauchesne, 1990.
En una perspectiva general de historia de las ciencias, puede leerse la reciente actualización de Paul Benoit y Françoise Micheau, «L'intermédiaire arabe?», en *Éléments d'histoire des sciences,* bajo la dirección de Michel Serres, París, Bordas, 1989, pp. 150-175.

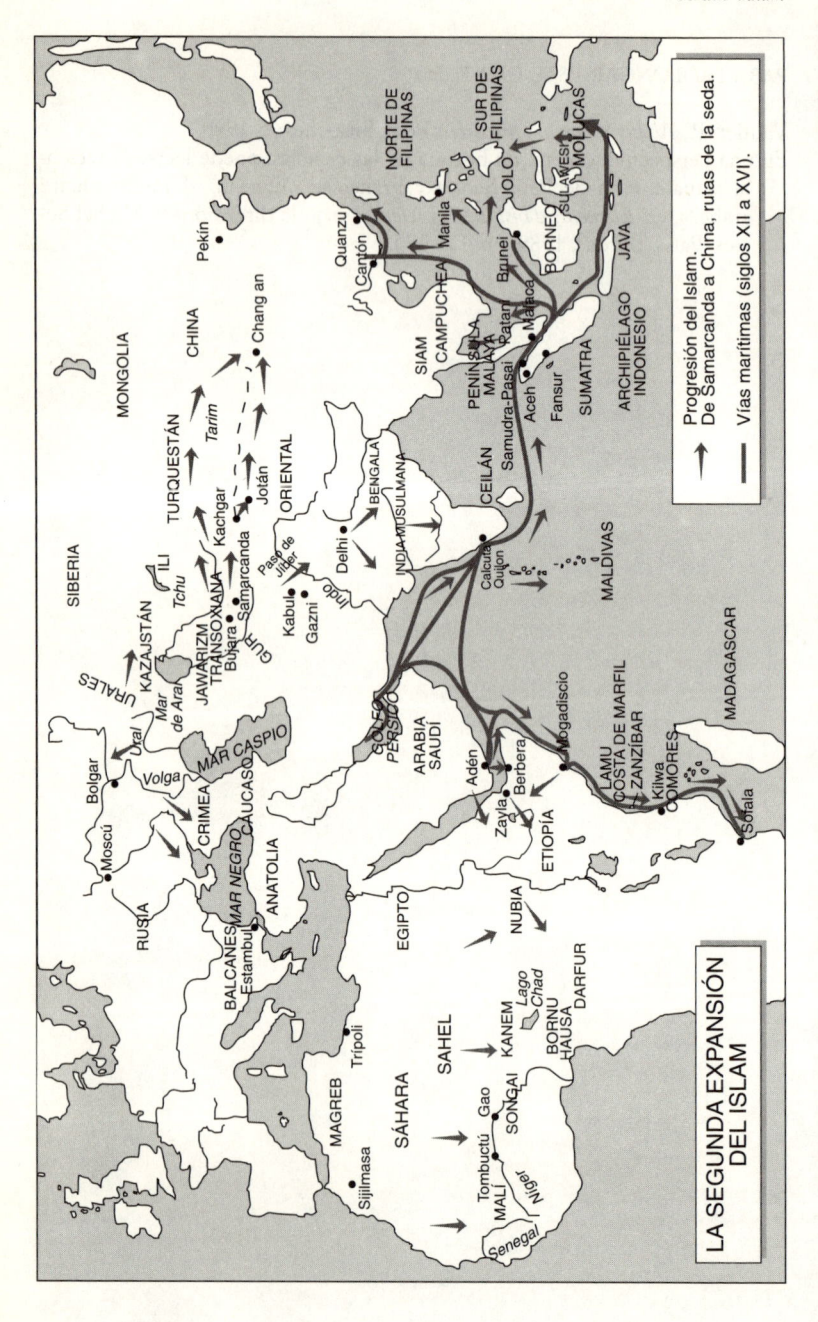

LA SEGUNDA EXPANSIÓN DEL ISLAM

→ Progresión del Islam. De Samarcanda a China, rutas de la seda.

— Vías marítimas (siglos XII a XVI).

10. LA SEGUNDA EXPANSIÓN DEL ISLAM

Edith Moller

> A partir del siglo X, el islam se extiende por comarcas lejanas, por Asia y África negra, por vías pacíficas y guerreras. Edith Moller, gran viajera y conocedora de los países del océano Índico, nos invita a seguir las trayectorias de esta segunda expansión del islam.

Convertido en mayoritario en Oriente Medio y en el Magreb, el islam seguirá por las grandes rutas comerciales: el Volga, el Asia central, el Sahel, las costas asiáticas y africanas. En todas partes, «hombres piadosos»[1] irán convirtiendo reinos, entre los siglos X y XVIII.

Por otra parte, el Oriente musulmán es invadido, en los siglos XI y XIII, desde el Asia central a Irak, por los nómadas de las estepas. Pasándose al islam, los nuevos amos engrandecen sus territorios; los turcos, recientemente convertidos, van a conquistar Bizancio y la India; llegados en un baño de sangre, los mongoles paganos se islamizan y, con ellos, el resto del Turquestán oriental y otras partes del espacio ruso.

Desde Asia al África negra, el islam hace así inmensas conquistas pacíficas o guerreras. Continúa presente desde el Níger a Pekín, aunque haya perdido algunas de esas conquistas, aunque su penetración

---

[1] Los primeros misioneros del islam no pertenecían a ninguna organización conocida (las tentativas oficiales de conversión hechas a partir del siglo VIII con diversas tribus turcas fracasaron). Durante mucho tiempo, se les confundió con los mercaderes, cuyas rutas seguían, por tener que comerciar a menudo para ganarse la vida. Se trataba, sin embargo, de hombres de religión, que a este título eran recibidos por los príncipes de Asia bajo influencia hindú (inaccesibles para simples comerciantes), por reyes africanos y por janes turcos. Para ellos, la prioridad estaba en la conversión de los soberanos. La del pueblo vendría después (a veces con mucho retraso) o no, el principio *«Cujus rex, ejus religio»* (se tiene por religión la de su rey) sólo era aplicado en Asia insular.

Los textos no hablan de mercaderes convertidos por otros mercaderes. En todo caso, allí donde los soberanos continuaron siendo «infieles» (China, Ceilán —actual Sri Lanka—, etc.) fue posible el nacimiento de comunidades musulmanas, pero minoritarias. Excepciones: Patani (Tailandia del Sur) o Java, donde los comerciantes islamizados convierten o expulsan a su rajá (en esas regiones, el orden comercial, asociado al islam, derroca al orden agrario ligado al hinduismo).

en profundidad haya sido lenta y aunque creencias y prácticas del pasado hayan sobrevivido un poco en todas partes. La mayoría de los musulmanes actuales vive en esos países.

I. LOS TURCOS

Esta «segunda expansión del islam» comienza en los siglos X y XI en las estepas del Asia central y de los confines rusos, en los que viven como nómadas pueblos turcos venidos de Mongolia. Estos guerreros natos adoran a Tengri, al Cielo y a diversos espíritus. Desde la matanza de los animales sin efusión de sangre hasta el elevado estatuto de las mujeres, sus costumbres distaban mucho de las prescripciones del islam, que algunos de ellos adoptaron a través de las relaciones comerciales o por estar al servicio de los musulmanes como auxiliares o esclavos militares (mamelucos).

II. DE LA ANATOLIA SELYUQUÍ AL IMPERIO OTOMANO

Mercenarios en Transoxiana (países de Samarcanda y Bujara), los turcos selyuquíes (oguz o turcomanos) se convierten hacia fines del siglo X. Entre 1028 y 1055, se apoderan de Irán e Irak, y luego, en 1071, de la Anatolia bizantina (la actual Turquía).

Las tribus turcomanas que se instalan en Anatolia son todavía medio paganas. Sus soberanos, los piadosos selyuquíes de Rum (1176-1303) continúan apegados a las costumbres turcas, desde la igualdad de las religiones hasta las sagradas colas de caballo de los estandartes. Algunos colegios *(medrese)* —el primero se fundó en 1193— formarán letrados. Las ciudades tendrán poco a poco mezquitas (a menudo la antigua iglesia), cadí y hammam. Algunos «protegidos» cristianos adoptan el islam. En el siglo XIII llegan otras tribus turcas fugitivas de los mongoles, de las que los selyuquíes de Rum se convierten en vasallos (1243) antes de desaparecer (1303). En el siglo XIV se desmorona la autoridad de los mongoles de Irán.

Comienza entonces la ascensión de los otomanos, tribu turcomana que dispone de un feudo minúsculo en la frontera bizantina. Entre los siglos XIV y XVI conquistarán los Balcanes, Constantinopla, que se convierte en Estambul de 1453, y países ya musulmanes, el resto de Anatolia, las provincias occidentales del Irán chií, y la casi totalidad del mundo árabe. El sultán otomano toma el título de califa y de protector de los Santos Lugares.

Aun conservando usos turcos, como los códigos de leyes promulgados por los sultanes, los otomanos imponen la ortodoxia. Las poblaciones musulmanas y «protegidas» están repartidas por religiones. Las conversiones continúan en Anatolia y progresan en los Balcanes, región a la que se transfieren poblaciones turcas.

Pero el Imperio, debilitado, convertido en teocrático, será desmembrado en los siglos XIX y XX, y habría llegado a su total desaparición si Ataturk no hubiese fundado la Turquía moderna, reducida, o casi, a la Anatolia.

III. LOS MONGOLES

De las mismas raza y cultura que los turcos, en parte convertidos al cristianismo nestoriano y al budismo, los mongoles conquistan un imperio que se extiende, en el siglo XIII, desde la China a Irak y Moscú. Al oeste, esos «azotes de Dios» adoptan el islam, tanto en sus posesiones musulmanas como en sus provincias no musulmanas, en las que hay islotes de convertidos. Por ser una regla la libertad religiosa, las tribus no siguen siempre a sus jans. Al mismo tiempo los mongoles van haciéndose más y más turcos.

IV. RUSIA MERIDIONAL Y SIBERIA OCCIDENTAL

El islam conquistó en 921 el pequeño reino turco de Blogar, a orillas del Volga (destruido por los mongoles), y luego alcanzó el Cáucaso. Convertido hacia 1260, Berke jan (que trataría de aliarse con Egipto) no fue seguido. En cambio, Ozbek Jan (1312-1340) arrastró tras de sí al Islam a un número creciente de mongoles y de pueblos paganos, turcos o no, de las estepas situadas entre el mar de Aral y el mar Negro, así como a los janes de Siberia occidental. Era un islam todavía muy rudimentario. El centro cultural era la lejana Jawarizm, más allá del mar de Aral.

Sin embargo, los principios rusos ortodoxos van cobrando fuerza. En el siglo XVI, Moscú barre los janatos de Rusia y de Siberia. Sólo sobrevive el janato de Crimea, bajo protectorado otomano, hasta 1783. El islam será erradicado de la Rusia europea. Los últimos tártaros de Crimera serán los deportados por Stalin. Los jan uzbecos de Siberia han pasado a Transoxiana (actual Uzbekistán). Algunas de sus tribus, todavía paganas, han huido al Kazajstán (del turco «kazak», fugitivo), donde los molahs venidos de Rusia los islamizan sumariamente. En el siglo XIX, los rusos se anexionan el Cáucaso, Kazajstán, Transoxiana y Jawarizm.

V. EL TURQUESTÁN ORIENTAL

Las rutas de la seda (cortadas a menudo en las inmediaciones de China, desde 763 a 1260) atraviesan el Turquestán oriental (estepas del Tchu a l'Ili y cuenca del Tarim). A ese inmenso país de nómadas y paganos y de ciudades-etapas, repartidas entre el budismo, las religiones iraníes y el cristianismo nestoriano, llega el islam en el siglo X con los mercaderes y los «hombres piadosos». Los turcos karajaníes, dueños de Kachgar y del valle de Tchu, lo adoptan antes de conquistar, al este, Jotán (oasis del Tarim), y al oeste, la Transoxiana (país de Samarcanda y Bujara), tierra de islam.

Pasada a los karajitai budistas, la Kaschgaria se alía en 1219 a los mongoles, que la incorporarán al resto del Tarim y a la Transoxiana. El islam progresa con la reapertura de las rutas de la seda y con la conversión del jan Tugluk Timur (1347-1363). Bajo una forma a veces rudimentaria, el islam conquista el conjunto de la región, que permanecerá muy atrasada por la secesión de la Transoxiana (centro cultural) y por la barbarie mongola. En 1759, China reconquista la cuenca del Tarim, actual Xinjiang. El resto se lo quedan los rusos. En nuestros días, se suspenden todavía sobre las tumbas de los santos las sagradas colas de caballo del Asia central.

VI. LA CHINA DEL NORTE

La Transoxiana y el país iraní comercian desde hace siglos con China por la ruta de la seda. Sus mercaderes tendrán una mezquita en

Chang an, la capital, dada la habitual tolerancia religiosa de China. Hacia 1620, se forma, con los soldados musulmanes reclutados en Transoxiana por los mongoles de China (de los que algunos se islamizan), el primer núcleo de una comunidad sin duda ampliada a los chinos convertidos. Mucho más tarde, esos lejanos musulmanes crearán, en el país de los ideogramas, el estilo caligráfico sini (chino), escribirán el chino en caracteres árabes y se esforzarán por conciliar a Confucio y Mahoma. En el siglo XIX se sublevan. La China roja dará el estatuto de «minoría étnica» a estos chinos que se saludan en persa.

VII. LA INDIA

La expedición árabe de 711 a la India se atasca en el Bajo Indo por no haber tomado Kabul, la llave para el paso de Jíber, de la que se apoderaría en 870 un jefe iraní. En la región nacen el sultanato mameluco de Gazni, que inicia en el siglo XI la conquista de la India, y luego el reino afgano de Gur, quien la continúa. Su general mameluco se proclama en 1206 «sultán de los turcos y de los persas» y funda el imperio de Delhi. Turcos libres e iraníes se unen a esa «guerra santa». La India, dividida entonces en varios reinos, será conquistada, con excepción del sur, antes de 1350.

Entre 1526 y 1687, los sultanatos nacidos de la desagregación del imperio de Delhi pasan a manos a de los Grandes Mogoles, mongoles llegados de Kabul. El persa continúa siendo la lengua oficial y literaria. Será en el siglo XVIII, tiempo de la decadencia, cuando el urdu, dialecto hindú enriquecido con palabras persas, pasará a escribirse con caracteres árabes.

La India musulmana, formidable imperio, cuenta con santos, sabios y escuelas de fama. Pero el islam choca con el hinduismo, «paganismo» cuyos templos destruye, aunque los hindúes reciban el estatuto de «protegidos». Solo o casi, el emperador Akbar (1556-1605), más mongol que creyente (llegará a fundar su propia religión), se apoya en sus súbditos hindúes, en detrimento de los musulmanes.

Salvo en el valle del Indo y en Bengala, las conversiones serán raras y tardías. Aunque afecten sobre todo a las castas bajas, dejan de subsistir la noción de casta y algunos rituales hindúes.

Pequeña minoría a la escala de la India (menos de un quinto hacia 1881), los musulmanes que la forman son de hecho muy numerosos. De la partición del siglo XX nacen dos Estados en los que son ampliamente mayoritarios: el Pakistán, que adoptará el urdu como lengua nacional, y Bangladesh. Unos ochenta millones de creyentes permanecerán en la India.

VIII. LOS MARES DE LOS MONZONES

Los puertos del Golfo Pérsico y de Arabia comercian desde siempre con los de Asia y África. En los siglos IX y X, sus barcos van a Cantón y al país de Sufala, situado al sur del delta del Zambeze. En el archipiélago indonesio (cuyas especies son vendidas a Occidente), sólo visitan Sumatra.

Muchos mercaderes musulmanes se instalan en las costas de la India (donde sus descendientes se hallan todavía). Aunque reciban la autorización de construir mezquitas, no pueden hacer proselitismo. El islam se implantará, a partir del siglo XII, en los pequeños reinos de las islas, independientes de los grandes bloques hindúes y budistas: las Maldivas, mercado de cordelería de fibra de coco, el norte de Sumatra y la Península Malaya, escalas en la ruta de la India a China, recorrida por los juncos chinos. En la budista Ceilán nace una pequeña comunidad musulmana.

IX. LAS MALDIVAS

En 1342, el gran viajero marroquí Ibn Batuta descubre los islotes coralinos de las Maldivas, «maravillas del mundo». «Todos los habitantes de estas islas son musulmanes, hombres piadosos y honrados», dice[2]. Según la leyenda, en 1153, un piadoso magrebí (o iraní) liberó esas islas budistas de un monstruo marino mediante la recitación del Corán. El rey y sus súbditos adoptaron entonces el islam[3]. Pese a ello subsisten antiguos usos en el archipiélago. La *cha-*

---

[2] Todas las citas de este epígrafe sobre las Maldivas han sido extraídas de los *Viajes* de Ibn Batuta, ob. cit., t. 3, pp. 223 ss.
[3] La leyenda de la llegada del islam a las Maldivas repite la de la llegada del bu-

ria apenas se aplica. Las mujeres suben al trono. La reina sale, como sus súbditas, sin cubrirse la cabeza. La mayoría de las mujeres «se visten únicamente con un paño». (En el siglo XV, ellas llevan un gran pañuelo sobre la cabeza y una camisa corta.) Con el islam ha llegado el papel[4]. Continúan grabándose en hojas de palma las órdenes de la soberana, pero se utiliza el papel para «el Corán y los tratados científicos». En 1434, el rey Nasir Hassan hace la peregrinación a La Meca.

Las Maldivas permanecerán «a la sombra cálida del Islam».

X. EL NORTE DE SUMATRA

Sumatra y la Península Malaya formaban parte del imperio budista de Srivijaya, que declinó en el siglo XIII. A partir del siglo XII, la ruta de China hace escala en el norte de la isla. El gran comercio y luego el cultivo de la pimienta transforman a este país pobre, poblado de caníbales.

Atestiguado en 1292 (por Marco Polo), el islam se gana a reyes y pueblos; no obstante, en el siglo XV, Fei-hsin, secretario de las grandes expediciones marítimas chinas, informa de que «sólo se visten con un paño»; los refractarios huyen. En Samudra-Pasai (siglos XIII-XVI) y en Aceh (XVI-XIX) residen sucesivamente sabios persas, árabes e hindúes. Los letrados de Aceh estudian en la India, luego en Medina y peregrinan a La Meca. Escribirán en malayo tratados de inspiración sufí, en los que se apunta una cierta racionalidad, con la idea de individuo y de una cierta igualdad. La región se convierte en un bastión del islam, y sigue siéndolo, pero estamos aquí en el sudeste asiático: en el siglo XVII, el cordero de la fiesta del Sacrificio es reemplazado por quinientos búfalos.

XI. LA PENÍNSULA MALAYA

El interior de la Península Malaya está cubierto por la selva. Las poblaciones portuarias han adoptado el hinduismo. En el siglo XIV,

---

dismo a Birmania, contenida en la crónica de Ceilán. Véase VV AA, *Birmania, Corée, Tibet,* París, 1964, p. 1.

[4] La India y Asia bajo influencia hindú consideraban el papel como impuro.

el islam se implanta en la costa oriental (en Patani, los mercaderes convierten a su rajá). Desde allí se extenderá su predicación hasta Camboya y el sur de Vietnam, donde prevalecerá sin embargo el budismo.

Hacia 1413, el rajá de Malaca se convierte al islam con su pueblo. El nuevo sultanato conquista los puertos del estrecho y de la península, por entonces siamesa. Ciudad cosmopolita, principal emporio de los mares de los monzones durante la segunda mitad del siglo, Malaca contribuirá a la difusión del Islam (en Java y en Manila). Islam reciente, poco estricto: ¿Son verdaderamente musulmanes?» pregunta Ibn Mayid, guía de Omán[5]. La ley se basa en el derecho consuetudinario, pero está prohibida la usura. Aunque varios sultanes vayan a La Meca, un ritual de origen hindú (conservado en parte durante el siglo XIX) rodea al soberano.

En 1511, los portugueses tomarán Malaca. El norte musulmán será reconquistado por Siam (la actual Tailandia). A causa de la inmigración india y sobre todo china, fomentada por los ingleses, los malayos, fervientes musulmanes, no representan, en nuestros días, sino la mitad de la población de Malasia.

XII. LA CHINA MERIDIONAL

Presentes desde el siglo VIII en Cantón (dotada de una mezquita en el siglo IX), muy numerosos en Quanzu (donde ha sobrevivido la mezquita Achab, fundada en 1010), y en varias grandes ciudades, los mercaderes musulmanes de la China del Sur son sobre todo de origen persa. Expulsados de Cantón por los ming en 1385, llegan al archipiélago. En el siglo XV, Quanzu entra en decadencia. Pero el islam ha hecho adeptos en China, y la comunidad participará en la islamización de Java.

---

[5] He aquí el párrafo íntegro de Ibn Mayid: «Son malas gentes que no conocen ninguna regla; el infiel se casa con la musulmana y el musulmán con la mujer infiel; y cuando les tratas de "infieles", ¿puedes estar seguro de que lo son? Y los musulmanes de que hablas, ¿son verdaderamente musulmanes? Beben vino en público y no rezan cuando se ponen en camino». Citado por L. F. Thomaz en «Malaka et ses communautés marchandes au tournant du XVIe siècle», en *Marchands et hommes d'affaires asiatiques de l'océan Indien et de la mer de Chine: XIIIe-XXe siècles*, estudios publicados bajo la dirección de D. Lombard y J. Aubin, París, 1988, pp. 42 y 47, núm. 10.

XIII. EL ARCHIPIÉLAGO INDONESIO

Sólo inscripciones funerarias atestiguan la existencia de pequeñas colonias mercantiles musulmanas en el archipiélago —Java (1032), Brunei (1264), Jolo (1310)— y la presencia de musulmanes en la corte del rajá, en Java (siglos XIV-XVI). En el siglo XV, los puertos de la isla están poblados por mercaderes musulmanes, llegados «de todos los reinos extranjeros del Oeste», por chinos convertidos.

El Imperio javanés de Mojopahit domina en el siglo XIV una gran parte del archipiélago. Estas islas, de cultivos muy diversos, tienen en común el culto de los antepasados y, casi en todas partes, una visión dualista del mundo. Hinduismo y budismo (de origen indio, tendente al sincretismo) han impreso su sello en Java y en Bali y afectado a una parte de Sumatra y de Borneo.

Un tanto tardío (se instala durante los siglos XV al XVIII) el islam viene de la ruta de China, del Este sobre todo. Llegará hasta las Filipinas del sur (sin penetrar en Bali ni en las selvas de las grandes islas). En Java, sultanatos nacidos en la costa expulsan al rajá hacia 1527. El interior es convertido por los «nueve santos». Pero la isla conservará su diosa del mar, su misticismo original y sus danzas hindúes.

Las fronteras de la actual Indonesia datan de la era colonial. El malayo de los puertos, nacido en Sumatra, promovido por el islam como lengua religiosa y literaria, escrito en caracteres árabes sobre papel (luego romanizado), se convertirá en el indonesio, lengua nacional. Del pasado preislámico subsisten numerosos elementos: mitos y cultos de Sulawesi-sur (muy musulmana sin embargo), sistema de sucesión matrilineal del país Minang (en Sumatra occidental), etc. Pocos de los muy numerosos musulmanes declarados (la religión figura en el carnet de identidad) practican realmente.

XIV. ÁFRICA ORIENTAL

La costa de África oriental tuvo un papel similar al de la ruta de China. Del Norte al Sur suministró esclavos, marfil, oro y maderas preciosas. Desde Mogadiscio a Kilwa, los mercaderes del Golfo Pérsico fundan en los siglos IX y X establecimientos comerciales a los que acudirán emigrados musulmanes árabes y persas (Adén desempeñará luego un importante papel).

En la época, en esas regiones costeras hay reyes, adivinos famosos y sacerdotes vestidos con pieles de pantera, que predican una religión misteriosa. Escritura, arquitectura, navegación en alta mar son desconocidas. El comercio importante está en manos de extranjeros.

En la región del marfil (desde el archipiélago de Lamu a Kilwa), los puertos están en las pequeñas islas cercanas a la costa. Dotados de mezquitas en el siglo XII, se convierten, en los siglos XIV y XV, en ricos Estados-ciudades, gobernados por sultanes de origen persa o árabe, o por un consejo de ancianos, y habitados por negros islamizados, «moros blancos» y mestizos, los suajilis (del árabe «sahili», habitante de la costa). Los suajilis no viajan por el interior, del que les llegan el marfil y los esclavos, y por ello el islam no se difundirá por esas regiones. Pero sí alcanza, por mar, a Sofala (puerto del oro, situado más allá del delta del Zambeze) y a las islas Comores.

Conquistada por los portugueses en el siglo XVI, y por Omán a fines del XVII (sultanato de Zanzíbar y Mascate), la costa de marfil está repartida actualmente entre Kenia y Tanzania, donde el islam no penetró hasta el siglo XIX. El ki-suajili de los puertos, lengua bantú mezclada con un poco de persa y mucho de árabe, escrita en caracteres árabes, se ha convertido en la lengua nacional de Tanzania.

XV. EL CUERNO DE ÁFRICA Y EL SUR DE ETIOPÍA

A partir de los puertos del Cuerno de África, Mogadiscio (escala para el gran comercio, con sultanes de origen local) y Berbera (ligada a la vecina Arabia y pronto convertida), el islam llega a las tribus del interior (siglos XIII-XVIII). Así nace Somalia, hoy enteramente musulmana.

Mercaderes llegados de Arabia se instalan en el sur de Etiopía y en la región de Zayla. A pesar de la cercanía, no hay emigración masiva. Con la conversión de africanos se forman entre los siglos XIII y XVI pequeños sultanatos, pronto en guerra con la Etiopía cristiana que se islamiza a medias.

XVI. LA NUBIA

Tras las expediciones punitivas de Egipto y las victorias de tribus árabes en África (siglos XIII-XV), la Nubia cristiana (norte nilótico del actual Sudán) será completamente islamizada y arabizada. En el siglo XVII, el islam llega a los pueblos pastores del Oeste y alcanza, a través del Darfur, la región del Chad. Las fronteras del Sudán actual, heredadas de la colonización, hacen cohabitar a musulmanes del Norte y a no musulmanes del Sur.

XVII. ÁFRICA OCCIDENTAL

Desde el siglo VIII, caravanas llegadas de Sijilmasa o de Trípoli compran en el Sahel oro y esclavos.

De los ídolos de África, de las estatuas de madera sagradas cercanas a la ciudad real, se sabe muy poco. El rey es el Rey Divino, que dispensa la vida y la muerte. Nadie asiste a sus comidas. Ante él, hay que reptar por el polvo. La escritura es desconocida.

Los ulemas y los «hombres piadosos» del Magreb que siguen a los mercaderes convertirán desde el siglo XI a jefes y reyes del Sahel. Pero el pueblo sigue siendo parcial o totalmente pagano, y reyes paganos y musulmanes se suceden. Islam y creencias africanas cohabitan.

Al Oeste, dos imperios islamizados venden el oro de la región: el de Malí, que se extiende entre el Senegal y el Níger (entre 1230 y 1400 aproximadamente) y el Imperio Songai, situado en la gran curva del Níger (desde 1400 aproximadamente a 1591). Algunos de sus soberanos son muy instruidos, van a La Meca, envían estudiantes a Marruecos, atraen a sabios magrebíes y nombran cadíes. Son también reyes divinos, apegados a los ritos africanos; en cuanto a sus súbditos musulmanes, muchos se saben el Corán de memoria, aunque ignoren la observancia de las prescripciones coránicas.

No obstante, va formándose una elite musulmana. Instruidos en Fez, incluso en las etapas de la peregrinación, los sabios negros hacen ilustres en el siglo XV a ciudades como Tombuctú (fundada por beréberes del Sáhara), y escriben en el siglo XVI tratados religiosos en árabe. Muy pronto, los mercaderes nómadas adoptan un islam militante. Algunos de ellos cursan estudios religiosos. En los siglos XIV y XV introducen el islam en las ciudades hausa (al norte de Nigeria) y comienzan a penetrar en el Sur.

El Kanem-Bornu, situado cerca del Chad, vende esclavos. Convertidos en el siglo XI, sus reyes divinos se esfuerzan, sin gran éxito, por islamizar su imperio, que durará hasta el siglo XIX.

En los siglos XVIII y XIX, algunas lenguas locales adoptan los caracteres árabes. «Guerras santas» apuntan a la depuración del islam africano-occidental, que hará después inmensos progresos. El siglo XX creará Estados en los que conviven el islam, el cristianismo y las religiones africanas, todavía vivaces.

XVIII. UN ISLAM SUNNÍ

Fuera de los enclaves chiíes en Turquía y en la India, el islam de la segunda expansión es sunní, de rito hanafí en Turquía, URSS, India, China (islamizadas a partir del Asia central), chafií en las costas de Asia y de África oriental, malikí (como en el Magreb) en África occidental.

PARA PROLONGAR ESTE CAPÍTULO

El único estudio de conjunto es *L'Islam de la deuxième expansion,* Association pour l'Avancement des Études Islamiques, París, Sindbad, 1983.
La relación de Ibn Batuta, que recorrió el mundo musulmán de 1325 a 1349: *Voyages* de Ibn Batuta, trad. de C. Defremery y B. R. Sanguinetti, París, Maspero-La Découverte, 1982, 3 vols.
Y algunas obras especializadas:
Aubin, J., «Comment Tamerlan prenait les villes», *Studia Islamica,* núm. 19, 1963, pp. 83-122.
——, «Albuquerque et les négociations de Camboye», *Mare luso-indicum,* t. 1, Ginebra-París, 1971, pp. 5-63.
Hambis, L., *La Haute-Asie,* París, 1969.
Le livre de Babur, trad. de J. L. Bacqué-Grammont, París, 1980.
Lemercier-Quelquejay, C., *La Paix mongole,* París, 1970.
Roux, J. P. *Histoire des Turcs,* París, 1984.

11. DE LA *NAHDA* A NUESTROS DÍAS

Paul Balta

> Después de un período de decadencia, el mundo árabe entró, a mediados del siglo XIX, en una fase de renacimiento (*nahda*). Desde entonces, nacionalistas e islamistas, antiguos y modernos, no han cesado de enfrentarse. Paul Balta, periodista, escritor, director del Centro de Estudios del Oriente Contemporáneo (Sorbonne nouvelle-París III) expone los retos y las consecuencias de esta confrontación.

En el siglo XI (V de la hégira) las autoridades abbasíes, inquietas ante la efervescencia de las ideas en tierras de islam consideran que la ortodoxia, es decir, lo que debe creer el buen musulmán, está definitivamente fijada, y cierran la puerta *ichtihad* o esfuerzo de reflexión personal; al hacer esto, limitaron para siempre el ejercicio del espíritu crítico. Paralelamente, mientras la conquista musulmana se extiende de las orillas del Indo a los Pirineos, llegan a la vez las Cruzadas (del siglo XI al XIII) y la Reconquista española. En fin, Europa, que se ha beneficiado de las considerables aportaciones de la civilización araboislámica, prepara el Renacimiento, en el que se gestan los tiempos modernos, mientras el islam árabe se estanca.

Sin embargo, en otros lugares, el islam conoce su segunda expansión: penetra profundamente en África negra y se extiende por el sudoeste asiático. Se asiste también, en el siglo XVI, al renacimiento del Imperio persa, a la expansión del Imperio mogol en la India y a las conquistas del Imperio otomano en Europa. Hoy se acusa con frecuencia a los turcos de las matanzas de los kurdos y sobre todo de los armenios en 1915, pero se olvida que acogieron a los judíos de España y se omite decir que, al respetar y proteger durante siglos a las comunidades cristianas de los Balcanes, las salvaron de la germanización o la eslavización y permitieron así a los húngaros, a los rumanos, a los búlgaros y a los demás pueblos de la región conservar su identidad y su personalidad.

I. DECADENCIA Y RENACIMIENTO

La verdadera decadencia comienza en el siglo XVIII y se confirma a comienzos del siglo siguiente. El conjunto del mundo musulmán sufre entonces un retraso considerable en relación con la Europa de las luces y con la Europa industrial que será también la de la colonización. Esta situación provoca en el Islam una serie de reacciones que se prolongan hasta nuestros días. Así es como hacia 1750, el jeque Mohamed Abdelwahhab y su discípulo el emir Mohamed Ibn Seud van a hacer triunfar al wahhabismo. Cuando la Península Arábiga sea reconquistada por la familia Saud y se cree la Arabia Saudí, en 1932, el wahhabismo se erigirá en doctrina de Estado. Ahora bien, esta doctrina se caracteriza por el rigorismo moral y por la intransigencia doctrinal.

En el siglo XIX, se asiste en Oriente a la emergencia de la *nahda* (renacimiento), en la que participan intelectuales cristianos y musulmanes de Egipto, de Siria y del Líbano. Esta *nahda* es a la vez literaria, con escritores como Jubrán o Naimé, y religiosa, con el movimiento *salafiya* (los antiguos) por una parte y un movimiento de modernismo liberal por otra parte. Este último está ilustrado por el egipcio Al Tahtawi (1801-1873), que escribió: «Que la patria sea el lugar de nuestra común felicidad que edificaremos por la libertad, el pensamiento y la fábrica». Tahtawi estaba influido por las ideas de la Revolución francesa y de los sansimonianos. La corriente de la salafiya es un movimiento fundamentalista, de retorno a las fuentes. Jamal al-Di al-Afgani (1839-1897), célebre por su *Refutación de los materialistas*, y Muhammad Abduh (1849-1905), llamado «el reformador del siglo», son las principales figuras de este movimiento. Abdoh quiere restaurar la *umma* —y no la patria o la nación de tipo moderno y occidental— en su pasada grandeza, pero teniendo en cuenta las exigencias de su tiempo. Este paso supone, según él, que el musulmán debe retornar a las fuentes de la religión, a la vez que debe asumir la evolución científica y técnica contemporánea. Recomienda, pues, «volver a abrir la puerta del *ichtihad*» y preconiza la fusión de las cuatro grandes escuelas jurídicas del islam sunní (hanafí, malikí, chafií y hunbalí) en un solo *madhab* (rito) mahometano que integraría así a los chiíes.

A fines del siglo XIX y durante la primera midad del XX, el islam juega un doble papel. Vivido como una religión del terruño que preserva los valores ancestrales y la herencia cultural, se convierte en una muralla alzada contra la penetración colonial. Percibido como una religión del Tercer Mundo frente al cristianismo, ligado a la colonización, y al comunismo ateo, el islam inspirará las luchas de liberación. No obstante, en varios países, ulemas y religiosos conservadores colaborarán con el colonizador que, a cambio, les dejará manga ancha en el dominio de la religión, y así «laicos» formados a la occidental serán generalmente los artífices de la independencia y luego de la puesta en marcha del desarrollo económico.

II. LOS MOVIMIENTOS POLÍTICOS EN EL SIGLO XX

Desde la primera guerra mundial, las teorías de los pensadores de la *nahda* se han encarnado en movimientos políticos. Así, el modernismo liberal está en el origen del nacionalismo moderno ilustrado por el laicismo militante de Mustafá Kemal (Atatürk, 1880-1938) en Turquía; el arabismo socializante del Baas (partido de la resurreción árabe) constituido en los años cuarenta, hoy en el poder en Siria y en Irak; el naserismo, surgido de la revolución de los «oficiales libres» en Egipto, en 1952, que quiere unificar e industrializar al mundo árabe; las experiencias de Mosaddeq en Irán, en la misma época, y de Zulfikar Alí Buto en Pakistán, en los años setenta; en el Magreb, cabe citar en particular al Neo-Destur fundado por Burguiba, en 1934, en Túnez; el FLN argelino (1954) y el teórico del desarrollo y del nuevo orden económico internacional, que fue Huari Bumedián, muerto en 1978. En la frontera del nacionalismo y de la *salafiya* se sitúan hombres como los jeques Ben Badis e Ibrahimi en Argelia, el marroquí Alal el Fasi y, más cerca de nosotros, el coronel Gaddafi, en Libia. Este último, contrariamente a una opinión muy extendida, no es un «integrista» sino un reformador no conformista, que acepta el Corán pero rechaza la *sunna* y que ha hecho mucho en pro de la emancipación de la mujer libia.

En cambio, los Hermanos Musulmanes, fundados en 1928 por el egipcio Hassan el-Banna, se entroncan, sin duda, con la rama fundamentalista revisada y corregida por el wahhabismo saudí. Su ideología de combate es la rival irreductible de los nacionalismos modernistas y laicizantes. Constituyen el núcleo que ha dado origen a los diferentes movimientos islamistas —término preferible al de integrista— cuyas personalidades más destacadas son, entre otras, el paquistaní Mawdudi (1903-1979), el tunecino Rached Ganuchi y, en el campo chií, el ayatola Mohamed Baker Sadr (un iraquí ejecutado por el régimen baasista en 1980) y el imán Jomeini (nacido en 1900 o en 1902). El movimiento islamista se divide en dos corrientes principales: la primera preconiza el derrocamiento por la violencia de los regímenes establecidos, acusados de corruptos; la segunda insta a sus partidarios a ejercer presión sobre los dirigentes para obligarles a dimitir o a aplicar la *charia* o ley islámica.

III. LAS CAUSAS DEL ISLAMISMO

La oleada islamista, en crecimiento desde hace una década, tiene varias causas. La primera reside en los fracasos del arabismo: derrota de Naser frente a Israel en 1967 e incapacidad de los gobiernos árabes para evitar los conflictos internos con los no árabes (kurdos de Irak, Anya-Nya del Sudán, persas de Irán, por no hablar de las reivindicaciones culturales beréberes en el Magreb) o entre cristianos y musulmanes (Líbano principalmente y Egipto en menor medida). Además, la cuestión palestina, no resuelta, es como un cáncer que se generaliza y engendra conflictos sucesivos. Aquí también el fracaso relativo de los modernistas de la OLP favorece la recuperación del descontento popular por el islamismo radical.

Las otras causas están referidas a problemas de sociedad debidos a la irrupción de la modernidad. El mundo musulmán sufre, en efecto, formidables mutaciones. La demografía y las conmociones provocadas por el desarrollo económico han impuesto el éxodo rural y una intensa urbanización en sociedades tradicionales que eran esencialmente agrícolas o nómadas. Las burguesías ciudadanas se han visto sumergidas por los desheredados, que reclaman una parte más equitativa. El brusco aflujo de los petrodólares ha acelerado el proceso de transformación, pero ha sido también un factor de corrupción que ha afectado a los valores tradicionales. Estos cambios han sacudido a la institución familiar y han provocado crisis de identidad, tanto en el plano social como en el individual, mientras que los jóvenes —los menores de veinte años representan del 60 al 65% de la población— se sienten a menudo desarraigados e inquietos por su futuro.

Frente a un Occidente laicizado y al mundo comunista, oficialmente ateo, el retorno a la ley islámica se presenta ante muchos como un recurso y un último refugio. Además, los islamistas tratan de tomarse el desquite sobre los modernistas, que les han combatido y perseguido a menudo. Los dirigentes nacionalistas de los decenios 1950-1970 habían tratado de «modernizar el islam»: no lo consiguieron, pero tampoco fracasaron. El combate entre modernistas e islamistas es una realidad que continúa produciéndose, ante nuestros ojos, en el seno del mundo musulmán, que perdió ampliamente la ocasión de la revolución industrial y totalmente la de la revolución nuclear.

El conflicto entre Irak e Irán ha sido, desde 1980 a 1988, la sangrienta ilustración de este antagonismo, que se alimenta tanto de ambiciones nacionales como de enfrentamiento religioso. En efecto, incluso en su apogeo en los siglos X y XI, cuando dominaba en Egipto y en el Magreb bajo los fatimíes, el chiísmo ha sido siempre minoritario en el Islam, y los chiíes despreciados por los sunníes, que les consideran cismáticos. Hoy en día no son sino un 10 o un 12% de los mil millones de musulmanes. Además, Irán es el único país en el que el chiísmo, proclamado religión de Estado en el siglo XVI, es mayoritario en un 85%, de suerte que ha terminado por confundirse con el nacionalismo persa, un nacionalismo milenario, profundamente arraigado, que se ha mostrado siempre despectivo hacia los árabes.

Los regímenes árabes, todos sunníes, desde Marruecos hasta Arabia Saudí, perciben el fenómeno chií como no árabe: los chiíes son, en efecto, 40 millones en Irán, 20 en la India, 18 en Pakistán, 7,6 en Afganistán, 8 millones en Irak, casi 5 en Yemen, uno en Siria y en Líbano y algunos centenares de millares en los Estados del Golfo. Los dirigentes árabes están persuadidos de que al predicar la revolución islámica, el imán Jomeini quería asegurar el desquite del chiísmo sobre el sunnismo, del Irán ario sobre los árabes semitas. Además, nada más empezar, en mayo de 1984, las primeras negociaciones secretas entre Riad y Teherán, los iraníes afirmaron que los chiíes van por el recto camino, del mismo modo que los sunníes, si no más. Los chiíes reclaman derechos sobre los Santos Lugares del Islam, La Meca y Medina. Los sangrientos incidentes que se produjeron durante el verano de 1987, en la peregrinación anual, entre iraníes y saudíes, subrayan la amplitud de las rivalidades.

IV. PROBLEMAS Y CUESTIONES EN JUEGO

Con la denuncia de los regímenes traidores del islam, Teherán ha incitado igualmente a la rebelión a las comunidades chiíes del Golfo, que viven generalmente en las zonas petrolíferas, en particular en Arabia Saudí y en Kuwait. Por esto es por lo que cuando los ayatolás iraníes hablan de hacer del petróleo un «petróleo musulmán» y un arma al servicio del islam, los regímenes árabes traducen esas palabras en «petróleo chií» o «petróleo iraní», mientras que los occidentales comienzan a darse cuenta de que, en ese caso, Teherán dispondría de un arma temible. Tales son algunas de las cuestiones en juego en esta guerra del Golfo. Si el imán se obstinó en reclamar la caída del Irán baasista, es porque era consciente de que una victoria iraní modificaría profundamente el equilibrio de fuerzas en la región y en el conjunto del mundo musulmán.

Actualmente se plantean y son planteadas una serie de cuestiones, tanto por parte de Occidente como de los islamistas. El Islam causa miedo hoy en Occidente. Un sondeo de opinión efectuado en 1987 reveló que el 55% de los franceses consideran al islam como un «factor de guerra», con los conflictos árabo-israelí y del Líbano, del Golfo, del Chad, del Sáhara occidental, por no hablar de los excesos de la revolución iraní, de los atentados terroristas y de la toma de rehenes... Y, sin embargo, en el doble plano militar y tecnológico, el Islam tiene debilidades innegables; desde Marruecos a Indonesia, es la única gran área de civilización que no dispone del control pacífico del átomo —con excepción de Pakistan— y, *a fortiori*, de la bomba, mientras que sus principales vecinos, que, en algunos casos son sus adversarios e incluso sus enemigos, la poseen: URSS, China, India, Israel, África del Sur, Europa, Estados Unidos. Y no son éstas las únicas paradojas. El Islam causa miedo y es la religión que registra el mayor número de conversaciones, no sólo en el Tercer Mundo sino también en Europa y en las Américas. El miedo sentido por Occidente es a menudo hijo de la ignorancia. Los europeos tienen tendencia a considerar al Islam como un todo monolítico, inmutable en el tiempo y estático en el espacio, y con frecuencia imputan a la religión fenómenos debidos a mutaciones sociales o a la voluntad de poderío de los Estados. Por su parte, los islamistas aceptan el envite blandiendo la religión como solución a todos los problemas de la sociedad. Pero el discurso moral que mantienen ¿puede bastar frente a los desafíos de la robótica y de la conquista del espacio? En la era de la informática y de los satélites, ¿lograrán las elites y los dirigentes, tanto del islam moderado como del radical, «islamizar la modernidad», según la fórmula de moda? Cuando estamos asistiendo a una aceleración del ritmo de la historia, sin precedentes desde la creación del mundo, ¿qué proponen los islamistas para no hacer entrar a sus pueblos a reculones en el siglo XXI? Jóvenes pensadores islamistas buscan las respuestas adecuadas... pero ¿serán capaces de tener una mirada lúcida o continuarán paseando por el mundo una mirada mutilada, una mirada «hemipléjica», según la expresión del intelectual iraní Daryush Sahayegan, en su libro dedicado a la esquizofrenia cultural de los países tradicionales?

PARA PROLONGAR ESTE CAPÍTULO

Balta, P., *Iran-Irak, une guerre de 5000 ans,* París, Anthropos-Economica, 1988.
—— *L'Islam dans le monde,* París, Le Monde Éditions, 1991.
Burgat, F., *L'islamisme au Maghreb,* París, Karthala, 1989.
Carré, O. y Dumont, P., *Radicalismes islamiques,* 2 vols., París, L'Harmattan, 1985-1986.

TERCERA PARTE

MUSULMANES DEL SIGLO XX
UNA GALERÍA DE RETRATOS

12. ABDUS SALAM, MILITANTE DE LA CIENCIA

Paul Balta

Entre 1901 (año en el que se atribuyeron por primera vez) y 1990, los premios Nobel de química, de literatura, de la paz, de fisiología o de medicina, de física y, desde 1969, de ciencias económicas, han sido concedidos 540 veces. El mundo islámico ha recibido tardíamente estos honores en tres ocasiones: en las personas del presidente egipcio Anuar el Sadat (premio Nobel de la paz, en 1978, con Menahem Begin), del sabio paquistaní Abdus Salam (premio Nobel de física nuclear, en 1979) y del novelista egipcio Naguib Mahfuz (premio Nobel de literatura en 1988).

Puede discutirse y lamentar que el jurado de Estocolmo haya demostrado ignorancia o ceguera por no coronar igualmente, diez o veinte años antes, a pensadores y escritores como Taha Hussein y Tawfik el Hakim. Pero difícilmente podría hacérsele tales reproches en el dominio científico: los «nobelizables» del mundo musulmán en ese campo son más que raros en sus países respectivos, y los que podrían pretenderlo han emigrado casi todos a Occidente. Este preámbulo me parecía indispensable para iluminar este retrato.

Abdus Salam, que lleva bien su nombre, «servidor de la paz», nació el 26 de enero de 1926 en Jang, en el Penyab, región de la India que se separará de ésta, en 1947, para fundar el Pakistán o «Estado de los Puros». Pertenece a una familia que, desde su conversión al islam en el siglo XIII, no ha cesado de cultivar una tradición de piedad y de estudios. Su padre —pequeño funcionario agrícola— quería que estudiase, y, cuando volvía de la escuela, le interrogaba acerca de sus lecciones y vigilaba sus deberes; si el niño tenía necesidad de ayuda, su tío materno, antiguo misionero musulmán en África occidental, se la daba. De 1938 a 1946, acude al colegio de Jang y luego cursa estudios en el colegio gubernamental de la Universidad de Penyab, en Lahore. Joven superdotado, ¿qué va a ser de él? «Indiscutiblemente, he tenido mucha suerte. Si no hubiera obtenido una beca del gobierno de la India, me habría sido absolutamente imposible, financieramente, ir a Cambridge», dice [1]. Entra, en efecto, en 1946, en el Saint John's College de la célebre universidad británica, en la que destaca con tanta brillantez que es elegido, en 1951, miembro del prestigioso Institute for Advanced Studies de Princeton. Ese año, cuando celebra los veinticinco de edad, considera su deber regresar a Lahore para trabajar en medio de su pueblo.

Profesor en la Universidad del Penyab, se le nombra en 1952 director del departamento de matemáticas. Sin embargo, vive un drama de conciencia. Sufre al ver a los dirigentes del país ignorar e incluso despreciar a la ciencia y a los científicos. Se siente aislado de la comunidad científica internacional: «uno necesita saber lo que piensan y hacen los otros físicos». En diversas circunstancias y en su discurso de recepción del premio Nobel, explicará cómo se vio obligado a «una cruel elección entre la física y el Pakistán». Regresa, pues, en 1954, a Cambridge, donde, tres años más tarde, es nombrado profesor de física teórica. Eso significa ya la gloria.

Sus trabajos tratan de demostrar que las cuatro energías fundamentales del universo no son sino la expresión de una sola y misma energía que se manifiesta como energía electromagnética gravitacional, de fuerte y débil interacción. En otros términos, esas cuatro formas de energía —particularmente la electricidad y la fuerza nuclear— son las mismas y pueden convertirse unas en otras. Sus investigaciones le valdrán, a los 53 años, el premio Nobel, con los norteamericanos Steven Weinberg y Sheldon Glashow.

I. EL CENTRO NUCLEAR DE TRIESTE

Ya antes de tal consagración había ido de éxito en éxito. Doctor *honoris causa* de más de veinte universidades, ha recibido premios prestigiosos, ha sido elegido miembro de las sociedades científicas más renombradas y el gobierno paquistaní le ha confiado importantes misiones en la Unesco y en la ONU. Desde los cuarenta años de edad, habría podido conformarse con llevar la apacible y fácil existencia del físico internacional colmado de honores. Ahora bien, este sabio,

---

[1] Zafar Hassan y C. H. Lai, *Ideals and Realities, Selected Essays of Abdus Salam,* Singapur, World Scientific Publishing Co., 1984; las demás citas de Abdus Salam, salvo indicación contraria, están extraídas de esta obra.

que tiene una intensa vida espiritual, es también filósofo, historiador de las ciencias, sociólogo y hombre de acción. Militante del Tercer Mundo o más bien del acercamiento entre ambos mundos, conduce, en nombre la ciencia, un combate pacífico.

«Creo apasionadamente que los países en vías de desarrollo necesitan tan buenos sabios como los países desarrollados», escribe. Y en 1960 concibe el proyecto de crear, con la ayuda de financiación internacional, un centro internacional de física teórica. Le asigna una doble misión: contribuir a la cooperación científica internacional acogiendo a especialistas del Este y del Oeste y contribuir al progreso de la ciencia en los países en vías de desarrollo, mediante la formación y perfeccionamiento de sus físicos de alto nivel. Al comprobar la indiferencia de los Estados del Tercer Mundo, incluidos los más ricos, a sus solicitudes, aprovecha su notoriedad y sus funciones de consejero científico del presidente paquistaní Ayub Jan para persuadir a la Agencia Internacional de la Energía Atómica (AIEA) de apoyar su proyecto.

Cuatro años de obstinados esfuerzos serán necesarios para que el Centro Internacional de Física Teórica comience a funcionar, bajo su dirección, en Trieste, el 1 de octubre de 1964. El contrato es por cuatro años; será renovado. Desde el primer año, las más altas eminencias imparten en el Centro sus enseñanzas a 33 estudiantes y a 120 oyentes venidos de 29 países. Veinte años después, el balance es impresionante. Tan sólo una sombra en el cuadro: la persistente indiferencia de los países musulmanes hacia la ciencia. Abdus Salam comprueba con amargura que «El centro de Trieste funciona no con fondos de los países árabes o islámicos sino con los procedentes, en gran parte, de las Naciones Unidas, de Italia y de Suecia» [2].

Es de buen tono en los países musulmanes instruir el proceso de la fuga de cerebros, sin interrogarse acerca de las verdaderas razones que la provocan, a saber, el escaso interés de las autoridades por la ciencia, la exigüidad de los medios asignados a la investigación, la falta de tolerancia, la ausencia de democracia. Paradójicamente, los censores reprochan menos a los intelectuales emigrados privar a sus países de su saber que renegar de sus orígenes y dejar entibiar su fe o perderla. Ahora bien, Abdus Salam escapa a esta triple crítica: practica su religión cotidianamente, mantiene un profundo apego a su patria y ha organizado en ella la investigación científica como lo ha he-

---

[2] *Troisième millénaire*, núm. 2, mayo-junio de 1982.

cho en otros países tercermundistas. En tales condiciones, los rigoristas y los islamistas, para desacreditarle, han recurrido a un miserable argumento: el de su pertenencia a la hermandad de los ahmadis, que cuenta nada menos que con unos dos millones de adeptos en Pakistán [3].

II. LA FE Y LA CIENCIA

Abdus Salam hace frente a sus detractores así:

Soy creyente y musulmán practicante. Soy musulmán porque tengo fe en el mensaje espiritual del Santo Libro del Corán. El científico que soy es sensible al lenguaje del Corán, que insiste en la importancia de la reflexión sobre las leyes de la Naturaleza y que toma de la cosmología, la física, la biología y la medicina ejemplos que son otros tantos signos para todos los hombres.

Recuerda que sólo 250 versículos están dedicados a la legislación, mientras que 750 —casi la octava parte del Libro— «exhortan a los creyentes a estudiar la Naturaleza, a reflexionar, a hacer el mejor uso de la razón en la búsqueda de la realidad última y a hacer de la adquisición del saber y de la comprensión por la ciencia un elemento de la vida de la comunidad» [4].

Abdus Salam refuta con contundencia las interpretaciones falaces tan extendidas:

El Santo Profeta (la paz sea con él) ha dicho con claridad que la búsqueda del conocimiento y de la ciencia es un deber para todo musulmán, hombre o mujer. Ha recomendado a sus fieles buscar el conocimiento, aunque para ello tuviesen que ir a China. Hablando de China, es cierto que pensaba más en el saber científico que en el conocimiento religioso, al igual que subrayaba el carácter internacional de la investigación científica [5].

Esto lo ha dicho y repetido en todas partes y muy en particular en tierras del islam.

---

[3] Los musulmanes ortodoxos reprochan a esta hermandad no reconocer a Mahoma como el último profeta del islam.
[4] «L'Islam et l'Occident devant les conquêtes de la science: concordance ou conflit?», *Islam et Occident,* núm. especial, París, octubre de 1984.
[5] *Ibid.*

Tras demostrar que no hay incompatibilidad, en el plano de la fe, entre el islam y la ciencia, se ha empeñado en probar que ocurre lo mismo en la práctica. Ha dedicado admirables páginas a la edad de oro de la civilización arabomusulmana y a la aportación de los sabios árabes, turcos, afganos y persas, en todos los dominios. Sólo un sabio de su envergadura podía hacerlo con tanta autoridad. Reflejo de científico: por modestia y por no ser acusado de parcialidad, cita la monumental *Historia de la ciencia* de George Sarton.

Pero asimismo deplora que en los últimos siglos de la Edad Media, los sabios musulmanes saliesen de la escena de la historia.

III. LAS CONSECUENCIAS DE LA DECADENCIA

La persistente decadencia tendrá dos consecuencias. Ante todo, el olvido. Salvo en algunas obras especializadas, los occidentales tienden a ocultar la aportación de esos sabios, tal vez porque los propios países islámicos se desinteresan. La segunda consecuencia es la puesta en duda de la originalidad de la aportación de la ciencia islámica, considerada como una simple intermediaria en la transmisión del saber de las civilizaciones grecorromana y orientales (Sumer, Persia, India).

Nada más falso —dice Abdus Salam. En todo período de intensa actividad científica, se empieza construyendo sobre la herencia recibida, luego viene la edad de la madurez en la que la enseñanza de los viejos maestros se somete a la duda sistemática, lo que causa una ruptura. La importancia atribuida a la observación y a la experimentación al comienzo de la ascensión de las ciencias en el Islam marcó la ruptura: los ejemplos más netos son los de Ibn al-Hayzam y Al-Biruni.

IV. TECNOLOGÍA IMPORTADA Y DEPENDENCIA

Abdus Salam no se conforma con leer, reflexionar y extraer conclusiones. También actúa. Quiere despertar al mundo musulmán, hacerle salir de su apatía hacia las ciencias que le pone en peligro de marginación. A la escucha del mundo y de su evolución, Salam está —en su dominio— en todos los combates. Hay que leer en *Ideals and Realities* [6] sus comunicaciones bajo títulos muy evocadores: «Enfermedades de ricos y enfermedades de pobres», «La investigación científica avanzada en los países en desarrollo», «La ceguera del Tercer Mundo», «El renacimiento de las ciencias en países árabes e islámicos», etc.

Atento a los grandes movimientos políticos y sociales y al avance de las ideas que transforman el mundo, se esfuerza por descubrir su significación y sus líneas rectoras para hacer beneficiario de ellas al Tercer Mundo. Se interesa por la efervescencia de mayo de 1968, por la conferencia sobre el Medio Ambiente de Estocolmo y por el informe del Club de Roma sobre el crecimiento (1972), por las proposiciones de Argelia, asumidas por la ONU, acerca de la instauración de un nuevo orden económico internacional (1974), por las conferencias de la FAO sobre la alimentación y el hambre en el mundo, por los debates sobre los océanos (1975), etc. Cada vez que puede, formula proposiciones concretas como fue el caso, entre otros, cuando se creó la Universidad del Golfo en Bahrayn (1983).

Cabe preguntarse dónde encuentra tiempo este hombre asombroso para proseguir sus investigacones, participar en el lanzamiento de proyectos científicos y devorar libros y revistas. Encuentra en *Nature* un artículo sobre la investigación en Israel y anota este pasaje: «La necesidad de aumentar sustancialmente el número de científicos en los dominios de la investigación y del desarrollo es una idea generalmente admitida [...]. El país necesitará 86 700 personas de este género en 1995 contra 34 800 en 1974, es decir, un aumento del 150 por ciento». Y observa que el conjunto del mundo musulmán (mil millones de personas) sólo cuenta con 45 136. «De todas las grandes civilizaciones del planeta, la comunidad islámica es la que dedica a la ciencia la atención más restringida», dice.

Abdus Salam no duda en denunciar la ilusión de un gran número de Estados musulmanes que compran la tecnología —«una tecnología importada»— por considerar que es «neutra», pero que se cierran a la ciencia por temer que el espíritu crítico en ella implícito ponga en cuestión «la religión y los supuestos básicos de nuestra cultura». «¿Tan frágiles son éstos?», pregunta con ironía a los dirigentes. Por estimar que esa actitud es la misma que inspiró los combates de retaguardia que se remontan a la Edad Media, se apresura a contraatacar: «Los países musulmanes no se dan cuenta de que, sin

---

[6] *Ibid.*

ciencia, serán siempre dependientes de la tecnología extranjera. La tecnología no puede prosperar sin un alto nivel científico. La ciencia es portadora de valores» [7]. Como un interlocutor le hiciera observar que la física se ha convertido, en el siglo XX, en una nueva filosofía, Salam, volviendo a la esencia de sus trabajos, replica:

Siempre lo ha sido. Hay un artículo muy bueno de Philippe Frank, titulado «Pourquoi les physiciens et les philosophes sont-ils en désaccord?». Su tesis es que los filósofos llevan un retraso de una generación en relación con los físicos. Los filósofos, generalmente, estudian los trabajos de la generación precedente de los físicos. Durante ese tiempo, los físicos ya han cambiado su punto de vista, y están, pues, en desacuerdo sobre el tiempo, el espacio, etc. Einstein fue el primero en hablar de la unidad de las fuerzas. Si viviera hoy, miraría con simpatía lo que hacemos. El quería franquear prioritariamente el último paso: de dos a una sola energía. [...] Nosotros somos menos inteligentes que él. Hacemos menos que él, con toda humildad. Y reducimos cuatro a tres y a dos [8].

Así, hay tres temas siempre recurrentes en sus escritos, en sus conversaciones, en sus preocupaciones: su fe en Dios, sus convicciones de sabio, la necesidad imperiosa de contribuir al renacimiento del Islam y a la salvación del Tercer Mundo. Estos tres temas resumen el carácter del hombre; guían su vida, alimentan su reflexión, inspiran su acción. Lo explica él mismo. Dejémosle decir la última palabra.

Mi gran función por el momento es la de ser el símbolo de la «buena ciencia» para los países en vías de desarrollo, en particular para los países musulmanes. El hecho es que, ante todo, yo soy un musulmán. Es una gran responsabilidad la de hacer tomar conciencia a los países musulmanes de su prestigioso pasado y de que deben considerar la ciencia como una parte de su pensamiento. En nuestros días, se deja de lado la palabra «ciencia» o se la acepta únicamente en el sentido de conocimiento de la religión. Así pues, los que conocen la religión dicen: «Nosotros somos los herederos del Profeta». He tratado de decirles: «Nosotros también». El Profeta dice que si no tenéis percepción de la ciencia no llegaréis nunca a percibir a Dios. Debo repetir esto una y mil veces para persuadirles. Lo lograré. Dentro de diez años quizá, hacia el fin de mi vida. Es lo más importante para mí [9].

---

[7] *Troisième millénaire*, ob. cit.
[8] *Ibid.*
[9] *Ibid.*

13. EL PRÍNCIPE SULTÁN, PRIMER ASTRONAUTA MUSULMÁN

Patrick Baudry

En diciembre de 1986, Arabia Saudí presentó en París, en el Grand Palais, una exposición titulada «El prodigio saudí: Riad de ayer a hoy». El objetivo de las autoridades saudíes era mostrar a Occidente que el dinero procedente del petróleo no se había despilfarrado en la satisfacción de los caprichos de los príncipes, sino que había permitido a ese reino pasar, en tan sólo quince años, del siglo VII al XXI, es decir, del camello a la nave espacial, y ello sin renegar de su adscripción al islam. Podría sopecharse en ello una exageración si un personaje no encarnara esa realidad: Sultán Ben Salman Ben Abdelaziz al-Saud, primer astronauta árabe, nieto del emir Abdelaziz al-Saud (1879-1953). La historia de la familia de los Saud merece que nos detengamos en ella un instante [1]. Abdelaziz logró unificar, desde 1901, el reino de Arabia contra las tribus del desierto hasta el momento en que, en 1932, el país toma el nombre de Arabia Saudí. Ahora bien, al tomar el poder, Abdelaziz no daba solamente su nombre a Arabia, sino que también iba a permitir a una escuela jurídico-religiosa —el wahhabismo— triunfar en toda regla. En efecto, en el siglo XVIII, un emir de la familia Saud se alió a un predicador revolucionario, Mohammed Abdelwahhab, partidario de una interpretación rigorista del Corán. El éxito político de los Saud hizo del wahhabismo la doctrina oficial del Estado. Desde entonces el reino no ha cesado de proclamar su adhesión a un islam extremadamente severo. Monarquía islámica que no es, sin embargo, monarquía absoluta: el poder está compartido. Si en la cima reina el rey Fahd, cuatro de sus hermanos dominan la vida política: Sultán, ministro de Defensa, Abderrahmán, viceministro de Defensa, Naif, ministro del Interior, Ahmad el-Salman, gobernador de Riyad, todos hijos de una de las esposas favoritas del rey Abdelaziz, Husa Sudairi, por lo que se les llama «los hermanos Sudairi» [2].

---

[1] D. Holden, y R. Johnes, *La maison des Saoud, 1902-1980,* París, Ramsay, 1982.
[2] A. Frachon, *Le Monde,* 6 de diciembre de 1986.

I. COMPAÑERO TOTAL

Nieto del rey Abdelaziz e hijo del príncipe Salman, gobernador de Riyad, Sultán, nacido en 1956, habría podido contentarse con ser un príncipe feliz y adulado, como los otros miembros de la familia real. Habría podido escoger una función honorífica que le permitiera de vez en cuando entregarse a fastuosas distracciones en el extranjero. Pero decidió conquistar el espacio y hacerse piloto de caza. El 14 de junio de 1985, después de seis meses de entrenamiento intensivo en la NASA, se convirtió en el primer astronauta árabe. Participó conmigo [*] en el vuelo del transbordador espacial *Discovery*, el que puso en órbita el satélite de comunicaciones Arabsat. Iba a anudarse una amistad entre nosotros. En *Aujourd'hui le soleil se lève seize fois*[3] y en *L'espace habité*[4] escribía yo:

> De regreso a Houston, supe por Dan que finalmente seríamos siete a bordo del Discovery [...]. El afortunado elegido se llamaba Sultán Ben Salman Ben Abdelaziz Al-Saud, al que pronto todo el mundo llamó Sultán. Sobrino del rey Fahd de Arabia Saudí e hijo del gobernador de Riyad, este joven príncipe iba a demostrar en poco tiempo que estaba a la altura de sus colegas astronautas de la NASA. Al margen de su excepcional capacidad de adaptación a todas las situaciones de entrenamiento, Sultán tenía la gentileza y la atención que convienen a los descendientes de las familias reales. En la actividad febril y en el trabajo intensivo que precedieron durante meses al lanzamiento, Sultán supo dar muestras de un compañerismo total. Deportista consumado, saltaba sobre su bicicleta en los primeros instantes de libertad o corría conmigo una media maratón bajo los 35° centígrados del sol tejano [...].

De hecho, el príncipe Sultán tenía una sólida experiencia de piloto privado y de helicóptero, y estaba visiblemente apasionado por el

---

[*] La personalidad del astronauta francés Patrick Baudry se sale también de lo ordinario: admitido a sus veinte años de edad en tres grandes escuelas al mismo tiempo, a sus 25 años se encuentra al frente de una escuadrilla de pilotos de caza; a los 34 es seleccionado como astronauta, y a los 39 es el primer francés que vuela a bordo del Discovery, lanzado a más de 28.000 kilómetros por hora alrededor de la Tierra. [*Nota del compilador.*]

[3] P. Baudry, *Aujourd'hui, le soleil se lève seize fois,* París, Carrère, Michel Lafon, 1985.

[4] P. Baudry, y W. Dannau, *L'espace habité,* París, Atlas, 1988.

espacio. Tuvo que trabajar el doble para recuperar el entrenamiento de los demás, pero no dudó en hacerlo sin descanso, para ponerse rápidamente al nivel del conjunto de la tripulación. El príncipe Sultán participó plenamente en el equipo. Apreciaba mucho el plato francés de langosta a la armoricana y le divertía mucho revolotear por la cabina, con los pies en el aire, y tratar de beber con la paja concebida especialmente para que el líquido no se echara a volar.

En varias ocasiones, pude observar que el príncipe Sultán continuaba siendo profundamente musulmán. Durante el ayuno del Ramadán esperaba a la puesta del sol para comer. El día del lanzamiento, tras la llegada de los astronautas, estaba prevista una pausa de cinco minutos para poder contemplar la nave, blanca, brillante,

toda iluminada, humeante de oxígeno, de hidrógeno [...] es verdaderamente soberbio y es el día más feliz de mi vida, incluso antes del lanzamiento [...]. Sultán se aleja un momento para rezar. Extiende su tapiz sobre las rejillas de la plataforma justo a dos pasos de la nave y se pone a rezar. Imagen grandiosa, simbólica, terriblemente humana e impresionante la de ese acto de fe. John y yo nos alejamos para dejarle meditar en silencio [...].

Le pedí que dijera unas palabras a los franceses. «*Could you tell some words for my friends?*» [¿Podría decir unas palabras a mis amigos?]. El príncipe Sultán respondió: «*Hello, friends! Patrick's friends are my friends. Patrick is my neighbour for the next 45 minutes and my friend for the life. Good luck*» [Hola, amigos. Los amigos de Patrick son mis amigos. Patrick será mi vecino los próximos 45 minutos y mi amigo toda la vida. Buena suerte.]

II. LA TRADICIÓN DE LOS ASTRONAUTAS ÁRABES

El año del despegue, 1985, el príncipe tiene 29 años. Ha viajado ya por todos los continentes con su séquito principesco. Pero en el momento del lanzamiento, compruebo que es un hombre solo y noble, que suscita el afecto. Llegado el momento de la partida, el 17 de junio de 1985, con las viseras ya bajadas y enfundados los guantes, el príncipe Sultán saca el Corán y lee algunos versículos. Yo lo contemplo. Su sentido espiritual me desconcierta, a mí que cuando era niño leía la Biblia y que ahora no sé ya en qué creer. ¿Qué piensa el príncipe Sultán en el momento en que la nave abandona el suelo? La velocidad es de 28 000 kilómetros por hora, cerca de 8 kilómetros por segundo, y cada uno de nosotros puede comprobar que la Tierra es redonda y que Galileo tenía razón. Pero el príncipe no se siente desconcertado en modo alguno. Como confiará, un año después, a Alain Frachon, corresponsal del diario *Le Monde*, «la tecnología espacial no es, después de todo, sino una extensión de la gran tradición de los astrónomos árabes. Yo no he hecho sino seguir una tradición científica árabe que se ha manifestado después del advenimiento del islam».

La tradición científica árabe de la que habla el príncipe es la de la era abbasí, entre los siglos VIII y XII. El príncipe pensaba sin duda en sabios como Al-Juarismi para las matemáticas, como Al-Hazem para la óptica o Al-Biruni para la astronomía.

Hay que estar allá arriba para comprender cuán pequeños y frágiles somos sobre esta tierra frente a la inmensidad del espacio. Para darnos cuenta también de la belleza de nuestro planeta y de que esa belleza es fruto de un equilibrio muy tenue y muy sutil: un milagro en este inmenso universo. Uno toma conciencia de la modestia de nuestra dimensión.

La tradición judeocristiana y el Corán convergen. La azora 79, versículos 27 y 28, dice: «el cielo que Él ha edificado. Ha elevado la bóveda y la ha establecido armoniosamente». Y en la azora 21, versículo 33: «Hemos hecho del cielo una bóveda protegida. Alá es el que creó la noche, el día, el sol, la luna. Cada uno de ellos en una esfera navega».

¿Cómo no iban a ser sensibles a tal lenguaje los árabes del desierto, ellos que están entre dos infinitos, el de la arena bajo sus pies y el del cielo por encima de sus cabezas? Esos beduinos camelleros jamás han sido terrícolas, son «navegantes astronómicos», según la expresión de un diplomático que los conoce bien. El Corán es el más hermoso ensayo de cosmogonía humana y celestial, y eso es lo que tratan de demostrar sabios musulmanes como Al-Qazwini, que ha escrito un verdadero tratado de cosmografía. De hecho, para el musulmán, las lejanas estrellas, con su carrera eterna y algebraica según una trayectoria fijada, son el modelo por antonomasia de la sumisión a la ley divina; son, pues, verdaderas musulmanas. Al-Qazwini, como todos los sabios musulmanes anteriores a él, trata de demostrar que el mundo no es un mundo absurdo, sin leyes, sino que, por el contrario, está organizado hasta en los más mínimos detalles. El mundo está cifrado y corresponde a los sabios descifrarlo. Por ello, nada ha apasionado más a los sabios musulmanes que la astronomía. El error del mundo occidental ha sido creer que los musulmanes en general, y los árabes en particular, eran líricos, poco atraídos por lo racional y refractarios a la abstracción. La imagen de un mundo araboislámico incapaz de abordar la técnica, con el reflejo de siglos de decadencia, no debe ser retenida, pues para el Islam la ciencia, lejos de negar el más allá, no puede sino aportar la prueba de la grandeza de Dios y permitir descifrar los «signos» al aguzar la clarividencia. En la azora 27, versículo 42, se dice: «Se nos ha dado la ciencia y hemos sido sometidos a Dios (*muslim*)».

III. TECNOLOGÍA Y DESARROLLO

Al sobrevolar la Península Arábiga, su tierra natal, el príncipe Sultán mira ese cielo que todo beduino ha contemplado a menudo y siente que la nave espacial roza esos astros ya un poco menos lejanos. ¿Cómo no va a sentirse conmovido?

En varias ocasiones, veo que Sultán lee el Corán. Siete hombres entre cielo y tierra, lanzados al espacio. ¿Qué interés podría tener el príncipe en hacer teatro? ¿Quién osaría dudar de su sinceridad y de su fe? Un espisodio nos ha chocado particularmente. El sol va a aparecer, espectáculo sublime... Toda la Tierra está inundada de sol... ¿Cómo puede existir algo tan hermoso? Entre nosotros, sólo el príncipe tiene una respuesta. La azora 91 del Corán, titulada «El sol», comienza con estas palabras: «Por el sol y su claridad...». ¿Cómo no bendecir a su creador, cuando el Corán dice, azora 67, «la Realeza»:

Bendito sea aquel en cuya mano está la Realeza, todopoderoso, que ha creado la muerte y la vida [...], que ha creado los siete cielos superpuestos. Tú no ves desigualdad alguna en la creación del Bienhechor. Vuelve a ella la vista. ¿Ves algun fallo? Vuelve aún la vista dos veces más: tu mirada volverá a ti, cansada, agotada, sin haber descubierto defecto alguno.

He aquí lo que he sentido, y anotado después, durante el momento del lanzamiento. Seis minutos, echo una ojeada a mi vecino, el príncipe saudí Sultán, personaje que me fascina, un verdadero príncipe árabe. Sultán, que sólo tiene 28 años, es mi *alter ego*. La participación de este príncipe demuestra que los araboislámicos son capaces de enfrentarse a los más grandes retos tecnológicos de nuestro tiempo. Diplomado por la Universidad de Dénver, comandante del ejército del aire, el príncipe Sultán pasea su fuerte complexión entre los edificios de Houston, donde raramente lo veré vestido con la *zobe,* túnica blanca, y con el *kefieh* tradicional que él sabe llevar con elegancia, como debe hacerlo un personaje de sangre real. El príncipe resume su extraña situación entre el mundo moderno y la tradición, en esta frase: «En mi país, por la mañana vuelo en un F-15 Eagle y, por la tarde, en período de sequía, participo en las rogativas por la lluvia». Confieso sentirme impresionado por esta doble confianza en la ciencia y en el más allá. Ciertamente, el príncipe tiene a su disposición un lujoso Learjet que me gusta pilotar, pero la riqueza del príncipe es menos extraordinaria que esa fe en Dios y en la técnica.

La tecnología espacial —suele decir— debe formar parte del desarrollo de Arabia Saudí. Nosotros debemos estar definitivamente implicados, con todos los países árabes, en el dominio de las tecnologías punta del espacio, lo que no es, después de todo, sino la extensión de la gran tradición de los astrónomos árabes.

Durante el vuelo, el príncipe Sultán se entregará a largas manipulaciones de líquidos, para experimentar, en condiciones de ausencia la gravedad, la asimilación del agua y del petróleo, los dos mayores bienes, por defecto y por exceso, de Arabia. Tal vez sea eso también una extensión de la gran tradición de los alquimistas árabes.

IV. FE, TRADICIONES Y TÉCNICA

De hecho, el joven príncipe Sultán Ben Salman Ben Abdeaziz al-Saud encarna de forma casi demasiado perfecta el ideal saudí: el reino de Arabia Saudí querría convertirse en una sociedad moderna, a la vanguardia de la tecnología más avanzada, pero permaneciendo fiel a los valores tradicionales de la religión musulmana. Este príncipe sonriente, cuyo fino bigote da a su rostro un aspecto más viril, lleva con tanta soltura la vestimenta nacional saudí, la larga *zobe* blanca y el *kefieh* como el traje espacial. En la biblioteca del palacio familiar, un cuadro inmenso lo representa con su traje espacial al pie de la nave *Discovery*, mirando al cielo. Un cielo oscuro. Y al fondo del cuadro, dominando el cielo, se lee la fórmula de la *chahada*, la profesión de fe, el primer pilar del Islam, es decir, la primera obligacion fundamental del credo musulmán: *«La ilaha illa Allah wa Muhammad rasul Allah»* (No hay otro Dios que Dios y Mahoma es su profeta). En efecto, la fe conduce la vida de este joven príncipe, cuyo despacho está abarrotado de maquetas de aviones y de cohetes.

Podría pensarse que el éxito puede hacerle olvidar las tradiciones de su país, él que ha obtenido un diploma de honor del Aero-Club de Francia para el dúo Baudry-Al Saud, él, que, durante el vuelo, se verá sometido, como los demás, a obligaciones tales como la preparación del almuerzo, y que no rechazará nunca las tareas domésticas a bordo. Cierto es que a veces experimenta un sentimiento de extrañeza, hasta en su propio país, con los suyos. Como confiaba a Alain Frachon: «De todos modos, es para mí un sentimiento increíble lo que me produce, por ejemplo, hacer *jogging* por la tarde, con un atavío último grito, por las afueras de Ryad, a algunos metros de Diriya». Diriya es el pueblito del que su abuelo partió, a comienzos de siglo, hacia la conquista del reino. El príncipe es consciente de la mutación que ha proyectado a su país a un modernismo desenfrenado, sin que los saudíes hayan podido comprender plenamente lo que les ocurría... «No nos hemos dado cuenta verdaderamente de lo que ha pasado [...]. En cierto modo, mi misión espacial ha simbolizado este increíble salto adelante.» Él se da cuenta de que ha vivido una experiencia privilegiada, pero también de que ha tenido mucha suerte en relación con sus antepasados. «Somos una generación a la que todo le ha sido dado, que se ha despertado con universidades a su disposición. El futuro será más difícil. ¿Qué será mañana de Arabia Saudí?»

La fascinación del príncipe Sultán por la técnica occidental ¿es tanta como para adoptarla sin prudencia? No. «Si nos empeñamos demasiado en querer imitar a Occidente, arriesgaremos la pérdida de nuestra identidad.» Pero al igual que los sabios musulmanes de la Edad Media, que tradujeron las obras de los griegos y, a partir de ellas, hicieron avanzar la ciencia experimental, Sultán quiere dominar el saber. «Es un momento crucial que no podemos dejar pasar.» Y es cierto que uno de los objetivos del reino saudí y de sus siete universidades, con más de 100 000 estudiantes, es producir cerebros, materia gris.

En 1975, la Liga Arabe creó la Arab Satellite Communication Organization (ASCO), ampliamente financiada por Arabia Saudí. El príncipe Sultán anima a un equipo de investigadores de alto nivel. Suele decir a sus amigos: «Estamos suscitando una generación de científicos». Mientras muchos Estados musulmanes compran tecnología importada, Sultán considera que no basta con comprar, que hay que dominar la tecnología y ser capaz de producirla.

Todo esto a la sombra del Corán, pues no puede olvidarse que en Arabia Saudí la Constitución es el Corán y la ley es la *charia*. Se corta la mano del ladrón, el alcohol está prohibido y las mujeres están estrechamente vigiladas y ocultadas por la *abaya*, ese velo negro que las cubre de la cabeza a los pies. La enseñanza mixta está prohibida. Ningun cine, teatro, concierto. Pero si los saudíes tienen tanta confianza en la técnica es porque la consideran neutra y piensan por ello que no sirve de vehículo a «la filosofía occidental atea y marxista». Fahd al-Harthy, director de la revista saudí *Al-Yamama*, declara: «Porque este país es la cuna del Profeta y el lugar donde el Corán le fue revelado, los saudíes tienen una enorme responsabilidad hacia el mundo musulmán». Es esta responsabilidad la que impulsa al príncipe Sultán a multiplicar sus giras y conferencias por el conjunto de las universidades del mundo árabe. «Porque espacio y mundo árabe no parecían tener nada que ver y hasta eran antinómicos, la gente tiene un montón de preguntas que hacerme.»

Confieso no saber qué creer. Como Jean Rostand, yo casi podría declararme agnóstico. Pero ante las manifestaciones de fe de mi amigo y compañero, me siento un poco nostálgico, frustado, y pienso en Bruno Petit, el amigo sacerdote y cantante, que acaba de componer una canción para este vuelo, en la que entabla diálogo con su corazón. Ésta es la razón por la que decidí encabezar mi libro con esta frase de Edmond Rostand: «De la infancia nos queda esta extraña necesidad de que las cosas sean más altas que nosotros mismos». A esta extraña necesidad, el príncipe Sultán Ben Salman Ben Abdelaziz al-Saud ha aportado otra respuesta, la respuesta de la fe.

14. RUHOLLAH JOMEINI, SAVONAROLA DEL ISLAM

Paul Balta

Pocos dirigentes políticos o espirituales se han dado a conocer tan rápidamente en el mundo entero y han dejado en él una impronta tan fuerte, en unos años, como ha ocurrido con el imán Jomeini. Durante los diez años que precedieron a su muerte, sobrevenida el 3 de junio de 1989, se afirmó como el jefe supremo de los musulmanes chiíes. De una fuerza de carácter poco común, de una obstinación que asustaba y fascinaba a sus próximos, este revolucionario surgido de la Edad Media ha logrado movilizar a un pueblo inerme para derrocar a los Pahlavis, dinastía de reciente aparición que se apoyaba en una tradición monárquica de 2 500 años, y para humillar a los poderosos Estados Unidos que la apoyaban.

El patriarca de Qom —una de las ciudades santas de Irán— se ha inspirado siempre en Dios y ha fundado su acción en la interpretación de una ortodoxia, discutida por algunos de sus pares, de los preceptos del Corán. Este papel mesiánico, que ha intrigado e inquietado sucesivamente a Occidente, le ha valido sin embargo una audiencia considerable entre el pueblo iraní y en una gran parte de las masas árabes y musulmanas a las que vengaba de las humillaciones sufridas en el transcurso de una historia colonial aún reciente, tras un período de decadencia. También hacía temblar a la mayor parte de sus dirigentes, a los que reprochaba que se preocuparan más por sus intereses que por las necesidades fundamentales del pueblo y de la virtud islámica.

En un mundo musulmán desgarrado entre la sed de un retorno a las fuentes y las exigencias de la modernidad, Jomeini ha magnificado —pero a qué precio— la tradición chií del justo inconformista y perseguido que tiene la pasión del martirio. Ha sido, a los ojos de Europa, una mezcla de Savonarola y de Saint-Just. Como el austero e implacable predicador florentino, que quería reformar las costumbres por la modificación de la vestimenta, la supresión de los juegos y de las fiestas profanas, la lucha contra la usura y la lujuria, Jomeini preconizaba una revolución moral. Como Saint-Just, creía en la virtud purificadora de la sangre vertida pero, contrariamente a aquél, su pensamiento social, lejos de innovar para el futuro, estaba orientado a la aplicación de los principios que regían la sociedad musulmana en el siglo VII, principios que eran revolucionarios en la época. Es esta distorsión la que ha dado la sensación de que su empresa consistía en una revolución al revés.

I. UNA VIDA ASCÉTICA

Nacido en el año 1900, en la provincia de Jomein, Ruhollah —tal es su nombre, que significa «espíritu de Dios»— pertenecía a una familia de religiosos; su abuelo, su padre y su hermano mayor eran ayatolás. Este medio familiar lo condicionó en el triple plano religioso, político y social. Fue criado por su tía paterna, después del asesinato de su padre, Mostefá Musavi, por un señor feudal; su tía persiguió encarnizadamente al asesino hasta lograr que fuese ejecutado. Esa mujer de tan fuerte carácter enseñó al joven Ruhollah que el poder es el resultado de una relación de fuerzas y que los principios del islam deben ser aplicados no mediante discursos sino por una acción implacable contra los incrédulos que se oponen a ellos.

Ruhollah, que pierde a su tía a la edad de quince años, prosigue sus estudios religiosos, antes de enseñar, doce años después, en la facultad de teología de Qom. Sus discípulos admiran a la vez su ciencia y su «dimensión moral». Él se impone una estricta disciplina cotidiana, lleva una vida ascética, a menudo se conforma con un tazón de sopa, no duerme más de cinco o seis horas diarias, mantiene una intensa actividad espiritual y dedica buena parte de la noche a la lectura y a la meditación del Corán. Al mismo tiempo, es testigo de levantamientos populares contra Mozafar Din Cha, así como de la adopción de la Constitución de 1906 que proclama la abolición del poder absoluto. También es testigo de la instalación, en 1925, del régimen implacablemente modernizador de Reza Jan, fundador de la dinastía Pahlevi.

No separa religión y política, de conformidad con la tradición del chiísmo que, desde sus orígenes, ha planteado el problema del poder, considerándolo basado en dos poderes: el imanato (véase el capítulo sobre el chiísmo) y la justicia. Según la fórmula del célebre iranólogo Henri Corbin, «el Corán es el imán mudo, el imán es el Corán parlante», el religioso chií, coordinador de la comunidad, debe al mismo tiempo interpretar los textos sagrados, hacer reinar la justicia y defender al oprimido contra el opresor, aunque éste sea el monarca, un Estado extranjero o un simple particular. Así pues, desde la primera época de su vida tendrá que luchar contra Reza y después contra su hijo, Mohamed Reza.

Tres temas han dominado sus intervenciones a lo largo de toda su vida: la libertad, la independencia y el rechazo de la dominación extranjera. El país está en peligro, explicaba, porque el chah representa el «mal absoluto» y es «el instrumento de potencias satánicas» (extranjeras). Observó con escepticismo la nacionalización del petróleo por Mosaddeq, en 1951, pues dijo «las reformas son imposibles sin independencia y ésta será un engaño mientras siga reinando esta dinastía». Sus vigorosas críticas a Mohamed Reza le valieron ser detenido, el 3 de junio de 1963, lo que suscitó imponentes manifestaciones de protesta, ahogadas en sangre por el general Oveisy, quien será asesinado en París por agentes de la República islámica después de su proclamación en 1979.

Liberado un años más tarde, continúa sus filípicas.

¿Cómo queréis modernizar Irán si detenéis y matáis a los intelectuales? Queréis hacer de los iraníes instrumentos dóciles y pasivos al servicio del poder y de vuestros amos extranjeros; la verdadera modernización está en formar a hombres que tengan el derecho de elegir y de criticar, a combatientes que sepan resistir al dominio exterior, a la injusticia y al saqueo,

dijo en un discurso de Qom contra el Palacio, que sería célebre. Laicos y nacionalistas no dejarán de recordarle estas palabras cuando sean víctimas de la represión y de la censura de la revolución islámica triunfante.

II. EL EXILIO Y EL REGRESO

Exiliado a Turquía, se dirige rápidamente a la ciudad santa de Nejef, en Irak. Allí vivirá quince años con su familia, hasta que Bagdag se inquiete a su vez ante las consecuencias que sus inflamados llamamientos puedan tener en sus relaciones con Teherán e incluso sobre los chiíes iraquíes —más del 50% de la población—, que soportan mal el autoritarismo represivo del partido Baas en el poder. Los jefes de Estado musulmanes de la región, que cuentan también con chiíes entre sus poblaciones, no desean acoger a este santo hombre incómodo, que tiene al fin que encontrar refugio en Francia, en Neauphle-le-Château, el 5 de octubre de 1978.

Entre tanto, Jomeini ha escrito mucho. Citemos, entre otras obras, *Les Clés de la spiritualité, Le Déchiffrement des idéologies au pouvoir, Essai sur le vouloir et la décision, Le plus grand combat ou la lutte contre les faiblesses de soi-même, L'État injuste, Pour un gouvernement islamique* [1] en el que expone su filosofía política y religiosa. Denunciando el despotismo, el colonialismo y el imperialismo, escribe: «Cada vez que ha aparecido un hombre de gran envergadura, o bien lo han matado, o encarcelado o exiliado, o bien le han acusado de hacer política. Pues bien, político era el Profeta [...]. Quieren hacer lo que les dé la gana sin que nadie les cierre el camino».

Desde su modesto chalé de los arrabales de París, el exiliado inicia la fase activa y pública de su acción política y se empeña en el último combate contra el chah, del que saldrá vencedor. Orquesta a distancia —gracias a las casetes introducidas en Irán y escuchadas por todo un pueblo— los grandes desfiles que desmoralizan al Palacio, anima las huelgas que paralizan el país y socavan las bases del poder. El 16 de enero de 1979, el chah y su familia abandonan Teherán. El 1 de febrero, acogido por cuatro millones de personas, una de las concentraciones humanas más grandes de la historia, al ayatolá Jomeini entra triunfalmente en Teherán. Plebiscitado, conmina a Chapur Bajtiar, primer ministro del chah, a retirarse, y nombra a Mahdi Bazargan primer ministro. La insurrección popular de los días 10, 11 y 12 de febrero provoca el hundimiento del ejército y de la monarquía y la partida de unos 40 000 consejeros militares norteamericanos. El 1 de abril, tras el referéndum de la víspera, se proclama la República Islámica de Irán.

III. EL PODER DEL *VELAYAT FAGIH*

Jomeini proclama el poder del *velayat fagih* (gobierno del jurisconsulto religioso) y se erige en el «guía supremo» de la revolución islámica.

---

[1] París, Fayolle, 1979; sus otras obras no han sido traducidas al francés.

Concentra en sus manos el poder espiritual, que le da también el control del poder temporal, y recibe estos títulos: «valiente combatiente», «jefe supremo», «guía sublime», «Moisés de los tiempos modernos», «destructor de ídolos», «exterminador de tiranos», «liberador de la humanidad». Explica entonces que «la revolución no tenía por finalidad derrocar al régimen monárquico sino la de implantar los fundamentos de una república de inspiración divina».

Los *komiteh* Jomeini y los *pasdarans* (guardianes de la revolución) se extienden por todo el país. El imán, que tan a menudo había reclamado, desde el exilio, el respeto de los derechos del hombre, deja actuar a los tribunales revolucionarios que dictan sentencias sumarias y hacen proceder a ejecuciones que no lo son menos. Él, que había afirmado en Francia que el gobierno islámico garantizaría la libertad de pensamiento y de expresión, no levanta la voz cuando los comités, que afirman actuar en su nombre, cierran los periódicos «malpensantes», atacan a los militantes de izquierda, boicotean a los intelectuales de tendencias laicas y golpean a las mujeres que no llevan el chador. Él, que había exaltado los principios igualitarios del islam, recurre a la fuerza contra las minorías étnicas, particularmente contra kurdos y árabes, que reclaman la autonomía.

Tal es el contexto en que, el 4 de noviembre de 1979, los estudiantes islámicos «en la línea del imán» ocupan la embajada de Estados Unidos y toman como rehenes a 52 diplomáticos para obtener la extradición del chah, que estaba recibiendo tratamiento médico en Washington. Esta acción cambia el curso de la revolución: considerado excesivamente moderado, el primer ministro Mahdi Bazargan es forzado a dimitir; el régimen se radicaliza y se impone el jomeinismo, versión irano-chií del islamismo.

Con una innegable habilidad, el régimen elimina de la escena política, uno tras otro, a los movimientos y a los partidos rivales, comenzando por los eslabones más débiles: organizaciones universitarias laicizantes, uniones profesionales democráticas, Liga de los Derechos del Hombre, Frente Nacional. Como la Revolución francesa y otras que le han seguido, ésta va a conocer también su fase de terror y devorar a sus propios hijos. En política exterior, el tono se endurece; los medios de comunicación reflejan los anatemas lanzados por el imán Jomeini y por los molahs contra los regímenes musulmanes «corrompidos y traidores al islam», sobre todo en los Estados del Golfo. Redes clandestinas organizadas durante el exilio de Jomeini en Nejef se ramifican y amplían en Irak y en otros países musulmanes.

IV. LA GUERRA IRAK-IRÁN

Sube la tensión entre Bagdad y Teherán. El imán denuncia al «Pequeño Satán» servidor del «Gran Satán» (norteamericano) y exhorta a los iraquíes a «derrocar a Saddam y a su gobierno ilegítimo, al Baas y a toda su banda diabólica». Los dos países se adentran en el fatal engranaje que les conducirá a la guerra. Persuadido de ser a la vez el blanco de una conspiración internacional y el protegido de Dios, Jomeini siente tanto más la tentación de exportar la revolución islámica cuanto que la situación interior va degradándose cada vez más. Sintiéndose provocado, Irak va a atacar. Al ordenar a las tropas iraquíes que penetren en Juzistán (Arabistán) el 22 de septiembre de 1980, el presidente Saddam Hussein espera provocar la caída del régimen de Teherán. En realidad, lo salva.

La guerra despierta al profundo nacionalismo persa. Hasta los adversarios del régimen cierran filas en torno a Jomeini para defender a la patria. Las hostilidades ocultan el gran proyecto de nueva sociedad islámica prometido en 1978-1979, que los religiosos han sido incapaces de aplicar. Sin embargo, el 28 de junio de 1981, un atentado causa una hecatombe: una explosión en la sede del Partido de la República Islámica mata a más de cien personas, entre ellas al ayatolá Behechti, presidente del Parlamento, considerado como el número dos del régimen. El día 30, es asesinado el presidente de la República, Mohamed Alí Rayai, que había reemplazado al destituido Abol Hassan Bani Sadr. El imán Jomeini permanece impasible; estas pruebas no afectan a su convicción de que él es el instrumento de Dios en la Tierra. Convoca nuevas elecciones. El 2 de septiembre de 1981, el hojatoleslam Alí Jamenei es elegido. Por vez primera en su historia, Irán tiene a religiosos al frente de todos los puestos clave del Estado: el presidente de la República, el primer ministro, el presidente del Parlamento, Alí Rafsanyani [2], son miembros del clero, al igual que varios ministros responsables de importantes organismos.

---

[2] Ha sido elegido presidente de la República el 28 de julio de 1989.
Consúltese: A. Taheri, *Khomeiny,* París, Balland, 1985. Ch. Delannoy y J.-P. Pi-

La reconquista del Juzistán, iniciada en septiembre de 1981, acaba victoriosamente en junio de 1982, al tiempo que las fuerzas israelíes invaden el Líbano. El presidente Saddam Hussein propone nuevamente el cese de las hostilidades y sugiere a los ejércitos «luchar contra el enemigo común sionista». Jomeini responde con esta orden: «El camino de Jerusalén pasa por Bagdag. Adelante hacia Bagdad». Lanza oleadas humanas, que tienen prometido el Paraíso por su sacrificio, al asalto de las defensas iraquíes. Pero los «milagros de la fe» no se producen. Los iraquíes, con una inferioridad numérica de uno contra tres, resisten, y los chiíes de Irak continúan sordos a los llamamientos a la rebelión lanzados por Teherán. Pero el conflicto causará, en ocho años, más de un millón de muertos, según todas las estimaciones.

El imán Jomeini ha sido, hay que admitirlo, el principal obstáculo a la paz desde 1982. Quería proseguir la guerra por razones estratégicoreligiosas: una victoria iraní habría favorecido la de la revolución islámica en el mundo arabomusulmán, incluidas las repúblicas musulmanas de la URSS y facilitado el reconocimiento del chiísmo como una de las dos ramas de la ortodoxia en pie de igualdad con el sunnismo, mayoritario en un 90%; en fin, la victoria habría satisfecho las ambiciones de Irán como potencia regional desde el Líbano a Afganistán, pasando por los Estados del Golfo.

El 18 de julio de 1988, se decide por fin a aceptar —«como quien absorbe un veneno»— con un año de retraso, la resolución 598 del Consejo de Seguridad de la ONU, que impone el alto el fuego. Esta decisión representaba una victoria de los pragmáticos sobre los radicales. El desenlace del conflicto amenazaba con imponer la razón de Estado sobre la «ideología revolucionaria» o, lo que es lo mismo, asestar un severo golpe a la ideología jomeinista y al islamismo, como la derrota de Egipto, en 1967, frente a Israel, había iniciado la decadencia del naserismo y del arabismo.

V. EL CASO DE LOS «VERSÍCULOS SATÁNICOS»

Jomeini así lo comprendió. Por eso es por lo que, en febrero de 1989, al día siguiente del décimo aniversario del triunfo de la revolución,

---

chard, *Khomeiny, la révolution trahie,* París, Carrère, 1988. Abdel Hassan Bani Sadr, *Le complot des ayatollahs,* París, La Découverte, 1989.

abre el caso de los *Versículos satánicos* y lanza llamamientos al asesinato del novelista Salman Rushdie. Su designado sucesor, el ayatolá Montazeri (destituido en marzo) acababa de denunciar «los graves errores» del régimen que habían «arruinado la imagen de Irán», y afirmaba que «no se habían alcanzado los objetivos de la revolución», para reclamar seguidamente la democratización de la vida política.

Más allá de los motivos religiosos que hayan podido inspirar la condena de los *Versículos satánicos*, Jomeini pretendió igualmente, y a la vez, tomarse la revancha contra los pragmáticos, ocultar los problemas que desgarraban a Irán y la corrupción reinante, frenar la apertura a Occidente, restaurar su propia autoridad y obligar a los candidatos eventuales a la elección presidencial, prevista para el verano, a adoptar una línea radical. Pretendió asimismo reafirmar el vigor del chiísmo frente a la moderación sunní y situarse como el jefe supremo de ese mundo musulmán al que con tanto empeño quería despertar.

La guerra del Golfo quedará sin embargo como la ilustración y el símbolo de los desgarramientos del mundo islámico contemporáneo, al oponer al Baas panárabe, modernista, laicizante y socializante, y al jomeinismo panislámico, y, más allá de esto, a dos concepciones de la religión y de su papel.

Finalmente, pese a su fe profunda y a su innegable estatura, Ruhollah Jomeini aparece, hasta para la mayoría de los musulmanes, como un hombre de rechazos más que de proyectos. Ha sido también el hombre de la revancha. Revancha de los religiosos, a los que devolvió el poder que les había quitado la dinastía modernista de los Pahlavi, por más que su modernidad fuese sentida por muchos iraníes como una violación cultural. Revancha de los chiíes, minoritarios en el islam, sobre los sunníes, que tan a menudo les han despreciado.

Aunque devolviese el poder al clero chií, era un poder que parecía más preocupado por rehabilitar un pasado periclitado que por inventar el futuro para permitir a los musulmanes estar al diapasón del mundo. En la era de la informática y de los satélites, Jomeini dejó a Irán más pobre de lo que lo habían encontrado ya los iraníes, en lucha con inmensas dificultades económicas. Sus sucesores tienen conciencia de ello. Han renunciado a aplicar con la misma intransigencia que él el principio del *velayat fagih*. Y aunque hayan rendido un inmenso homenaje al hombre que inspiró una de las más poderosas revoluciones del siglo XX, se han dado cuenta igualmente de que si aplican sus directivas rígidamente arriesgan hacer entrar a Irán —y tal vez al islam— a reculones en el siglo XXI.

15. ABDELHAMID, IBN BADIS, REFORMADOR Y NACIONALISTA

ABDELKADER RAHMANI *

Jeque Abdelhamid ben Muhammad al-Mustafá ben Makki ben Ibn Badis nació en diciembre de 1889, en Constantina, y murió el 16 de abril de 1940, a la edad de cincuenta y dos años.

De una gran familia burguesa de Constantina, dedicada a la magistratura y a la administración musulmanas, Ibn Badis se enorgullecía de la ascendencia beréber de su familia, surgida de la tribu Zirí de los Sanhaya, uno de los grandes grupos beréberes del Magreb. Emires de Ifriqiya en nombre de los fatimíes que habían conquistado Egipto en 969, los ziríes reinaron hasta 1512; pero en 1041, Al-Muizz ben Badis rechazó la obediencia fatimí para reconocer al califato abbasí; recibió entonces el título de «comendador de los creyentes en el gobierno de todo el Magreb». Los rasgos de carácter, poco comunes, de ese hombre, tienen analogías sorprendentes con los de nuestro Ibn Badis. Con esa ruptura y con su reconocimiento por Bagdad, Ifriqiya afirmaba su voluntad de independencia. En la crónica relativa a este acontecimiento, Ibn Jaldún escribe: «No está ahí únicamente la historia de nuestra familia sino también la historia gloriosa de toda el África del norte musulmana».

I. ESBOZO DE UN DESTINO

La evocación de la historia de la dinastía de los Badis de Ifriqiya, ligada y luego liberada de los conquistadores fatimíes, puede servirnos de paralelismo para la comprensión de las opciones tomadas por Ibn Badis para cumplir su destino. Durante la conquista francesa, su abuelo, el cadí Si al-Makki, era el jefe de la familia Badis. Luego será cadí en la Dirección divisionaria de asuntos árabes, y Napoleón III le condecorará personalmente en 1864.

---

* Presidente del Colegio Internacional del Tercer Mundo.

Su padre, Muhammad al-Mustafá, gran propietario y ganadero, ocupó sucesivamente los cargos siguientes: consejero municipal de Constantina, consejero general del departamento, aga de Constantina en 1929, bachaga honorario en 1930, asesor de la federación de los elegidos del departamento, consejero de Comercio Exterior de Francia, gran cruz de la Legión de Honor. Murió en 1951.

El mayor de sus hermanos, Mulud al-Zubair, participó activamente en la vida social y política de la administración colonial. Era consejero general y miembro de delegaciones financieras argelinas.

Con lo dicho, queda claro que Abdelhamid, Ibn Badis, por su familia, lo tenía todo para hacer una carrera brillante y segura en la administración colonial. Pero las cosas ocurrieron de otro modo. Puede decirse que siguió al pie de la letra lo que su antiguo y venerado maestro en Constantina, el jeque Hamdán Wanisi, le recomendó durante se peregrinación a Medina. En su revista *Al-Chihab*, junio-julio de 1938, Ibn Badis lo contó así: «Me recomendó insistentemente que no aspirara nunca a una función pública, que no la aceptara y que no utilizara mi saber como medio de llegar a ella, como lo hacían entonces la mayoría de mis iguales».

II. ITINERARIO DE UN REFORMISTA

No se sabe gran cosa de su infancia. Debió de parecerse a la de todos los hijos de las grandes familias tradicionalistas de Constantina, impregnadas de modales y costumbres turcas, que han forjado una burguesía argelina diferente de las demás.

Constantina era un centro política e intelectualmente activo, en el que, sin duda, la infancia de Ibn Badis se bañó en un ambiente que le abrió a los problemas que más tarde serían el fermento de su combate. La influencia psicológica y cultural de sus medios, ascendencia beréber, cultura musulmana y francesa, no han dejado de entrar en conflicto cotidiano con sus precoces aspiraciones a la acción.

Hizo sus estudios primarios en Constantina, en árabe y en francés. Tuvo como primer maestro al jeque Hamdán Wanisi, por el que siempre sintió extraordinario afecto y reconocimiento. Deseoso de perfeccionar su instrucción en árabe, su padre le envió a la Zaytuna de Túnez de 1908 a 1912.

Su regreso a Constantina fue de corta duración y constituyó tal vez la primera decepción en sus ambiciones. Tuvo que renunciar a sus deseos de dedicarse a la enseñanza privada, ante la oposición del muftí local. Decidió entonces emprender un viaje por el Medio Oriente, «fuente de luces islámicas y centro de la cultura árabe» [1].

En Medina, Ibn Badis visita a su viejo maestro Wanisi, que se había retirado allí desde 1904. Éste, después de las exhortaciones ya citadas, le dio un mensaje de recomendación para el jeque Bahit al-Multií, en Halwan (El Cairo), eminente figura del islam en Egipto. Este jeque redactó una certificación en su libro de certificados de lectura y de transmisión (*iyaza*).

Ibn Badis tenía entonces 24 años. Su peregrinación a Medina, su visita a Al-Azhar y su encuentro en Halwan con un maestro del que puede prevalerse, prefiguran, si es que no confirman ya, sus opciones espirituales.

De regreso a Constantina, se establece como enseñante en la Mezquita verde (abril de 1914), investido de sus títulos de *alim*. Ejerció ordenada y discretamente su oficio de pedagogo durante todo el período de la guerra (1914-1918).

En 1919, Marthe y Edmund Gouvion piden al joven Badis que escriba una página en árabe para servir de presentación a su obra *Kitab Aayane El-Magariba* [Libro de los notables magrebíes]. Esos años dedicados a la enseñanza, junto a numerosos estudiantes, le han dado materia de reflexión... Tal vez la solicitud de los Gouvion fue el resorte que le impulsó a salir de esa discreción, demasiado estrecha para su envergadura.

Aspiraba a desempeñar un papel público, a llevar su saber, su testimonio, más allá de su círculo de Constantina. Lo buscó a través del periodismo. Su primer contacto con la prensa se produjo con motivo de la creación del periódico *Al-Nayah* [El Éxito]. De 1919 a 1939 fue el mejor diario árabe de información en Argelia, bajo la dirección de Mami Smail.

Pero Ibn Badis no cesó de buscar los medios y la ocasión de crear su propio órgano de expresión para la difusión de sus ideas reformistas. No lo logró hasta 1925, cuando lanzó *Al-Muntaqid* [El Censor], que llevaba este subtítulo: «Periódico independiente, patriótico, en acción por la felicidad del pueblo argelino con la ayuda de la Francia democrática».

Después de dieciocho números, *Al-Muntaqid* fue prohibido. Lanzó enseguida otro título: *Al-Chihab* [El Meteoro], cuyo primer núme-

---

[1] A. Merad, *Ibn Badis, commentateur du Coran,* París, P. Geuthner, 1980.

ro lleva la fecha del jueves 25 rabiaa II 1344/12 de noviembre de 1925. La elección de su título está cargada de significaciones literarias y religiosas...

III. EL «CENSOR» Y EL «METEORO»

Humanista y religioso ante todo, su pensamiento es, según Alí Merad, reformista: «restituir el pensamiento de los Salaf [antiguos] por una atenta y modesta lectura de la Revelación, mediante la búsqueda en ésta de motivos de edificación más bien que de argumentos para imponer un sistema o mantener controversias»[2]. Es también «de orden espiritual, ético, sociopolítico y cultural».

Su visión puede resumirse así: «Edificación de una ciudad musulmana adaptada a su época, pero fiel al espíritu del islam»[3].

Para mejor comprender el pensamiento de Ibn Badis en todos sus aspectos, es preferible remitirse a sus propias opciones, definidas por él mismo en su «Comentario del Corán», en la revista *Al-Chihab*. Ahí puede seguirse la evolución de su pensamiento al hilo de los acontecimientos y del contexto sociopolítico de Argelia y del mundo.

Su primera manifestación escrita, muy reveladora, es su pieza de doce versos que encabeza el libro de Marthe y Edmond Gouvion, que Ali Merad incluye en su libro y que merece una gran atención:

La cultura crea un lazo que prevalece sobre el parentesco, para personas ilustradas, sean árabes o no árabes.

Cuando están nutridos de ciencia, los hombres son comparables a los miembros de una misma familia, rodeados de una madre y de un padre bondadosos.

Venido de Francia, Gouvion se preocupa por resucitar el renombre de las familias ilustres del Magreb.

Es habitualmente un motivo de satisfacción para los seres nobles evocar los grandes nombres entre los de la gente bien nacida[4].

Los títulos de sus dos revistas: *Al-Muntaqid* (El Censor) y *Al-Chihab* (El Meteoro) son reveladores. La palabra 'chihab', frecuentemente

---

[2] Ob. cit., p. 17.
[3] Ob. cit., p. 12.
[4] Ob. cit., p. 32.

empleada en el Corán, inspira el editorial del primer número (12 de noviembre de 1925):

Al-Muntaqid ha sido suspendido; pero he aquí a su «hermano» *Al-Chihab*. Un *chihab* «estrella» en el cielo de la libertad, de la fraternidad, de la igualdad, ideales exaltados por el Islam, los mismos por los que han muerto los franceses libres y que han permanecido como la divisa de Francia, allí donde ondee su bandera tricolor.

Un *chihab* «antorcha» que disipa las tinieblas de la ignorancia, de las supersticiones y del error [...] e ilumina el Camino de la Verdad y de la Dirección a los misioneros del Islah y de la Rectitud.

Un chihab «meteoro» vigilante, defensor de la verdadera religión contra los atentados de los impostores y de los cómplices de censurables innovaciones.

Obsérvese la ambivalencia de este texto, lírico y militante, enérgico y afectivo.

Su francofilia se manifiesta a menudo en sus actitudes y en sus escritos. Sería la sombra de su empresa si se omitiese disociar lo afectivo hacia una cultura y un pueblo del combate contra todo lo que tiene de malo.

IV. EL HOMBRE DE ACCIÓN Y EL PENSADOR

Ibn Badis se impone como una de las más grandes figuras del renacimiento nacional. A través de sus palabras, de sus escritos, de sus conferencias, no cesó de proclamar que no aceptaría ningún compromiso susceptible de modificar la personalidad argelina. Pero limitarse a hablar y escribir no era suficiente. Lo afirmó él mismo: «Sólo el acto puede convencer, no únicamente la palabra».

En 1931, fundó la Asociación de los Ulemas Musulmanes Argelinos (AUMA), de la que fue presidente. En el *Chihab* de julio de 1932 precisa sus objetivos:

Lo que queremos es despertar a nuestros compatriotas de su sueño, enseñarles a manifestarse, a reivindicar su parte de la vida en este mundo. Hemos jurado ante nosotros mismos no descuidar ningún medio para sacarles de su letargo, para advertirles de los peligros que corren, de modo que los explotadores del interés privado, los traficantes de conciencia, los sobornadores de espíritu sacrílego no puedan seguir ejerciendo su influencia sobre los ignorantes. Ésta es nuestra verdadera finalidad, ni más ni menos.

Hizo una campaña encarnizada contra el morabutismo, esas «bestias domésticas del coloniaismo».

Periodista desde 1925, animador de la AUMA desde 1931, organizador de la enseñanza libre del árabe, reformista del Islam, hombre político, fue pensador y hombre de acción a la vez.

Su comentario coránico, creación puramente personal, representa el aspecto más original y duradero de su obra reformista. Este *tafsir* (comentario) cobraba la importancia de un acontencimiento cultural islámico en la historia de Argelia musulmana, que, desde el jeque Abderrahmán Al-Taalibi (muerto en 1480) no había tenido ningún exegeta del Corán. Gracias a su nuevo método de exégesis aplicado a una elección particular de pasajes coránicos al alcance de la gente, Ibn Badis se convirtió en el maestro y guía de la comunidad musulmana argelina. Él estaba contra los estudios escolásticos, a los que llamaba desdeñosamente «las reglas» (*al-qawaid*); él se pronunciaba por un saber islámico (*al-ilm*) extraído de un estudio inteligente de la Revelación y de la santa Tradición del Profeta.

Quería reaccionar contra la muy arraigada costumbre en Argelia de esperarlo todo del Machrek, como si Oriente fuese la fuente misma de la ciencia islámica y el poseedor exclusivo del genio árabe: «por interesarnos demasiado por Oriente, hemos acabado por olvidarnos de nosotros mismos», escribe en el *Chihab*. En resumen, trató de edificar una ciudad musulmana adaptada a su época, en la fidelidad al espíritu del Islam.

V. EN LA CHARNELA DE LO NACIONAL Y LO RELIGIOSO

Su infancia y su adolescencia fueron testigos de grandes acontecimientos que influyeron en él:

— la partida de su maestro el jeque Hamdan Wanisi, sus cuatro años en la Zaytuna de Túnez, donde reencontró a su gran amigo Abdelaziz al-Taalibi (1908-1912).

— el movimiento de los «Jóvenes Tunecinos» (Bachir Sfar) y las asonadas de 1911.
— la guerra italo-turca (1911-1912) y los italianos en Tripolitania.
— el decreto de 28 de febrero de 1911 por el que se instauraba el empadronamiento anual de los argelinos, que le hizo marcharse de Argelia.
— el protectorado francés en Marruecos, en 1912.
— los acontecimientos internacionales fomentados por las grandes potencias que decidieron la suerte de Africa, así como la del imperio otomano.

Había ahí materia y ocasiones suficientes para que un gran pensador decidiese lanzarse a la acción social, religiosa y política.

Su encuentro en La Meca con el jeque Brahimi desempeñó igualmente un gran papel, así como la influencia de dos grandes pensadores árabes, Yamal al-Din al-Afgani y el jeque Abduh, su discípulo, en el curso de sus estudios en Túnez y en La Meca. Reseñemos también las afinidades entre él mismo y Rachid Rida, a quien tenía por guía en materia de exégesis coránica.

De un compromiso cultural hizo un acto religioso, de una religión hizo una bandera nacional. Tal fue la obra de Ibn Badis. Dos de sus frases ilustran su pensamiento y su acción: «el islam es mi religión, el árabe, mi lengua, Argelia, mi patria», y «Argelia está basada en el trípode de la etnia beréber, la lengua árabe y la religón musulmana».

Por la búsqueda incesante de las riquezas espirituales y morales a través del *tafsir*, entendido no como disciplina de erudición sino como conocimiento exacto de las enseñanzas de la Escritura, de su valor formativo en el plano moral y de su papel rector en la acción y en la vida social; por la creación de una escuela libre para la educación de la juventud (inauguró 200 escuelas); por la propagación de la lengua árabe y de la moral religiosa en las capas vivas del país (a veces daba hasta 14 clases al día a unos 300 estudiantes), se afirmó como el promotor y el maestro del movimiento reformista argelino. Esta corriente fundamentalista islámica fue el origen de una renovación profunda de la identidad política y cultural islámica, en la línea oriental de Muhammad Abduh y de Yamal al-Din al-Afgani. Era, de hecho, el retorno a los fundamentos del Islam. En el esfuerzo general de los reformistas modernos por llegar a «la autenticidad» islámica, la parte de Ibn Badis es considerable.

Más que una simple enseñanza destinada a la joven generación de su época —escribe Ali Merad— los Magalis Al-Tadkir quieren testimoniar ante la historia. En cierto sentido, representan, por la voz de Ibn Badis, la aportación de la comunidad musulmana argelina al movimiento general del pensamiento islámico en la primera mitad del siglo XX.

Adversario implacable del fetichismo morabito, de las supersticiones religiosas, Ibn Badis tenía también conciencia de participar en la lucha contra la opresión colonial: primicias de una nación argelina... Aunque francófilo, estaba contra la política de asimilación: «La nación argelina no es Francia, no puede ser Francia y no quiere ser Francia. Es imposible que sea Francia, aunque quiera la asimilación. Tiene su territorio determinado que es Argelia, con sus límites actuales» (*Al-Chihab*, abril de 1936).

Manifestó con claridad su odio al fascismo, y, refiriéndose a la actitud del partido comunista, dijo: «Nosotros no olvidaremos que el partido comunista fue el primero que preconizó una actitud inteligente y humana para con los pueblos colonizados».

Este homenaje a un partido situado en los antípodas de toda religión, define bien la personalidad de Ibn Badis, situada en «la charnela de lo nacional y lo religioso».

16. SAYYID QUTB, TEÓRICO DEL ISLAMISMO

OLIVIER CARRÉ*

Al parecer, nació en 1906, en un pueblo del Alto Egipto, cerca de Asiut, Mucha, una localidad mixta coptomusulmana [1]. Asiste a la escuela gubernamental y no a la escuela coránica, pero, se ha dicho, se aprende de memoria y por su cuenta el Corán en su totalidad a la edad de diez años. Su padre Ibrahim, un notable rural, pequeño propietario endeudado, está afiliado al Partido Nacional de Mustafá Kamil y mantiene en su casa reuniones del partido en torno a la revista *Liwa* [Estandarte]. Sayyid obtiene buenos resultados en la escuela, pero en 1918 su padre decide enviarle a El Cairo para aprender un oficio que sea lo suficientemente lucrativo como para ayudar a pagar las deudas de la familia, es decir, para recuperar el patrimonio familiar. Sin embargo, la revolución nacionalista de 1919 en El Cairo aplaza su instalación a 1921, en los arrabales del sur, en casa de su tío, un periodista afiliado al recién fundado partido *wafd* de Saad Zaglul, el héroe de 1919.

Al parecer, interrumpió durante algún tiempo sus estudios, antes de asistir a una escuela de formación de maestros, entre 1925 y 1928, y de ser admitido luego, en 1928, en *Dar al-ulum* [Casa de las ciencias], una especie de Escuela normal literaria y religiosa modernista, fundada por Muhammad Abduh, en 1872, en competencia con la tradicional Universidad de Al-Azhar. Diplomado en 1933, después de dos años preparatorios y tres de escuela, ejerció su función de profesor de diversas materias en provincias y después en Heluán, cerca de El Cairo, donde se estableció con su madre, sus dos hermanas y su hermano. A su salida de la escuela había hecho editar un libro de poemas, *Al-chati al-majhul* [La playa ignorada], y un ensayo sobre «las tareas del poeta en la vida y en la poesía de la generación actual» (*Muhimmat al-Chair fi l-hayat wachir al-jil al-hadir*), ambos en

---

* Director de investigación en la Fondation Nationale des Sciences Politiques (CER).
[1] S. Khalidi (1981).

1933. Se relaciona con el escritor Mahmud Abbas al-Aqqad, unos cuantos años mayor que él, periodista wafdista y novelista y, más tarde, ensayista religioso. Sayyid Qutb parece haber estado muy influido por Aqqad, al que secundó en su polémica con Taha Hussein, el joven gran escritor que ya se había ilustrado con su tesis sobre la poesía árabe preislámica (de la *yahiliya*), en 1926, tan violentamente discutida por la Universidad de Al-Azhar y por una gran parte de los escritores musulmanes llamados modernistas. Así, en 1939, como réplica al famoso ensayo «mediterráneo y europeo» de Taha Hussein sobre la cultura egipcia por edificar, Qutb escribe una «Crítica del libro: El porvenir de la cultura en Egipto» (*Naqd kitab: Mustaqbal al-zaqafa fi Misr*).

Se afilia durante algunos años al partido *wafd* y publica varios artículos en la prensa. Es probable que los años de guerra le pusieran en contacto con la Sociedad de los Hermanos Musulmanes, cuyo fundador (en 1927) y maestro, Hassan al-Banna, su contemporáneo, le había precedido en tres años en Dar al-ulum, que cuenta con varios simpatizantes o miembros de la sociedad. El hecho es que rompe con el *wafd*, se adhiere probablemente durante un tiempo al pequeño partido saadista (favorable al Rey) y luego se liga con la fracción musulmana de los comunistas egipcios («Hadeto») y distribuye octavillas «socializantes» con ellos entre 1946 y 1948. Mientras tanto, prosigue sus investigaciones de crítica literaria, en particular —prolongando su desacuerdo con Taha Hussein— sobre «El estilo metafórico del Corán» (*Al-taswir al-fanni fi l-Quran*), 1945, que continúa, en 1947, con un estudio literario de los Testimonios de la Resurrección en el Corán (*Machahid al-qiyama fi l-Quran*). Escribe también cuentos y novelas de carácter autobiográfico sobre su pueblo natal: *Al-atyaf al arbaa* [Los cuatro fantasmas] (1945), en colaboración con sus hermanas y su hermano; *Tifl min al-qarya* [Un niño del pueblo] (1946), *Al-madina al-mashura* [La ciudad encantada] (1946), *Achwak* [Espinas] (1947) (novela de un amor desdichado). Añadamos su última crónica de crítica literaria: *Kutub wachajsiyat* [Libros y personalidades] (1946), que expresa, en particular, su ruptura con Aqqad y su corriente, lo que confirma en su síntesis con finalidades escolares *Al-naqd al-adabi: ususuh wa-manahiyuh* [Fundamentos y métodos de la crítica literaria] (1948).

A esta producción pública se suman los informes y los proyectos de reforma de la enseñanza que somete a sus superiores y al Ministerio de la Instrucción pública. Todo esto parece haber incitado a estos últimos a quitárselo de encima mediante la concesión de una beca para cursar estudios especializados de pedagogía moderna y psicología en Estados Unidos durante el período 1948-1951. Estados Unidos, en vez de calmarle, lo convierte al islam activo. Él mismo lo explica, de modo bastante sereno, algunos años más tarde:

Durante los años que pasé en América, éramos una minoría los que declarábamos pertenecer al islam. Algunos tenían una actitud defensiva para justificar su adhesión al islam. En cambio, yo adopté, por el contrario, una actitud ofensiva contra esa ignorancia antiislámica moderna y occidental, con creencias religiosas tartamudeantes y situaciones sociales, económicas y morales desastrosas. ¡Todas las representaciones de las «hipostasis» de la Trinidad, del pecado original, de la Redención no hacen sino perjudicar a la razón y a la conciencia! ¡Y ese capitalismo de acumulación, de monopolios, de intereses usurarios, impregnado de arriba a abajo de avidez! ¡Y ese individualismo egoísta que impide toda solidaridad espontánea que no sea la obligada por las leyes! ¡Esa visión de la vida tan materialista, tan miserable, tan disecada! ¡Esa libertad bestial denominada mezcla de sexos! ¡Ese mercado de esclavas bajo el nombre de «emancipación de la mujer», esas astucias y ansiedades de un sistema de matrimonios y de divorcios tan contrario a la vida natural! ¡Esa discriminación racial tan fuerte y tan feroz! En comparación, ¡cuánta razón, qué altura de vistas, qué humanidad, en el Islam! [2].

Sayyid descubre allí también la discriminación racial hacia los negros americanos o no americanos. Al día siguiente de la creación del Estado de Israel y de la derrota militar de los Estados árabes, de Egipto en particular, advierte la evidente simpatía norteamericana por el nuevo Estado y la importancia del *lobby* judío en Estados Unidos. Asiste, lejos de su país, a los dramáticos acontecimientos de Egipto a fines de 1948 y comienzos de 1949: el asesinato del primer ministro Noqrachi y el del gran maestro de los Hermanos Musulmanes, Hassan al-Banna, las hazañas militares de los voluntarios Hermanos Musulmanes bajo la dirección del jeque Faragli, en Palestina. La otra partición, la de la India y Pakistán, le impresiona mucho también, con los éxodos cruzados de millones de musulmanes e hindúes y con los problemas de los refugiados en Pakistán.

---

[2] *Maalim...*, 1964, 1980, p. 160.

I. EL SOCIALISMO ISLÁMICO

Es en ese contexto general y, al parecer, por consejo de colegas norteamericanos, como escribe su primer libro de islamismo militante, en árabe y en traducción inglesa (revisada por él) de Hardie, titulado: *Social Justice in Islam (Al-adalat al-ichtimaiya fi l-islam)* (1949), con traducción completa en 1955. La justicia social y la reforma agraria son los asuntos del día en Egipto, en todos los partidos y todas las corrientes. Este libro servirá de catecismo, con el del sirio Yusuf al-Sibai (1959), a la corriente «socialista islámica», muy próxima al naserismo: reforma agraria, expropiaciones, nacionalizaciones, estatización de la economía planificada, impuesto progresivo sobre la renta y las grandes fortunas (por una interpretación audaz y ambiciosa de la *zakat* impuesta obligatoriamente por el islam). Esa voluminosa obra se completa con un opúsculo más polémico y apologético: *Marakat al-islam wa-l-rasmaliya* [La lucha entre el islam y el capitalismo] (1951).

A su regreso a Egipto, en 1951, se expresa en seguida en un tono militante, en particular contra Estados Unidos y Gran Bretaña. El Ministerio de Educación, en manos de Taha Hussein, le pide que dimita. Escribe un artículo vigoroso sobre el *Yihad*, sobre el Canal de Suez, contra los cuarteles ingleses en la revista de los Hermanos Musulmanes, *Mayallat al-ijwan al-muslimin*, en octubre. La revista reaparece legalmente tras la legalización de la Sociedad de Hermanos Musulmanes, disuelta en 1948, y el gobierno —si no el rey— permite la guerrilla en el Canal, donde los Hermanos vuelven a utilizar sus armas bajo el mando de Faragli, al lado de los guerrilleros comunistas. En este preciso contexto, e influido ya por el paquistaní Mawdudi, edita en ese mismo mes de octubre de 1951, *Al-salam al-alami wa-l-islam* [La paz mundial y el islam], en el que se perfila ya una acentuada visión maniquea entre la *yahiliya* (paganismo) moderna y el islam como civilización en la que sólo Dios es soberano (*hakimiya*, soberanía divina exclusiva). Comienza la redacción de un comentario meditativo de todo el Corán, de gran alcance político. El primero de los treinta fascículos de *Fi zilal al-Quran* [A la sombra del Corán] aparece en octubre de 1952. Pero en un año, ¡cuántos acontecimientos en la vida de Qutb! Ya muy próximo a los Hermanos, decide finalmente adherirse a la sociedad, a fines de 1951, y presta juramento ante el nuevo Gran Maestro, Hassan al-Hudaybi. Es dispensado de los plazos impuestos por los reglamentos y, en 1952, es elegido miembro del buró de orientación, que dirige la sociedad, y puesto al frente de la sección de propaganda y de doctrina (*dawa*). Su militarismo de neófito —pues él se considera como un convertido— le acerca a la corriente activista de Salih Achmawi, el competidor de Hudaybi, muy moderado y opuesto a la prosecución de las actividades guerrilleras en el Canal.

II. NASER Y LOS HERMANOS

Cuando estalla a revolución del 23 de julio, de Naser y sus camaradas, los Hermanos están íntimamente ligados a ella. La mayoría de los «oficiales libres» está integrada por Hermanos desde los años cuarenta. Banna y Naser habían colaborado desde 1942. El golpe militar del 23 de julio se convierte en una revolución, con un amplio apoyo popular, gracias a la organización de los Hermanos, por entonces en su apogeo. Es natural que Naser, el hombre fuerte a la sombra de Neguib, haya tratado, en 1953, de asociar al gobierno —pero no al Consejo de la Revolución— a algunos Hermanos conocidos, y, más importante sin duda en su idea totalitaria, a la dirección ideológica del partido único de masas que él quería en el lugar de todos los partidos. Únicamente el jeque Baquri acepta el puesto de ministro de Asuntos Religiosos y del Azhar, y el doctor Bahi al-Juli, un puesto de director de la sección religiosa de la Agrupación de la Liberación. La dirección de los Hermanos rehúsa toda participación. No obstante, el ala dura desea, por el contrario, una máxima participación para sumergir la ambición personal de Naser. Salih Achmawi es excluido de los Hermanos, así como Muhammad Gazali. Naser solicita la participación de Sayyid Qutb, próximo al ala dura y partidario de un «socialismo islámico», que, además, había roto con la administración precedente.

Naser —escribe el «contacto» entre los Hermanos y Naser hasta octubre de 1954— quiso, para organizar la Agrupación de la Liberación creada en enero de 1953, justo después del decreto de abolición de los partidos, y para elaborar su programa, apelar al profesor Sayyid Qutb, uno de los escritores de los Hermanos Musulmanes, su consejero doctrinal y jefe de la sección de la doctrina y la propaganda (*dawa*). Esta Agrupación de la Liberación fue en realidad una importante manzana de discordia entre Naser y los Hermanos [3].

---

[3] H. al-Achmawi (1977), p. 32.

Qutb rehusó. Un año más tarde, en un largo y ácido preámbulo al decreto de abolición de la Sociedad de los Hermanos (asimilada entonces a un partido) y a su encarcelamiento temporal, Naser asimilará esos rechazos a una «traición a la revolución», lo que equivale a un complot contra la misma. Con los dirigentes de los Hermanos, Qutb se encuentra en prisión, el 13 de enero de 1954, durante algunas semanas, tras una manifestación estudiantil en El Cairo, animada por los Hermanos, en pro de la verdadera «revolución». Después de su liberación, a petición de Hudaybi (también encarcelado), que se produce por haber simulado Naser dar marcha atrás, se asiste en El Cairo a la alegría popular por la reconciliación de los Hermanos y de los oficiales libres: el juez Awda, notorio Hermano musulmán, confraterniza con el general Neguib en el balcón del palacio presidencial. Acto fatal: Naser vuelve con más fuerza el 28 de marzo, con un apoyo popular de encargo encuadrado por la policía y el ejército. Neguib es excluido y la organización de los Hermanos es nuevamente disuelta. Algunos de ellos son detenidos y encausados. Los demás saben que es eso lo que les espera. Va tomando forma una alianza con el partido comunista, disuelto desde enero de 1953. Las octavillas de Qutb, jefe de propaganda, se distribuyen conjuntamente con las de los comunistas en junio. «La resistencia a la "revolución" está dirigida por fuerzas fundamentales, el partido comunista y la Sociedad de los Hermanos Musulmanes [...] para derribar al gobierno de Naser.» [4]

En julio, se confía a Qutb la dirección de la revista *Hermanos Musulmanes*, desde la que defiende la posición de espera mantenida por Hudaybi. Después de la última y fracasada tentativa de Naser, en ese verano, de atraerse a Awda y al disidente Salih Achmawi, se produce el 23 de octubre el fallido atentado de Alejandría contra Naser por un Hermano musulmán, un tirador de primer orden al que Naser había conocido hacía algún tiempo, durante la guerrilla del Canal. Una masa de autorizados testimonios, publicados desde 1974, parece haber dejado bien establecido que «se fabricó una tentativa de asesinar a tiros a Naser [...] como medio más eficaz que toda campaña de prensa organizada para reforzar su poder sobre las masas» [5]. El muñidor de ese montaje fue el propio Tuhami, asesorado por Josef Buenze, un nazi refugiado en El Cairo, y por un especialista de la CIA que

---
[4] *Rayat al-chab*, hoja comunista clandestina, 29 de junio de 1954.
[5] Hassan al-Tuhami, en *Ruze al yusuf*, 12 de mayo de 1974, citado por J. Rizq (1978), p. 25.

había ayudado poderosamente al golpe de 1952. El hecho es que Qutb, como todos los responsables de los Hermanos Musulmanes, fue a la cárcel. Después de haber sido condenado el 13 de enero de 1955 a quince años de trabajos forzados, Qutb fue enviado al campo de Tura, cerca de la capital. Durante las vistas ante el Tribunal del pueblo presidido por el ministro «oficial libre» Yamal Salim, Qutb «se quitó la camisa para mostrar las marcas de las torturas que había sufrido». Yamal Salim levantó inmediatamente la sesión [6]. Seis Hermanos fueron ahorcados el 6 de diciembre, entre ellos Awda y Faragli. Qutb sufrió una angina de pecho a consecuencia de las torturas sufridas durante los interrogatorios en la prisión militar. Hubo de retrasarse su proceso dos meses. En Tura tuvo que ser internado en el hospital del presidio. Fue allí donde prosiguió sus meditaciones y la redacción de sus libros o su ordenamiento para la publicación. Al menos, no se le prohibió leer y escribir, ni siquiera después de su nueva negativa, en 1957, a firmar un acta de adhesión al régimen de Naser y al nuevo partido único de masas, la Unión Nacional.

En junio, Qutb escapó a la ejecución, sin proceso, de veintiún Hermanos, y a las graves heridas sufridas por otros veintidós, internados en el campo de Tura. Todos habían rehusado unirse al régimen [7]. Según el testimonio de Zaynab al-Ghazali [8], el Gran Maestro Hudaybi, indultado en diciembre de 1954 y liberado un poco después, confió en 1959 a Qutb la responsabilidad de la Sociedad en las prisiones. Ejerció, en efecto, la dirección espiritual e, indirectamente, política, en los límites que marcaban los contactos permitidos en las prisiones, pero también en el exterior por mediación de su hermana Hamida. Esa tarea de dirección la realizó por sus escritos, sobre la base del comentario místico-político del Corán, que prosiguió hasta 1964 ó 1965 (en efecto, la Introducción general fue escrita poco antes de su muerte, conocida de antemano y esperada). Aquel grupo de discípulos, dentro y fuera de las prisiones y de los campos de internamiento, tomará más tarde el nombre, entre las gentes y los simpatizantes del poder, de «Organización (*Tanzim*) 1959» [9]. «Teníamos un plan de estudio que seguía las recomendaciones y las hojas que nos llegaban del mártir Sayyid Qutb desde la cárcel [...]. Éramos entre cinco y

---

[6] J. Rizq (1978), p. 140.
[7] J. Rizq (1979).
[8] Z. Ghazali (1976), p. 40.
[9] *Cf.* A. Imam (1980).

diez, yo mismo y unos jóvenes, que leíamos diez versículos del Corán, de los que extraíamos las prescripciones y las normas de conducta.»[10] El conjunto de esos escritos, extractos en su mayor parte del gran comentario coránico (*Zilal*), se publicó en libro, a fines de 1964, bajo el título *Maalim fi l-tariq* [Señales del camino], que ha tenido una difusión inmensa. Ya antes se habían editado y difundido algunas obras breves, generalmente fuera de Egipto. Entre ellas, además de los treinta fascículos de *Fi Zilal al-Quran*, figuran *Dirasat islamiya* [Estudios musulmanes] (1954), *Hada al-din* [Esta religión], *Al-Mustaqbal li-hada-al-din* [¿Qué porvenir para esta religión?], *Jasais al-tasawwur al-islami wa mugawwamatuh* [La vista del mundo musulmán: especificidades y elementos], *Al-islam wamuchkilat al-hadara* [El Islam y los problemas de la civilización], entre 1954 y 1960.

Liberado de la prisión a fines de 1964 por razones humanitarias, a petición de las autoridades iraquíes y saudíes, prosiguió con sus círculos de formación y pudo ver el éxito de su librito *Maalim* [Señales del camino], autorizado por la censura naseriana. Cinco ediciones en seis meses en un país totalitario era algo inquietante, si se tiene en cuenta que esa obra no estaba apoyada por el poder y por el partido. La censura lo prohibió finalmente, por considerar el especialista del Servicio de Información Militar, Chams Badran, que ese librito contenía un verdadero complot en clave. Todavía hoy, Chams Badran mantiene esa convicción frente a los servicios de Información interior. La idea central de Qutb, que aduce como ejemplo el período de trece años en La Meca de los primeros creyentes, consiste por entonces en imaginar una minoría sincera y activa que, actuando como fermento «revolucionario», fuese capaz de levantar a la sociedad egipcia entera[11] al cabo de unos quince años, a fin de tomar el relevo de Naser, al que él consideraba un renegado. El complot consistiría en esto: adquisición reciente de armas, recepción de fondos saudíes, plan de un golpe a favor de un antiguo oficial libre excluido en 1962 por Naser, Kamal Eddin Hussein, antiguo Hermano musulmán y simpatizante[12].

La familia Qutb cae en una redada, al modo estaliniano de Naser. Su hermano Muhammad (que no es miembro de los Hermanos Musulmanes) es detenido el 29 de julio; el propio Sayyid, el 5 de

---

[10] Z. Ghazali (1976), pp. 35-37.
[11] «En un 75%», precisa Zaynab Ghazali (1976), p. 37.
[12] *Cf.* A. Imam (1980), pp. 115 y 136.

agosto, y el 20 de agosto, sus dos hermanas. El pueblo entero de Kardasa, muy cercano a El Cairo, es trasladado a las cárceles, después de una ocupación de casi tres meses bajo el toque de queda, el terror y los interrogatorios. En las prisiones militares se practica a gran escala la tortura, en muchas ocasiones por el propio Badran. Todavía en 1980 se ufanaba de ello y decía no arrepentirse de nada [13].

Después de cuatro meses de instrucción, el caso es llevado ante el Parlamento. La unanimidad a mano alzada era de rigor. Durante la instrucción del sumario se había logrado hacer firmar a Qutb confesiones muy precisas, tras someterlo a prolongados ayunos, a las dentelladas de los perros, a la privación del sueño durante semanas y a repetidas flagelaciones. El 17 de mayo de 1966, el tribunal le declara culpable de estar al frente de un complot desde 1959. Sin embargo, ante el presidente del tribunal, Salah Nasr, se dio lectura a su declaración de que había rechazado, tanto en la cárcel en 1964, como a su salida de la misma a fines de ese año, todo proyecto de golpe de Estado, por haber escogido «una revolución a largo plazo» [14]. Condenado a muerte, fue ahorcado con otros dos Hermanos el 29 de agosto de 1966.

Su ejecución ha hecho de él un mártir y ha conferido a sus escritos un carácter casi sagrado. Su comentario coránico se publicó íntegramente en 1968 y conoció un gran éxito: ocho ediciones en diez años, con traducciones al inglés, al turco y al malayo. Mucho más allá de donde llega la influencia de los Hermanos Musulmanes o islamistas, esta obra se halla, en las bibliotecas y en las casas, junto —y a menudo en su lugar— al comentario inacabado de M. Abduh y R. Rida, escrito entre 1903 y 1935.

El pensamiento del Qutb de las prisiones, muy influido por Mawdudi, toma un acento muy diferente del de su justicia social. El centro de interés es aquí más político que social. La palabra clave es «el Estado islámico», o la «revolución islámica». Islámico designa en este contexto, de forma tajante, el rechazo de toda ignorancia pagana (*yahiliya*) y la sumisión total (*ubudiya*) a la exclusiva soberanía de Dios (*hakimiya*), sin consistencia de ninguna autoridad humana establecida.

Esta forma de anarquismo místico seduce a la vez que inquieta. No puede servir de base eficaz a una política. Y, más tarde, argumen-

---

[13] *Ibid.*, pp. 135 ss, en una larga entrevista con Badran.
[14] Actas del Tribunal de Seguridad, audiencia del 18 de diciembre de 1965.

tado por «qutbistas» extremistas y violentos, con la ayuda de algunas *fatwa* de Ibn Taimiya (desaparecido en 1328), este principio dará lugar a una doctrina política muy alejada de la gran tradición musulmana en política. La acusación de jariyismo o de ismailismo está fundada, eventualmente contra Sayyid Qutb, y ciertamente contra los qutbistas extremistas. Seguramente, Qutb no habría firmado el opúsculo de Abd al-Salam Farach, en 1981, *Al-farida al-gaiba,* que incita al asesinato de los gobernantes «renegados», de Sadat en particular. Pues, como Abduh y Banna, Qutb optaba por la educación, la formación, la fermentación. Pero aún más que ellos, y más que Rida también, realzaba el valor del *yihad* en su sentido guerrero —*quital,* término coránico— como deber perpetuo y no como hecho consumado de una vez por todas en los comienzos del Islam. La *yahiliya* moderna (con dos siglos de edad, precisaba él) exige un *yihad* moderno, guerra de religión, dice, guerra incluso intestina, contra los gobiernos usurpadores de Dios. El gran Maestro, Huadaybi, debía iluminar a los Hermanos todavía encarcelados tras la ejecución de su «director» Sayyid Qutb, en una obra muy precisa: *Duatla qudat* [Predicadores, no jueces] (1969, publicada en 1973). Hudaybi recusa de hecho los textos de Qutb, sin nombrarlo, aunque sí nombra a Mawdudi al hablar de la *hakimiya* y del *takfir* (excomunión). Qutb, en efecto, asume la divisa jariyí (no hay juicio sino el de Dios), dando a la palabra *hukm* (juicio, sentencia, sabiduría) el sentido de poder, gobierno, subrayado por la flexión abstracta utilizada por Mawdudi: *hakimiya.* Entiende por ella una teocracia directa, como en la época profética, sin distinguir entre las leyes y el poder político. Para Qutb, hacer las leyes es un atributo de Dios y quienquiera legisle se atribuye la divinidad. Dicho de otro modo, la *hakimiya* de Dios forma parte de la profesión de fe (no hay divinidad sino la de Dios) en el sentido de que no se puede servir a Dios sino bajo su directo gobierno, al que llama gobierno islámico. Algunos textos traducidos por nosotros [15] expresan esta doctrina de rigor, de integridad, de rebelión en el nombre de Dios, tan lejos de la gran tradición musulmana. Se trata del Comentario [16], utilizado en dos capítulos de *Maalim* («Naturaleza del sistema coránico» y «El yihad por Dios»):

Mahoma tenía la fuerza de suscitar un nacionalismo árabe tendente a reagrupar a las tribus árabes divididas por la venganza y la guerra [...], pero Dios no

---

[15] O. Carré y G. Michaud (1983), pp. 94 y 97.
[16] Zilal (1978), t. 2, p. 1005, y t. 3, p. 1434.

quería reemplazar a un tirano persa o bizantino por un déspota árabe. No hay otra soberanía que la de Dios, ni Ley que no sea la Suya, ni poder político de cualquiera sobre los demás, pues todo el poder es de Dios [...]. No hay otra ciudadanía que la de la fe islámica, según la cual el árabe, el bizantino, el persa, son iguales bajo la bandera de Dios. Ésa es la vía.

La revolución total contra la soberanía (*hakimiya*) de las criaturas humanas en todas sus formas y en toda institución, la rebelión total en cualquier lugar de nuestra tierra, la caza a los usurpadores de la soberanía divina, que dirigen a los hombres por leyes dictadas por ellos mismos, eso significa la destrucción del reino del hombre en beneficio del reinado de Dios sobre el mundo [...]. No hay liberación del hombre árabe por el Islam, no hay una «misión» propia de los árabes, sino el hombre como tal, el género humano que es su dominio.

[...] Por ello el movimiento de la lucha musulmana es una guerra defensiva: defensa del hombre contra todos los que alienan su libertad y bloquean su liberación, hasta que se instaure sobre el género humano el reino de la Ley sagrada (*charia*).

BIBLIOGRAFÍA

Achmawi, H., *Al-ikhwán wa-l-thawra,* El Cairo, 1977.
Azm, Y., *Ráid al fikr al-islámí al-muâsir, al-chahîd Sayyid Qutb,* Beirut, 1980.
Carré, O., (Mystique et politique), *Lecture révolutionnaire du Coran par Sayyid Qutb, Frère musulman radical,* París, Le Cerf et Presses FNSP, 1984.
— y Michaud, G., *Les Frères musulmans (1928-1982),* París, Gallimard, 1983.
Fadlallâ, M., *Maa Sayyid Qutb fî fikrih al-Hiyâsî wa-l-dînî,* Beirut, 1978 [El pensamiento político y religioso de Sayyid Qutb], tesis de doctorado, Sorbona, 1974.
Ghazâlî, Z., *Ayyâm min hayatí,* El Cairo, 1976.
Hudaybi, H., *Duat lâ qudât,* El Cairo, 1977 (1969).
Imam, A. A., *Abd al-Nâsir wa-l-ikhwán al-musli-mún,* El Cairo, 1980.
Khalidi, S., *Sayyid Qutb, al-Chahîd al-hayy,* Ammán, 1981.
Qutb, A., *Sayyid Qutb aw thawrat al-fikr al-islâmî,* El Cairo, 1977.
Kepel, G. (Le Prophète et Pharaon), *Les mouvements islamistes dans l'Egypte contemporaine,* París, Découverte, 1984.
Rizq, J., *Madhàbih al-ikhwàn fí sujûn Nâsir,* El Cairo, 1978.
—, *Madhbahat al-ikhwàn fí limàn Tura,* El Cairo, 1979.
Zahmul, I., *Al-ikhwàn al-muslimùn: wathâiq târîkhiyya (1952-1954),* Gex, Francia, 1986.

17. GADDAFI, ¿UN MUSULMÁN DIFERENTE?

François Burgat *

El 1 de septiembre de 1969, Muammar Gaddafi derrocaba a la monarquía de Senusi. Esa ruptura de 1969 con un régimen envejecido vino acompañada, ocho años más tarde (el 2 de marzo de 1977), de una segunda ruptura, de la que nació la *Yamahiriya* (Estado de las masas), expresión de la voluntad del revolucionario libio de no acomodarse al medio ambiente institucional existente.

Al igual que su proyecto político, la actitud de Gaddafi ante el Islam reviste formas a la vez ambivalentes y específicas que no encajan en los simplistas esquemas con que a menudo trata de definirlas la mirada occidental [1].

Aunque no sea el «integrista» que han creído ver en él los menos avispados de sus observadores, Gaddafi es, efectivamente, el que ha proclamado al Corán como ley de la sociedad. Pero es también y sobre todo el que ha limitado de forma espectacular la ambición de los ulemas de afirmarse como los únicos exegetas de la ley islámica.

En nombre del rechazo de un poder teocrático cuyo potencial totalitario él ha denunciado abiertamente, Gaddafi es igualmente uno de los que niegan tajantemente a los religiosos el derecho a hacer política.

Puede ser muy peligroso [en el caso de un Estado que tiene un gobierno y un presidente] que el jefe del Estado sea elegido sobre una base religiosa, teocrática. Se hace imposible entonces criticar su comportamiento, pues se amparará en su santidad. A eso es a lo que conduce el Santo Imperio. El que critica al Emperador, critica a Dios. Esto es extremadamente peligroso [2].

---

* Investigador en el IREMAM (Institut de Recherches et d'Études sur le Monde Arabe et Musulman).

[1] Una excelente introducción a las ideas de Gaddafi viene dada por la larga entrevista concedida a Barada, Kravetz y Whitaker, publicada por Paul Favre (Lausana), en 1984, bajo el título *Je suis un opposant à l'échelon mondial*. Lo esencial de los análisis publicados por los colaboradores del diario *Le Monde* ha sido reagrupado y presentado por Paul Balta en *L'Islam dans Le Monde*, en coedición Le Monde-La Découverte, París, 1986.

[2] Conversación con el autor, Bab Aziziya, Trípoli, 6 y 10 de diciembre de 1987.

I. UN MUSULMÁN SINCERO

Muammar Gaddafi es ante todo un musulmán convencido. Ni en Libia ni fuera de ella han podido circular rumores, tan frecuentes en torno a otras vidas privadas, que pusieran en duda el respeto del dirigente libio a las prescripciones elementales, en particular en lo que atañe al alcohol, de la norma islámica. Ésta es una primera característica del personaje que tiene su importancia. Y sus frecuentes exageraciones verbales («He estudiado el Corán durante días y noches. Ningún libro ha tenido tanta influencia sobre mí. Cuando yo era joven, el Corán era mi único, mi verdadero amigo, etc.» [3]) exigen menos que las de la mayor parte de sus homólogos la demostración de sus convicciones.

El segundo punto de anclaje de Gaddafi en el dominio religioso —un apego visceral a la arabidad que lo lleva a hacer prevalecer en política el criterio laico sobre el de la pertenencia religiosa— es el que mejor explica la especificidad de sus tomas de posición. El arabismo militante de Gaddafi debe ser considerado, en efecto, como el referente básico de su cultura política. Otras consideraciones, más circunstanciales, han venido a añadirse después para determinarle poco a poco a preconizar una lectura del dogma religioso. Hoy se sitúa entre aquellos para quienes la línea de separación entre lo religioso y lo político está muy cerca de la frontera trazada por la línea laica.

II. EL ARABISMO, ANTE TODO

En el lento deslizamiento ideológico que se ha operado a lo largo de los años sesenta-setenta entre el *arabismo* de Naser y el *islamismo* ascendente de los años ochenta, Gaddafi ha desempeñado de hecho un papel de transición.

Tan arabista como Naser, no dejó, sin embargo, de mostrarse (en el contexto de la derrota de 1967, que aceleró el ascenso de las referencias religiosas) sensible a esta tendencia y, desde entonces, se situó más cerca que Naser del universo de referencia de los islamistas. Fue

---

[3] Anne-Marie Cazalis, Gaddafi, *Le templier d'Allah,* París, Gallimard, 1974.

así el primer jefe de Estado que, desde su llegada al poder, trató de reintegrar en el cuerpo del derecho positivo elementos inspirados en fuentes coránicas [4]. Muchas de las rupturas simbólicas de su política cultural (la adopción de la bandera verde como emblema de la nación libia o la creación de la asociación misionera *Dawa islamiya*, por ejemplo) estaban impregnadas de ese creciente respeto que sentía, en política, por los fundamentos de la cultura religiosa. Así, si era demasiado musulmán para poder ser completamente naserista, Gaddafi continuaba siendo demasiado... naserista para poder subirse, al comienzo de los años setenta, al tren del islamismo político.

Naserista lo fue, efectivamente, y en el sentido más afectivo del término. Su primera percepción de los movimientos llamados religiosos se encauzó por la historia de los Hermanos Musulmanes de Egipto. Al término de una fase de coexistencia pacífica, incluso de colaboración, los Hermanos de Hassan al-Banna entraron en abierto conflicto con Naser, a menos que no sucediese a la inversa. Naser, pretextando un complot real o supuesto contra él, recurrió a una represión sin precedentes para erradicar el movimiento. En aquella época Gaddafi profesaba una admiración casi filial por Naser. De los acontecimientos de El Cairo data su antagonismo de principio con todo lo que, de cerca o de lejos, tenga que ver con los Hermanos Musulmanes, epíteto que utilizará durante mucho tiempo para calificar a todos sus enemigos políticos.

Así se explica la violencia de los juicios que durante mucho tiempo ha proferido acerca de la corriente islamista en su conjunto [5], y que, por sí solos, deberían al menos prohibir a los observadores superficiales adornar el espantajo gaddafiano con los atributos *integristas* del jomeinismo:

¿Qué son hoy los llamados Hermanos Musulmanes? [...] Son lacayos del imperialismo. Son la derecha reaccionaria, los enemigos del progreso, del socialismo

---

[4] Aunque este proceso no será llevado a término. *Cf.*, en particular, Anne Mayer, «Le droit musulman à l'âge du Livre Vert», en *Maghreb Machreq Monde Arabe*, núm. 93, julio de 1981, p. 197, y Borham Atallah, «Le droit pénal musulman ressuscité», en *Annuaire de l'Afrique du Nord,* CRESM-CNRS, 1975, p. 227.

[5] El reciente recrudecimiento del activismo religioso en Libia le ha conducido desde hace poco tiempo a desplazar sus líneas de defensa, obteniendo el apoyo de Rachel Ganuchi con motivo de la constitución (el 28 de septiembre de 1989) en el seno libio de una «dirección provisional de la revolución islámica mundial», en la que fue invitado a participar. «Hay que establecer la diferencia entre los que dicen que hablan en nombre del Islam y lo que se llama "la tendencia islámica". He encontrado a aquéllos y han aceptado formar parte de la "dirección islámica mundial".»

y de la unidad árabe. Reagrupan a todos los granujas, mentirosos, canallas, a los fumadores de haschich, a los borrachos, a los cobardes, a los delincuentes. He ahí lo que son los Hermanos Musulmanes. Y todo eso ha hecho de ellos los lacayos de Norteamérica. El que estuvo en el partido de los Hermanos Musulmanes siente hoy vergüenza de confesarlo. Se ha convertido en sinónimo de podrido, de sucio, de detestado en todo el mundo árabe y en todo el mundo musulmán. No, incluso si sus intenciones hubieran sido buenas, yo creo que ignoraban la realidad del mundo árabe [6].

Este antagonismo no quedó confinado al registro afectivo. Se alimentó después de divergencias más sustanciales, relativas a los fundamentos políticos del arabismo.

A los ojos de los islamistas, el uso político de la arabidad, sobre todo bajo Naser, no se hizo sino en detrimento de los valores de fondo religioso.

Los islamistas, aduciendo como ejemplo al Baas, afirman que son esencialmente las minorías árabes cristianas las que han recurrido al uso político de la arabidad, en su búsqueda de la universalidad política que su religión no les permitía conseguir [7]. Por haber introducido el fermento laico en la cultura árabe, ¿deben ser consideradas responsables de la derrota de la *umma*? Muy otra es la visión de Gaddafi. No sólo sitúa al referente étnico en el primer plano de su proyecto político, sino que incluso llega a negar explícitamente al referente religioso el derecho de acceso a la escena política.

La unificación de los árabes, que, a diferencia de la de los musulmanes, considerada por él perfectamente ilusoria, está en la base de su proyecto político, no puede tener fundamento religioso.

No puede lograrse la unidad del mundo árabe sobre una base religiosa. Es posible reunir a los árabes en tanto que árabes con un espíritu musulmán. Pero sería una vana tentativa tratar de reunirlos en tanto que musulmanes.

---

[6] Conversaciones con el autor, citadas en nota 2.

[7] *Cf.* en particular la argumentación del marroquí Abdessalam Yassin, en François Burgat, *L'islamisme au Maghreb: la voix du Sud,* París, Karthala, 1988, p. 41: «Lo que hace arrugarse ante los retos es la debilidad de esa personalidad importada que una cierta cultura arabista y laica ha logrado imponer a nuestra verdadera personalidad, que resume la palabra Islam [...]. Los agentes del arabismo minan en profundidad los fundamentos de la fe al presentar nuestra arabidad como dimensión única y al tratar de asociar en las mentes el laicismo a la grandeza de alma. Esos agentes son la minoría cristiana de origen, un 70% de la población árabe, que fue la primera en tomar contacto con Occidente y logró ocupar un lugar privilegiado en la cultura árabe contemporánea».

Eso fracasaría totalmente. No vivimos en el siglo de la religión; vivimos en el siglo del espacio, en el de la ciencia [8].

En el dirigente libio, arabidad e islam constituyen el objeto de una identificación de orden étnico, con una connotación racial, que le ha conducido a expresar más de una vez la asimilación total que deseaba ver producirse entre ambos. En agosto de 1980, en vísperas de una visita al Líbano que se vería comprometida, recomendó así la conversión al islam de todos los árabes: «Los árabes cristianos tienen un espíritu europeo alojado en un cuerpo árabe [...]. Es aberrante ser cristiano y árabe a la vez».

En sentido inverso, Gaddafi cree que todos los males de la comunidad de los creyentes proceden del hecho de haberse dejado influir excesivamente por elementos no árabes. Y aun a costa de forzar algo la realidad, es en nombre de su no arabidad como conduce su ofensiva ideológica contra los dirigentes de los movimientos islamistas: «Buscad bien y veréis que los fundadores de todos esos movimientos no son árabes» [9].

«Planteémonos la cuestión», decía un cartel pegado a la puerta de las mezquitas libias durante el mes de Ramadán de 1989. La identidad del autor de ese texto no es dudosa.

¿Cuál es el origen de todos esos movimientos que han separado del islam la esfera de la arabidad y que han engendrado sus divisiones internas? ¿Quiénes son los chuubi y los ayam? Eran no árabes. ¿Cómo pueden desear el bien de los árabes y del Islam? [...] El antiguo ateísmo se ha dado nuevos nombres, Takfir wa Hichra, Yihad, Hermanos Musulmanes, Liberación islámica, Wahhabismo, Qodiana, Tablig, etc. ¿Pero cuál es la diferencia entre los antiguos y los nuevos? Los primeros tenían tras ellos a ateos no árabes, pero los que impulsan a los nuevos, ¿no son también ateos y no árabes? ¿Quiénes han formado el Partido de la Liberación Islámica, el de los Hermanos Musulmanes y todas las demás sectas?

La relación exclusiva entre arabidad e islam no se expresa únicamente para denunciar a los cristianos árabes. En un registro apenas diferente, se recurre a esa relación exclusiva para limitar la legitimidad religiosa de los musulmanes no árabes. Así, Gaddafi llega a desarrollar la idea de que los árabes adquirieron la «Mohamedia», revela-

---

[8] Conversación ya citada con el autor.
[9] *Idem*.

ción del profeta Mahoma hecha a los árabes y sólo a ellos reservada. A los demás se les propuso el «islam», de vocación universal y preexistente al advenimiento de Mahoma, del que todas las naciones podrían apropiarse sus enseñanzas. Fueron, al parecer, sus encuentros con representantes de la comunidad negra norteamericana los que, según algunos de sus allegados, acabaron de convencer al Guía libio de la incompatibilidad de la religión de la tribu beduina de los quraychíes con la cultura urbana del subproletariado de los guetos negros de las grandes metrópolis americanas, y, por extensión, con todas aquellas que no tienen el privilegio de pertenecer a la etnia que recogió la Revelación.

Hay religiosos que dicen que el islam es una religión universal, hecha para todos los hombres. Es un error. De hecho, hay que establecer la diferencia entre la Mohamedia y el islam. La religión de Mahoma es una cosa; el *islam*, otra. El islam, tal como ha venido con el Corán, quiere decir el cristianismo, el judaísmo y el mahometanismo. Por ejemplo, en el Corán hay una historia: cuando vino Moisés y dijo: yo soy un profeta, el Faraón reunió a los magos para preguntarles si Moisés era uno de los suyos. Y Moisés les dijo que él no era un mago, sino un profeta. Y ellos creyeron en Moisés y dijeron: nosotros somos musulmanes [nahnu muslimun]. La palabra *islam* era, pues, utilizada mucho antes de Mahoma. Jacob, cuando estaba en trance de morir, hizo venir a sus hijos y les dijo: ¿qué seréis después de mí? Respondieron: seremos musulmanes... lo que, de hecho, quería decir: seremos de la religión de Abraham. Todos los que creían en Jesús, en Moisés, Abraham, Jacob, todos son mencionados por el Corán y han abrazado el islam, y eso antes del advenimiento de Mahoma. Eso quiere decir que el islam es la religión de la unidad (*tawhid*) y de la sumisión a Dios [10].

III. UN REFORMISTA... LAICO

Pero el inventario de las estrofas de este himno a la arabidad no basta para dar por concluso el examen de la posición del revolucionario libio en el campo religioso y para evaluar la distancia que le separa del componente conservador de la corriente fundamentalista. Pues Gaddafi es también partidario de un *reformismo* particularmente radical. El *ichtihad* al que se ha entregado desde hace mucho tiempo es

---

[10] Idem.

tan vigoroso que a veces ha franqueado, al menos para sus detractores, las fronteras de la ortodoxia musulmana. Su decisión de hacer comenzar el inicio de la era musulmana a partir de la *muerte* del profeta, es decir, diez años después de su hégira a Medina, sólo es la más anodina de sus innovaciones. Mucho más interesantes, desde todos los puntos de vista, son sus tomas de posición respecto a la *sunna* y a la *charia*. Sin ser el primer musulmán que lo haya hecho, Gaddafi es, en efecto, el primer jefe de Estado árabe que ha puesto en duda, pública y explícitamente, la validez de la *sunna* del profeta (de hecho, el conjunto de sus actos y dichos, sus hadices), de la que piensa que no ha sido transmitida a los creyentes en condiciones de suficiente fiabilidad [11]. También ha adoptado la misma circunspección respecto a la *charia* [12], al rehusar considerarla como una legislación sagrada.

Lo que hoy llamamos legislación musulmana no puede ser atribuida a la religión [...]. Son especulaciones [...]. Hoy, por ejemplo, yo he declarado que la plataforma continental entre la *Yamahiriya* y Malta se sitúa en los 35 grados de latitud norte. Éstas son cosas que me conciernen, objeto de una apreciación que me ha sido dictada por consideraciones científicas, materiales, temporales, etc. Pues bien, lo mismo ocurre con las escuelas jurídicas [...]. Yo considero a la *charia* como un derecho positivo de igual modo que el derecho romano, el código napoleónico, todas las leyes elaboradas por los juristas franceses, italianos, ingleses y musulmanes [13].

---

[11] Las contradicciones existentes entre algunos hadices, por una parte, y entre el texto de los hadices y algunos versículos coránicos, por otra, constituyen para Gaddafi la prueba de que en los hechos y gestos supuestos del Profeta se ha introducido un buen número de añadiduras, forjadas en las grandes querellas internas (particularmente durante el nacimiento del chiísmo) a fin de dar una caución a las prácticas de tal o cual de las partes en presencia. Y la selección operada 200 años después por Bujari y Muslim, gracias a una investigación genealógica en la que algunos autores árabes pretenden ver uno de los primeros estudios científicos de la historia, no deja de ser una obra humana, que contiene demasiados aspectos aproximativos como para que no quede afectada la fiabilidad de la *sunna* entera.

[12] O más precisamente al *fiqh*, es decir, a la expresión jurídica del dogma aplicada a través de los siglos por las escuelas de juristas a todos los compartimentos de la vida social. Sobre estas distinciones y las relaciones entre derecho positivo y *charia* en el mundo árabe contemporáneo, véase Bernard Botiveau, «Sharia islamique et droit positif dans le Moyen Orient contemporain», tesis de Ciencias Políticas, Aix-en-Provence, febrero de 1989, p. 297.

[13] Citado por Barada, Kravetz y Whitaker, *Je suis un opposant...*, ob. cit. O también: «No se puede construir una casa y luego decir: está construida sobre bases religiosas, pero, en cambio, aquélla descansa sobre bases laicas. Cuando yo tomo una carretera trazada por los automóviles, ya esté en un país dirigido por los Hermanos Musulma-

Tal posición merece atención, aunque en su contexto político semejante manifestación reformista tuviese sobre todo por objeto debilitar a la corporación de los ulemas y su resistencia a la aplicación del pequeño Libro Verde. Para algunos de sus oponentes, tal posición excluye a Gaddafi de la comunidad de los creyentes. Para otros —incluidos, de modo apenas paradójico, algunos miembros de la corriente islamista— anticipa la evolución hacia una forma de laicismo islámico del que nada prohíbe pensar que pueda convertirse un día en objeto del consenso (*ichma*) de la comunidad, tornándose así en la regla de aquellos mismos que hoy lo consideran como una transgresión intolerable de la norma. Pero la jerarquía de las fuentes de la religión no es el único terreno del reformismo gaddafiano.

IV. ¿LA LIBERACIÓN DE LA MUJER?

En materia social y familiar, su visión del papel de la mujer, por diferente que sea de la de los movimientos feministas occidentales [14], ha hecho mucho por combatir comportamientos discriminatorios heredados tanto de los valores de la sociedad patriarcal como del fondo mismo de la religión. Trabajo de la mujer, legislación del matrimonio (divorcio y poligamia) han colocado a Gaddafi, quien ha tomado en este terreno, más aún que en el de la norma religiosa, evidentes riesgos políticos, en primer plano de los reformistas árabes.

En este dominio como en otros, el discurso generoso y voluntarista del revolucionario libio tendría, no obstante, mucha mayor eficacia si consiguiera pasar el relevo a fuerzas políticas investidas de la fiabilidad que confiere la autonomía respecto al Estado, sea éste cual sea.

Para ello, el dirigente de la Revolución de Septiembre tendría que medir, mejor de lo que lo ha hecho hasta hoy, la utilidad que

---

nes o en país dirigido por los comunistas, es lo mismo, una carretera es una carretera» (conversaciones con el autor citadas en nota 2).

[14] El Libro Verde insiste en la especificidad biológica de la mujer y en las consecuencias que esa especificidad implica en el reparto de papeles, particularmente en los familiares.

depararía dejar pasar, tras la fachada libertaria de los Congresos Populares, un poco de la brisa democrática que, aunque sea tímidamente, sopla desde hace poco tiempo sobre el Magreb.

PARA PROLONGAR ESTE CAPÍTULO

Bessis, J., *La Libye contemporaine,* París, L'Harmattan, 1986.
Graeff-Wassink, M., *La femme en armes, Khadafi féministe?,* París, Armand Colin, 1990.
Sourian, C., *Libye: l'économie des femmes,* París, L'Harmattan, 1984.

18. AMADU HAMPATÉ BA, MEMORIA VIVA DE ÁFRICA

Gilbert Cotteau y Hélène Heckmann *

Un día del año 1962, en la Unesco, cuando se discute acerca de la salvación de los templos de Nubia amenazados por la presa de Asuán, un africano, ataviado con el tradicional vestido bordado de Malí, toma la palabra. Es Amadu Hampaté Ba, miembro de la delegación de Malí. Tras congratularse de que la Unesco se esfuerce por salvar de la destrucción monumentos de piedra de un valor cultural inestimable, explica que hay en África monumentos no menos preciosos pero, ¡ay!, infinitamente más frágiles: los viejos sabios depositarios de los conocimientos tradicionales transmitidos por vía oral de generación en generación, últimas grandes «memorias vivas de África», cuya herencia oral es importante recoger y fijar por escrito antes de que sea demasiado tarde, pues al desaparecer se llevarán para siempre con ellos, a falta de sucesores, un tesoro cultural irreemplazable.

Fue entonces cuando Amadu Hampaté Ba pronunció esta frase, que después alcanzaría tal celebridad que a veces es citada como un proverbio: «Cuando en África muere un anciano, arde una biblioteca».

Heredero él mismo de un importante patrimonio cultural y religioso, historiador, filósofo, escritor, pero también poeta y narrador de talento, Amadu Hampaté Ba estaba bien situado para defender esa causa. Durante toda su vida, recogió y fijó por escrito las tradiciones orales relacionadas con todos los aspectos de la vida y de la cultura africanas en la región subsahariana: mitos, creencias, costumbres, organización social, historia, literatura oral, por no hablar de la enseñanza tradicional islámica, acumulando así una documentación única en su género que ha dado ya lugar a numerosas publicaciones todavía por explotar en su mayor parte.

Sin embargo, este hombre mundialmente famoso, cuyas obras

---

* Secretario general de Islam et Occident, y encargada del Fondo Amadu Hampaté Ba, respectivamente.

han suscitado ya numerosas tesis universitarias en Francia y en otros países, no debe nada por sí mismo al vivero universitario. «Yo soy —solía decir— un diplomado de la gran universidad de la Palabra, enseñada a la sombra de los baobabs.»

Nacido «hacia 1901» en Bandiagara (Malí), la trayectoria que le condujo desde su ciudad natal hasta una audiencia internacional es, ciertamente, poco frecuente. Desde sus primeros años, se baña en un ambiente impregnado de cultura islámica y de historia. Descendiente por su padre, Hampaté, de una gran familia aristocrática peul [1] que desempeñó cierto papel en el Imperio peul islámico del Macina, oirá muy pronto las crónicas relacionadas con ese Imperio del que un día escribirá la historia (véase al final del capítulo la lista de sus principales obras). Por su madre, Kadiya, hija de un gran maestro en ritos iniciáticos de los peul que, en otro tiempo, lo había dejado todo para convertirse en el compañero de El Hach Omar [2], no sólo oirá los relatos que trazaban la prodigiosa epopeya del gran conquistador religioso tukulor [3], sino que también descubrirá las riquezas espirituales, morales y poéticas de la antigua tradición peul. Quizás haya de verse en esta confluencia de varias corrientes históricas y tradicionales, de las que es heredero, el origen de su futura vocación de historiador e investigador.

I. EL EXILIO Y EL RETORNO

Su padre muere muy pronto. Su madre, Kadiya, se casa en segundas nupcias con un jefe tradicional tukulor, Tiyani Amadu Alí Ziam, que

---

[1] Los peul, pueblo nómada de vocación pastoral llegado del Este y cuyo origen sigue siendo un enigma, se diseminaron por el África subsahariana. Después de su islamización fundaron en ella grandes imperios, entre otros el imperio de Sokoto y el imperio peul teocrático del Macina.

[2] Omar Saidu Tall, nacido en Senegal, hacia 1795, en una noble familia tukulor, llamado El Hach Omar tras su larga estancia en La Meca, de la que regresó con el título de «Jefe supremo de la Tiyaniya (véase nota 5) para toda África negra», fundó un vasto imperio teocrático islámico que se extendía desde el este de Guinea hasta Tombuctu y se anexionó el imperio peul del Macina.

[3] Los tukulores (deformación de «Tekrur», nombre de su país de origen en Senegal) no constituyen una etnia propiamente dicha sino un conjunto cultural homogéneo fuláfono (de lengua peul) formado en sus orígenes por varias etnias, incluida la de los peul. Se llaman a sí mismos «halpular», es decir, «los que hablan peul».

adopta oficialmente al niño. Destituido por las autoridades coloniales francesas, Tiyani es enviado al exilio, a Buguni, en pleno país bambara, todavía poco islamizado. Tras un período muy difícil, una especie de corte se constituye en torno suyo. Allí, cada tarde, durante años, el joven Amadu escucha a los más grandes músicos, narradores, historiadores y tradicionalistas [4], tanto peul como bambaras, que frecuentan la residencia de su padre adoptivo. Gracias a una memoria prodigiosa (frecuente entre los pueblos de culturas de tradición oral), el niño retiene todo y retransmite al día siguiente a sus pequeños camaradas todo lo que ha oído durante la víspera. Más tarde, publicará los más hermosos de esos cuentos y relatos, en particular los grandes cuentos iniciáticos peul, haciendo así llegar hasta nosotros tesoros inestimables de la literatura oral.

Cuando, hacia 1908, su familia es al fin autorizada a regresar a Bandiagara, entra en la Escuela coránica que acaba de abrir un amigo íntimo de sus padres, Tierno Bokar Salif Tall, sobrino nieto de El Hach Omar. Tierno Bokar es, sin duda, el hombre que más ha influido en Amadu Hampaté Ba. Sabio en ciencias islámicas clásicas, dignatario de la cofradía musulmana Tiyaniya [5], gran conocedor de lenguas y culturas africanas locales, es ante todo un sabio, un hombre lleno de amor y tolerancia, un auténtico maestro espiritual. Será capaz no sólo de enraizar al joven Amadu en una fe islámica ilustrada y generosa sino también de abrirle los ojos al mundo, de inculcarle el amor por todas las criaturas vivas y el respeto por todos los hombres sean cuales fueren sus orígenes o sus confesiones.

Fue él —ha dicho Amadu Hampaté Ba— quien me inculcó esta voluntad de conocer y de comprender, de no hablar jamás de algo que yo no conociera, de no temer nunca entrar en cualquier realidad con tal de que la respetase y de que eso no pusiera en peligro mi propia fe. Todo lo que sé, se lo debo.

---

[4] La palabra «tradicionalista», empleada a menudo por A. H. Ba, designa no al hombre vuelto hacia el pasado (en el sentido moderno y peyorativo del término) sino al sabio en tal o cual rama de los conocimientos tradicionales. En las lenguas locales, la palabra significa «conocedor». Algunos etnólogos dicen «tradicionista».

[5] La Tiyaniya en una de las principales cofradías musulmanas de África negra y de África del norte. Acerca de la importancia de las cofradías en el islam, véase el capítulo 6.

Sin duda, el niño está destinado a una carrera de sabio morabito [6] islámico, pero a sus doce años, como hijo de jefe, es requisado de oficio para la escuela francesa [7]. Su madre trata de oponerse por temor a que se haga infiel. Tierno Bokar le argumenta así: «¿Por qué el hecho de ir a la escuela ha de hacer de él un infiel? No te interpongas entre Amadu y su Señor. Si Dios ha decidido que ésa sea su vida, él la seguirá [...]». Y le recuerda estas palabras del Profeta: «El conocimiento de una cosa es preferible a su ignorancia» y «Buscad el conocimiento desde la cuna hasta la tumba, aunque sea en China».

II. LOS DÉDALOS DE LA ADMINISTRACIÓN COLONIAL

Amadu entra, pues, en la escuela francesa. Recoge su diploma de estudios primarios y luego se escapa para reunirse con su madre, haciendo a pie un recorrido de casi quinientos kilómetros. Tras algunos años de interrupción, reanuda sus estudios en Bamako, donde prepara el examen de ingreso a la célebre Escuela Normal William Ponty de Gorée (Senegal). Es admitido, pero esta vez su madre se muestra intransigente y se niega a dejarle marchar a Senegal. El propio A. H. Ba recuerda que «en el África tradicional no se desobedece jamás una orden de su madre, pues todo lo que viene de la madre es sagrado». Por ello, cuando se le convoca oficialmente a acudir a Gorée, no lo hace. Su actitud escandaliza a las autoridades. En castigo a su indisciplina, el gobernador del Territorio le destina de oficio a Uagadugu, en Alto Volta (actual Burkina Faso), al más bajo nivel de la escala administrativa, puesto que le nombra: «amanuense auxiliar temporal a título esencialmente precario y revocable», y le ordena hacer el viaje a pie (¡un trayecto de novecientos kilómetros!) bajo la vigilancia de un guardia a caballo. Así fueron los comienzos de Amadu Hampaté

---

[6] Originalmente, la palabra designa en árabe a los letrados, versados en las ciencias islámicas de todas clases, a los que se acude en consulta. Hoy, su sentido se ha visto un tanto desviado por el uso que de la palabra hacen numerosos charlatanes, que explotan la credulidad del público en nombre de sedicentes conocimientos ocultos islámicos.

[7] En la época, los hijos de jefes o de notables eran enviados de grado o por la fuerza a la escuela francesa local, y luego orientados a una escuela superior, conocida bajo la apelación de «Escuela de rehenes», para recibir una instrucción de base que les permitiera ocupar empleos subalternos en la administración colonial.

Ba, que por entonces tenía unos veintiún años de edad, en la carrera administrativa colonial.

Amadu Hampaté Ba pasará once años en Alto Volta, donde ascenderá por concurso todos los escalones jerárquicos por entonces accesibles a los indígenas. Aprovechará esa estancia para acumular observaciones sobre las costumbres y tradiciones de las etnias locales... así como sobre las costumbres administrativas. Cuando regrese a Bamako, en 1933, para desempeñar allí las funciones de primer secretario de la alcaldía y, más tarde, las de intérprete particular del gobernador, ya no tendrán secretos para él los mecanismos y los laberintos de la administración colonial.

Es entonces cuando vuelve a encontrarse con Tierno Bokar, de quien recibe, durante un largo permiso de ocho meses, una enseñanza espiritual y esotérica intensiva de la que anota por escrito una buena parte. Años después dedicará una obra a la vida y a las enseñanzas de su maestro.

Hacia 1937 comienza para él un período de graves dificultades, por su pertenencia, con Tierno Bokar, a la obediencia espiritual de Cherif Hamalah, un gran maestro de la cofradía Tiyaniya, reputado por su santidad pero muy mal visto por las autoridades coloniales a causa de su independencia de espíritu y de diversos malentendidos. Cherif Hamalah es condenado al exilio y luego deportado a Francia, donde morirá [8]. Tierno Bokar, consignado en reclusión domiciliaria en Bandiagara, con la prohibición de recibir visitas, muere en 1940, con palabras de perdón y bendición en sus labios. El propio Amadu Hampaté Ba debe su salvación a la intervención del profesor Théodore Monod, fundador y director del Instituto Francés de África Negra (IFAN) de Dakar, que, en 1942, logró asignarlo a sus servicios, haciéndole así intocable.

III. «EL IMPERIO PEUL DEL MACINA»

Asignado a la sección etnológica del Instituto, Amadu Hampaté Ba puede al fin consagrarse con plena dedicación a sus estudios. Efectúa

---

[8] Su tumba está en Montluçon, cementerio del Este. Para más detalles, véanse A. H. Ba, *Vie et enseignement de Tierno Bokar,* y Alioune Traoré, *Cheikh Hamahoullah, homme de foi et résistent,* París, Maisonneuve et Larose.

misiones de campo en casi todos los territorios de la antigua «África occidental francesa». Comienza a publicar numerosos trabajos en el *Bulletin de l'*IFAN y en diversas revistas africanas. Recoge, entre otras cosas, de uno de los últimos grandes maestros de iniciación peul del Ferlo senegalés, el texto iniciático y simbólico *Kumen*, que publicará más tarde con Germaine Dieterlen. Lleva también a término una larga y minuciosa encuesta de quince años que culmina en la redacción de *L'Empire peul du Macina*, obra totalmente realizada a partir únicamente de los datos de tradición oral. Éste es el comienzo de la larga lucha de Amadu Hampaté Ba por hacer admitir, en los medios científicos modernos, la fiabilidad de la tradición oral como fuente auténtica de conocimientos históricos.

En 1951, gracias a una beca de un año que le asigna la Unesco a petición de Théodore Monod, descubre Francia por primera vez. Aprovecha su estancia para establecer sólidas amistades en los medios africanistas y orientalistas de París. En ulteriores estancias dará una serie de conferencias en la Sorbona sobre la civilización y la cultura de los peul.

Cuando, en 1958, su país consigue la autonomía, Amadu Hampaté Ba funda en Bamako el Instituto de Ciencias Humanas, cuya dirección asume durante algunos años. Desde hacía tiempo apoyaba activamente al partido Agrupación Democrática Africana (RDA) fundado por el futuro presidente Felix Huphuet-Boigny. Pero nunca aceptará función política alguna, ni siquiera parlamentaria. La única excepción a la regla que se había trazado es la de haber aceptado, en 1962, ejercer, por unos años tan sólo, las funciones de embajador de Malí en Costa de Marfil, cerca de su viejo amigo el presidente de ese país, y ello porque Malí necesitaba la libre disposición del puerto de Abiyán, tras su ruptura con Senegal.

IV. UNA FIGURA DE LA UNESCO

Cierto es que entre tanto ha encontrado un lugar privilegiado para ejercer su única y verdadera vocación: el diálogo humano, cultural y religioso. Tras haber sido delegado por Malí a la Conferencia general de la Unesco en 1960, es elegido, en 1962, miembro del Comité ejecutivo de esta institución. Durante sus ocho años de mandato desarrollará su conocido combate por la salvación y la rehabilitación del patrimonio cultural oral africano, parte integrante del patrimonio cultural de la humanidad, del que revelará la riqueza y la profunda dimensión filosófica y humana. Sus intervenciones en la Unesco, animadas siempre por un espíritu de diálogo y de conciliación, han dejado un recuerdo nostálgico. En tan seria asamblea era uno de los pocos capaces de hacerla reír a carcajadas, por saber aligerar las situaciones políticas más tensas mediante el recurso, en el momento más oportuno, de un cuento o de una historia sabiamente escogidos. A uno de los delegados occidentales que le preguntaba un día: «Pero ¿qué podéis aportarnos vosotros, los africanos?», le respondió, sonriendo: «La risa, la risa que vosotros habéis perdido».

A través de numerosas conferencias, charlas o entrevistas, no cesa de invitar a los jóvenes africanos a tomar conciencia de los valores de su propia cultura y a no encontrar exclusivamente sus modelos en el extranjero:

Tomad de la tradición lo que tiene de bueno —les dice—. Podad de sus ramas lo que tenga de excesivo o superado, operad injertos juiciosamente con elementos tomados del exterior, pero, sobre todo, jamás cortéis el tronco. Si no, perderéis vuestra personalidad y dejaréis de ser vosotros mismos, sin por ello convertiros en verdaderos europeos. [Y les recuerda constantemente el adagio que dice:] Un trozo de madera siempre flotará en el agua, pero jamás llegará a ser un caimán.

Este riguroso musulmán sunní, que dedica una parte de cada noche a la oración y a la meditación y que, hasta la edad de 82 años, viajará por el mundo con un sudario en su maleta, sólo se mostró siempre riguroso para consigo mismo. Por haberse trazado una regla de conducta a partir de la exhortación coránica de «No violentar en religión» [9], se define a sí mismo como un «hombre de diálogo religioso».

Cada vez que encuentro a un hermano creyente —dice— cualquiera que sea su religión, trato de escucharle. Es tiempo de olvidar nuestras divergencias para descubrir lo que tenemos en común. Ya no estamos en la época de las conversiones forzadas, sino en el tiempo de las convergencias. [Para él,] el gran asunto de la vida es la mutua comprensión.

---

[9] Corán II, 256.

Entrevistado en 1981 por Philippe Decraene a propósito del «ascenso del Islam militante» [10], declaraba:

No hay que generalizar a partir del comportamiento de algunos que no hacen, de todos modos, sino expresar su propia comprensión, tal vez limitada, del Islam. Conviene hacer la distinción entre los que practican el islam y se esfuerzan por integrar sus valores en su propia vida para transformarse a sí mismos, y los que lo utilizan, consciente o inconscientemente, en pro de una política o en beneficio de sus intereses del momento [...]. Discípulo de un hombre, Tierno Bokar, que predicó durante toda su vida la tolerancia y el amor a todos los hombres en el nombre mismo de los principios fundamentales del islam, yo no puedo sino aprobar toda acción de revivificación del islam que vaya en ese sentido, y deplorar, en cambio, todo progreso de la intolerancia, en la forma que sea.

En uno de sus poemas peul [11], dice:

*Cualquiera que sea la religión de un hombre,
no me corresponde juzgarlo.
Nada hay que yo pueda juzgar
si no es mi propia obra.*

Siempre que había que favorecer un mejor entendimiento entre los hombres, este «hombre del verbo» pasó a menudo de la palabra a los hechos. Enviado por las altas autoridades locales, tuvo que resolver sobre el terreno agudos conflictos, por ejemplo entre nómadas peul y poblaciones sedentarias. En 1961, en Jerusalén, organiza en el monte Sión, a la luz de un candelabro, por el toque de queda militar, una oración en común, por el entendimiento y por la paz entre los hombres, con un sacerdote católico y un rabino israelí. En 1975, en Malí, tras un año de delicadas gestiones, logra reunir a los representantes de tres grandes clanes enemigos, enfrentados en muchas guerras durante todo el siglo XIX (los cissé, pueblo peul del Macina; los tall, tukulor, y los kunta, moros de Tombuctu), en una gran noche de oración y reconciliación, con un intercambio mutuo de un solemne perdón, en presencia de 10 000 personas y del jefe del Estado. Inter-

---

[10] *Le Monde Dimanche*, 25/10/81: «Les leçons de sagesse de l'oncle Hampaté Ba», por Philippe Decraene.

[11] Los extractos de los poemas peul de A. H. Ba que figuran aquí, aún inéditos, han sido extraídos de sus archivos.

locutor privilegiado del diálogo entre el islam y el cristianismo e interreligioso en general, su acción le valió recibir en Houston (EE UU), en 1981, el Premio del Ecumenismo otorgado por la célebre Fundación de Ménil.

Durante todos esos años, escribe y publica sin descanso. En 1974, recibe el gran premio literario de África Negra por su obra *L'Étrange destin de Wangrin*, gran relato picaresco considerado como un modelo de literatura típicamente africana.

Hasta 1986, Amadu Hampaté Ba recibe cada día en su domicilio de Marcory (un barrio popular de Abiyán) a visitantes de todas partes y de toda condición, que acuden a escuchar al «sabio de Marcory» hablar de África, del Islam, de Tierno Bokar o simplemente de los problemas de la vida. De una simplicidad sonriente y calurosa, si alguien le llama maestro, le corrige inmediatamente: «Todos tenemos algo que aprender de los demás. Yo mismo soy un eterno alumno siempre ávido de aprender».

Durante toda su vida, ha desconfiado del engaño espiritual que conduce a ilusionarse sobre sí mismo. «Cuida de no dejar jamás a tus discípulos hacer de ti un "pequeño dios"», le había aconsejado Tierno Bokar. ¿Acaso fue por obedecer a esa advertencia? El caso es que Amadu Hampaté Ba, aunque se hubiese convertido entre tanto en jeque de la hermandad Tiyaniya, jamás consintió en fundar, como habría podido hacerlo, una *zawiya* [12] que congregara en torno suyo a alumnos y discípulos. Como ha escrito en uno de sus poemas:

> *Quienquiera se dé orgullosos golpes de pecho*
> *y se glorifique diciendo «Yo sé», no sabe.*
> *Si supiera, sabría que no sabe.*

Hoy el viejo sabio, de ochenta años de edad, no sale ya de casa. Ya no escribe, pero su obra prosigue bajo su control: clasificación y microclasificación de sus archivos con vistas a la constitución de un Fondo Amadu Hampaté Ba, destinado a las bibliotecas de París y de las capitales africanas interesadas; preparación de una monumental «autobiografía» en varios tomos; preparación de publica-

---

[12] Una *zawiya* es un lugar de reunión, de enseñanza y de oración para los miembros de una cofradía o *tariqa*, organizada en torno a un responsable autorizado de la *tariqa*. Es una especie de centro local de la cofradía.

ciones futuras (históricas, etnológicas, islámicas) extraídas de sus archivos o de sus conferencias.

Habla muy poco, pero cuando lo hace, su palabra, despojada de todo lo superfluo, va derecha a lo esencial y llega a los corazones. Sumido en una vida interior intensa e impregnada de paz y de serenidad, el viejo hombre ha hecho suyos estos versos extraídos de uno de sus poemas peul:

> *¡Oh, Dios! Hago de todo mi cuerpo tu mezquita,*
> *Ven a mí, para alabarte a Ti mismo.*

En estas breves páginas no hemos podido hacer otra cosa que echar una ojeada a la vida de este hombre fuera de lo común, dejando necesariamente en la sombra muchos aspectos de su personalidad, de su obra o de sus acciones. Pero tal vez lo prefiera así quien ha dicho:

> *Haz el bien, y luego ve a lanzarlo al río.*
> *Si los peces lo ignoran, Dios lo sabrá.*

PRINCIPALES OBRAS DE AMADU HAMPATÉ BA

A. *Editadas en Francia*

——, *Koumen (texte initiatique des pasteurs Peul),* con G. Dieterlen, París, Mouton, 1961. Distribuido por el EHESS, Bd. Saint-Michel, 75006.
——, *Aspects de la civilisation africaine,* París, Présence Africaine, 1972 (agotado).
——, *L'Etrange Destin de Wangrin,* Colección 10/18, París, 1973. Gran Premio literario del África negra en 1974. Traducido al alemán, húngaro, checo, japonés e inglés.
——, *Vie et enseignement de Tierno Bokar, le Sage de Bandiagara,* París, Seuil,

Colec. Point/Sagesse, 1980. Edición, enriquecida, de la de Présence Africaine. Traducido al italiano.

B. *Editadas por Nouvelles Éditions Africaines (NEA) de Abiyán*

——, *Jésus vu par un musulman,* 1976, y *Petit Bodiel* (cuento humorístico peul), 1977 (agotados).
——, *Kaydara* (gran cuento simbólico e iniciático peul), 1978. Varias adaptaciones teatrales. [Una versión poética bilingüe de *Kaydara,* así como de *L'Éclat de la grande étoile* (continuación de *Kaydara*), existen en la colección Classiques Africaines, reeditada por las Éditions Peters (distribuidor CDU, 88 Bd Saint-Germain, 75006 París).]
——, *L'Empire peul du Macina,* con Jacques Daget, 1984 (edición conjunta con el EHESS). Reedición de la de IFAN en 1955 en Mouton.
——, *Njeddo Dewal mère de la calamité,* 1985 (gran cuento fantástico e iniciático peul).
——, *La Poignée de poussière, contes et récits du Mali,* 1987.

Numerosos estudios y contribuciones a obras colectivas, entre otras «La tradition vivante», en *L'Histoire générale de l'Áfrique,* tomo I (Unesco/Jeune Afrique, París, 1980, edición completa). (El texto que figura en la edición abreviada de este volumen no es de A. H. Ba y se aleja bastante de su estilo y de su pensamiento.)

19. AMADU BAMBA, EL SERVIDOR DEL PROFETA

TIDIANE SALL *

El profeta Mahoma ha dicho: «La felicidad será para los que vean el siglo XIV de la hégira». Pues bien, es en el alba de ese siglo, en 1273 de la hégira (1853 de la era cristiana), cuando nace, en M'Backé-Baol, en el corazón de Senegal, el que va a convertirse en una de las más grandes figuras del islam. Su padre, un cadí [1] letrado, ha elegido para dar nombre a su hijo el de su preceptor, Amadu Sall, del pueblo de Bamba, de ahí el nombre de Amadu Bamba que recibe el niño. Los padres de Amadu Bamba son musulmanes desde hace varias generaciones y están afiliados a la cofradía [2] Qadiriya, una de las más importantes de la época, con la Tiyaniya. Es el abuelo de Amadu Bamba quien ha fundado, en 1789, el pueblo de M'Backé-Baol. La historia africana conoce a ese fundador con el nombre de Muhammad el-Kebir [3] o Maram M'Backé. Pero su madre, Mariama Buso, llamada Diaretulah (la vecina de Dios), tampoco es una desconocida. Sus virtudes son tales que se le atribuye una prestigiosa genealogía que se remonta hasta el imán Hassan, hijo de Alí ibn Abi Talib [4].

La venida al mundo de Amadu Bamba coincide con uno de los períodos más agitados de la historia de Senegal. Desde 1855, en efecto, los franceses, bajo la dirección del gobernador Faidherbe, parten de Saint-Louis para lanzarse a la conquista del interior del país. Mediante la hábil utilización de las rivalidades existentes entre los ejércitos locales, triunfan sin dificultad. El pueblo de Amadu Bamba es incendiado, Mame Balla, su abuelo, encuentra la muerte y la familia se ve obligada a partir, dejando todo tras de sí. A sus diez años, el futuro jefe religioso es testigo de la desolación que se abate sobre los suyos y sobre su país. Pero apenas alcanza la edad de quince años

---

* Jeque, miembro de la comunidad muridí.
[1] Juez musulmán.
[2] Véase el capítulo 6 sobre las cofradías.
[3] Mohamed el Grande.
[4] Alí ibn Abi Talib es el primo y el yerno del Profeta.

cuando su corazón sufre un nuevo golpe. Su madre muere, y su padre lo envía a continuar sus estudios junto a su tío.

I. EN LA ESCUELA DE LOS GRANDES MAESTROS

La frágil silueta de este joven muchacho, arropada en un «bubú» que le cae hasta los tobillos, permanecerá largo tiempo en la memoria de los suyos como la imagen de la tristeza punzante que no quiere dejarse adivinar. Tras haber frecuentado la escuela de su tío materno, Mamadu Buso, recibe las enseñanzas de otro tío materno, Muhammadu Buso, quien después de haber cumplido su tarea, confía su sobrino al gran erudito Samba Tukolor Ka. Este último le enseña algunos principios de teología y le invita a iniciarse en la Qadiriya. Luego es el cadí Madiajaté Kala quien le enseña la lexicografía, la filología y el arte de la versificación. Estudia literatura y lógica con un erudito moro, Muhammad el-Yadali. En fin, en 1881, se reúne con su padre en M'Backé Cayor, pueblo que este último acaba de fundar y en el que ha creado una escuela. Amadu enseña entonces en la escuela de su padre. Pero éste muere dos años más tarde, en 1883 (1300 de la hégira). Amadu Bamba recitará el Corán a su cabecera.

Tiene ahora treinta años y es un maestro formado en teología y en jurisprudencia islámicas. Ha versificado algunos tratados de Al-Sanusi, de Al-Gazali, de Al-Ajdari. Después del entierro, Serigne Taiba Muhammad N'Doumbe, que había dirigido el servicio fúnebre, propone que Amadu Bamba reemplace a su padre en sus funciones de cadí ante el rey. Ante la sorpresa general, lo rechaza. Su respuesta es muy clara: «Os agradezco vuestras condolencias y vuestros consejos. En lo que concierne al Damel (el rey), no estoy acostumbrado a tratar con monarcas, no envidio sus riquezas y sólo busco honores junto al Señor supremo». Esta actitud queda confirmada en uno de sus poemas, que comienza así: «Ellos me han dicho: apóyate en los que tienen el poder y serás rico. Pero yo he respondido "Dios me basta y sólo Él. Y nada me satisface fuera de la ciencia y de la religión" [...]».

Al actuar así, Amadu Bamba respetaba las últimas recomendaciones de su padre.

Continúa aprendiéndote el Corán y los textos sagrados, sin olvidar la gramática árabe y la jurisprudencia musulmana. Sólo con esta condición podrás verdaderamente comprender tu religión y servir a Dios y al Profeta. El país está en estos momentos en una situación confusa. El único medio que tienes para ayudar a los demás y para ayudarte a ti mismo es despreciar las cosas de este mundo [...].

II. LA EDUCACIÓN MURIDÍ

En el pueblo de M'Backé-Baol, donde ha permanecido tras la muerte de su padre, Amadu Bamba dispensa, con un talento pedagógico fuera de lo común, su enseñanza, consistente en el estudio de la *charia*, de la *sunna* y los hadices y, naturalmente, del Corán. Pide a sus discípulos que se ajusten a cuatro reglas: evitar la charlatanería, la glotonería y el exceso de sueño y cultivar la soledad. Su fin es el de llegar a imitar al Profeta del islam. Más tarde dirá:

Si el cielo que tenemos sobre nuestras cabezas es el mismo que el que estaba por encima de la cabeza del Profeta y si la tierra sobre la que andamos es la misma que tenía bajo sus pies el Profeta, debe bastarnos para saber que, si se muestra bravura y determinación, es posible llegar al mismo nivel que los que estaban con el Profeta [...].

Amadu Bamba profesa un amor y una admiración sin límites por el Profeta. Por ello, no se siente sorprendido cuando, en 1884, este último ordena dar a sus alumnos una educación espiritual y no simplemente libresca. Entonces reúne a todos y les dice:

A todos los que habéis venido aquí a estudiar os he enseñado lo que sé. Sin embargo, he recibido del Profeta una orden; si lo creéis, haced como yo [...]. [Y añadió:] El Profeta me ha dicho: conserva los escritos que has redactado [5] pues testimoniarán el día del juicio final que eras un adorador de Dios. Pero a partir de ahora educa a la gente, purifica su corazón y su alma y elévala hacia Dios.

Después de este discurso, una parte de sus alumnos decidió abandonar la escuela. Los que se quedaron se convirtieron en los

---

[5] La mayor parte de las obras del jeque son poemas, magníficos, construidos sobre versículos coránicos. Él mismo dirá: «Mis milagros son mis escritos». Los muridíes estiman la obra completa en unas 7,5 toneladas de manuscritos. Amar Samb dice que desde el punto de vista de la calidad y cantidad de su obra, Amadu Bamba se manifiesta como el poeta más prolijo del mundo islámico.

primeros discípulos de Amadu Bamba, conocidos ahora como los muridíes del jeque Amadu Bamba, quien, más tarde, recibirá el título honorífico de *jadimu Rasul* (el servidor del Profeta). Junto al jeque Amadu Bamba, los discípulos aprenden a respetar al prójimo y a hacer el bien, pero también son conducidos a progresar espiritualmente mediante ejercicios de mortificación como el de soportar el hambre, la práctica de trabajos asiduos y de sesiones de *dikr*[6] o la declamación de poemas compuestos por el jeque. Hay que añadir a esto el respeto de algunas reglas como la limpieza ritual, el aislamiento y el hecho de «trabajar como si se debiera vivir eternamente en este mundo», conforme a un hadiz del Profeta.

III. SUFISMO Y MURIDISMO

Lo que quiere Amadu Bamba es caminar con sus discípulos por la vía del sufismo. Es ésta una ciencia reservada a una elite, la de los iniciados que reciben el nombre de «muridíes». He aquí la definición que da de los muridíes y del muridismo:

Según los dichos de los Maestros, el muridismo [*irada*] consiste, para un postulante a la vida mística, en dejar todo lo que no era sino rutina [...]. El muridí, allí donde esté, no debe jamás desear otra cosa que complacer al Bienhechor. Se llega a ser muridí cuando no se quiere nada para sí mismo, sino todo para Él [Dios] que hace lo que Él quiere. Quien así actúe llegará junto a su Señor y tendrá la felicidad.

Sin embargo, el hecho de abandonarse a Dios no es sinónimo de resignación y de fatalismo:

Es obligatorio reconocer el mismo interés a la ciencia positiva y a la ciencia mística [...]. Sabed que la ciencia y el trabajo son dos vías que conducen a la felicidad [...]. Los frutos de la ciencia utilitaria sólo maduran por el aliento de la práctica. Sé, pues, poseedor tanto de una como de otra. Está fuera de duda que poca práctica con conocimiento aporta mayor recompensa que mucha práctica en la ignorancia. Abandonarse a la Providencia sin trabajar es la conducta de un insensato. Es justo conciliar el dogma y la verdad[7]. El verdadero muridí es el que evoluciona en función de su época sin dejarse superar.

---

[6] Repetición de letanías.
[7] La *charia* y la *haqiqa*.

Los términos muridíes y muridismo rebasan ampliamente, como se ve, la acepción corriente de la designación de los discípulos del jeque Amadu Bamba. Es un error referirse a ellos bajo el término «la hermandad de los muridíes». Los muridíes son los que están sedientos de la Verdad sufí. Y para el jeque,

el verdadero sufí es el sabio que ha utilizado su saber en la dirección de Dios, hasta el punto de no ver nada sino Dios, de tal modo que ya no pueda hacer distinción entre un grano de arena y una pepita de oro.

Pero la vía del sufismo es difícil y necesita un guía (*cheij*) que pueda conducir al discípulo hacia la verdad (*haqiqa*). Pero ¿cómo reconocer al buen guía y distinguirlo del impostor? De hecho, el jeque Amadu Bamba distingue sumariamente tres clases de guías: el jeque docente, que debe poseer el saber coránico, una buena expresión oral y una inteligencia perspicaz; el jeque educador, que debe conocer la psicología, el mundo y la sociedad, y tener en cuenta las realidades sociales además de las humanas; y por último, el jeque-guía espiritual. A este último se le reconoce por algunas características: está aureolado de una luz divina; verlo incita a adorar a Dios; oírle provoca un estado místico. Es este último el tipo de guía el que puede elevar el alma del discípulo hasta Dios practicando una terapia mística...

IV. LA ERA DE LAS HOSTILIDADES

La popularidad del jeque rebasa ya con mucho el pueblo de M'Backé-Baol. A él afluyen personas de todos los horizontes y de todas las capas sociales. Amadu Bamba se ha convertido en el polo en el que convergen todas las miradas. Él permanece imperturbable y continúa con su enseñanza y sus meditaciones. Crea otros pueblos, que se convierten en otros tantos centros de enseñanza. Se ha hecho un sufí-constructor.

Después de M'Backé-Baol, funda, en 1886, Daru-Salam; en 1888, Tuba, después los pueblos de Daru alimul-Jabir, Daru Judos, Daru Rahman, Daru Minan, Daru Marnan. Daru alimul-Jabir es un gran centro de enseñanza. Daru Judos es un lugar de retiro místico. En

Daru Minan se encuentran los lectores del Corán y los escribas del jeque. En Daru Rahman recibe a sus huéspedes.

En abril de 1895 se instala en M'Backé Bari, en el Jolof, donde es muy mal acogido, sobre todo por las autoridades locales. Y es cierto que del Cayor al Jolof, pasando por el Baol, los reyes comienzan a desconfiar de ese jeque demasiado influyente. Así explica Mamadu Lamin Diop esta situación: «Nadie se consagra enteramente a Dios sin que Dios no lo someta a prueba por la mediación de adversarios [...]». El fin de la resistencia encarnizada del Cayor, particularmente la del soberano Lat-Dior, conduce a quienes se oponen a la autoridad colonial a adherirse al islam en la persona de Amadu Bamba. *No hay más Dios que Alá* es la nueva consigna. Lo que hace decir a Vincent Montelli: «El mensaje de Amadu Bamba, subversivo para el colonialismo de entonces, acababa de ofrecer un factor de resistencia y de cohesión social a grupos negro-africanos sacudidos por la penetración europea».

V. EL EXILIO EN GABÓN

El sábado 10 de agosto de 1895, el jeque Amadu Bamba se encuentra en Jewal con la patrulla del ejército francés encargada de su detención. El 5 de septiembre de 1895 es condenado al exilio en Gabón. El jeque Amadu Bamba contó más tarde que durante el juicio se habían manifestado tres tendencias:

Unos querían dejarme en Saint-Louis en residencia vigilada; algunos se pronunciaban por mi muerte y otros aconsejaban el exilio. Fue la opinión de estos últimos la que prevaleció. A los tres grupos opuse yo estas tres armas: la fe (*iman*), el islam y la gracia (*ihsan*).

El exilio deja imperturbable a este jeque de 42 años. La cárcel y las privaciones parecen no alcanzarle. La deportación aumenta incluso su popularidad. Su aislamiento inspira palabras como éstas en uno de sus poemas:

Me habéis echado de mi patria aduciendo que yo era adorador de Alá y que hacía la guerra santa. Pensábais que yo tenía cañones [...]. Cuando decís que soy adorador y el servidor del Adorador de Dios, es decir el Profeta, vuestra acusación se apoya en un hecho real y exacto. Cuando declaráis que hago una guerra santa, os doy toda la razón. Sí, yo hago la guerra santa [...], pero la hago con la ciencia y la piedad, rindiendo culto sincero a Dios y siendo el servidor de Mahoma.

Al sentir que se aproximaba el fin de su exilio, se dirige a Dios en estos términos: «Haz que mi retorno al país sea dichoso para todos nosotros».

VI. EL RETORNO VICTORIOSO EN 1902

En Gabón, los discursos del jeque jamás expresaron la menor queja y se mantuvieron siempre muy dignos. Sin razón aparente, las autoridades coloniales deciden su regreso a Senegal. Amadu Bamba tiene ya casi 50 años. Su regreso al país es triunfal. Hasta sus enemigos acuden a aplaudirle. Los colonos están muy inquietos, tanto más cuanto que los discípulos del jefe religioso recitan por todas partes sus poemas, que se han aprendido de memoria. Poemas muy duros y muy comprometidos como *Rumna*, en el que dice: «Dios, Tú me has preservado de este mundo que es como un cadáver en torno al cual se agitan los colonos; ellos creen que yo quiero este cadáver y por eso me han mandado al exilio. Pero Tú me has ayudado y ellos me han traído». Las muchedumbres se exaltan con la lectura de versos como éstos. Razón suficiente para que los colonos decidan enviarle de nuevo al exilio, esta vez a Mauritania, donde residen dos grandes jefes religiosos, los jeques Sidia Baba y Sadibu Abi, que dirigen la hermandad Qadiriya.

VII. EL EXILIO EN MAURITANIA

Es en 1903 cuando los colonos lo envían a Mauritania para alejarlo de sus discípulos e incitarle a una mayor modestia, ya que allí se encontrará en medio de sus propios maestros. Ya se ha dicho que la familia de Amadu Bamba estaba afiliada a la hermandad Qadiriya. Pero, contrariamente a lo que esperaban los colonos, son los maestros mauritanos los que se convierten en discípulos del jeque senegalés. En cuanto a sus discípulos de Senegal, la distancia les estimula en vez de desanimarles, y acuden a verlo, a pie, a caballo, a través de la selva, sin retroceder ante nada, con desprecio de los peligros y de los obstáculos en su camino.

VIII. EL RETORNO DEFINITIVO DEL JEQUE

La administración hace volver al jeque a Senegal. Pero es colocado en residencia vigilada en Thiéyene. Este regreso es aún más triunfal que el primero. Sabios, reyes, príncipes, campesinos, todos acuden a visitarle y a ponerse a su disposición. Tal afluencia de visitantes inquieta al comandante encargado de la vigilancia. Las autoridades coloniales eligen entonces la ciudad de Diurbel como nueva residencia del jeque. Éste se alegra de tal decisión: «Si supieran lo que Dios me reserva [...] no autorizarían este viaje, pues Dios va a apagarlos como el agua apaga al fuego y mi vía va a ensancharse y hacerse más popular».

En Diurbel, el ahora llamado «Servidor del Profeta» escoge el emplazamiento de su residencia y la llama «al Buqaatu Mubaraka»[8], el parque bendito. Pero la administración aprieta las tuercas. Las visitas le son limitadas, impedidas incluso a golpes.

A partir de 1915, el muridismo extiende su influencia por todo Senegal y más allá. Entre 1925 y 1927, los visitantes llegan de todos los rincones del Islam. De La Meca, de Medina, de Badr, de Taif[9], llegan cartas de reconocimiento por los servicios prestados al Islam por el jeque. En 1926, éste lanza la construcción de la mezquita de Tuba[10]. Es ya un anciano de 73 años. Un año más tarde, el 19 de julio de 1927, deja para siempre esta tierra a la que él consideraba

---

[8] Término coránico utilizado por el jeque, seguramente como recuerdo del lugar donde Dios se dirigió a Moisés para tranquilizarlo (Corán, 28, 30).

[9] Ciudades de Arabia Saudí cargadas de pasado islámico. La Meca es la ciudad donde nació el Profeta del islam. Medina es la ciudad a la que emigró. Badr es el nombre del emplazamiento en el que se produjo una célebre victoria islámica. Taif es un lugar de veraneo situado cerca de La Meca, donde el Profeta había tratado infructuosamente de establecerse cuando pensaba en huir de La Meca.

[10] Tuba debía ser para el jeque Amadu Bamba la copia exacta de Medina, donde el Profeta había hecho construir la primera mezquita.

como un cadáver. Sobre su pecho, una hoja en la que había copiado un versículo del Corán: «Venimos de Dios y hacia Él regresaremos».

REFERENCIAS BIBLIOGRÁFICAS

Diéye, A., *Sur les traces du cheikh du Amadou Bamba, l'exil au Gabon,* Édition N'Digël, 1985.
Diop, CML, *L'Abreuvement du commensal dans la source d'amour du cheihk al-Khadim ou la biographie du cheikh Amadou Bamba.*
Dumont, F., *La Pensée religieuse d'Amadou Bamba,* Dakar-Abidjan, Les Nouvelles Éditions Africaines, 1975.
M'Backé, S. B., *Les bienfaits de l'éternel,* Bulletin de l'IFAN, traducción de Khadim M'Backé.
Samb, A., *Contribution du Sénégal à la littérature d'expression arabe.*
Revista *N'Digël (La voie du Mourise),* núm. 1 a 19, París, 1980-1989.

20. SULTÁN GALIEV, «BOLCHEVIQUE MUSULMÁN»

Habib Tengour *

Sultán Galiev continúa siendo un «desconocido de la historia» [1]. Figura importante del marxismo musulmán y de los comienzos de la Internacional comunista, ha sido reducido a la etiqueta de «desviacionista de derecha» o de «Trotsky musulmán» por las invectivas stalinistas. «La mayoría de los militantes del socialismo sólo han visto surgir su silueta a la vuelta de una frase de Stalin.» [2] Los escasos documentos disponibles relativos a su biografía, a su educación y a su formación intelectual y política, dejan en la sombra muchos aspectos particulares de su vida y de su actividad.

La fulgurante carrera de este verdadero visionario del tercermundismo, violentamente controvertido, ilustra ejemplarmente una compleja trayectoria del nacionalismo musulmán de principios de siglo.

«Yo he venido al bolchevismo impulsado por el amor a mi pueblo que tanto pesa en mi corazón.» [3]. Esta romántica declaración de Sultán Galiev muestra hasta qué punto las raíces nacionales tártaras contaban para un intelectual con esos orígenes; por ello, es importante calibrar el peso de esa sociedad tártara para comprender un poco mejor el comportamiento de sus intelectuales y muy en particular las tomas de posición de Sultán Galiev.

---

* Escritor, profesor de Sociología en la Universidad de Constantina, autor de *Sultan Galiev* (París, Sinbad, 1985).

[1] Ha sido precisamente en la colección «Los desconocidos de la historia», en Fayard, donde Alexandre Bennigsen y Chantal Lemercier-Quelquejay han publicado *Sultan Galiev, le père de la révolution tiers-mondiste,* París, 1986. Debo expresar mi reconocimiento a estos dos autores; sin sus trabajos, yo no habría podido escribir este artículo. Véase también la obra de Hélène Carrère d'Encausse, *Réforme et révolution chez les musulmans de l'empire russe,* París, Armand Colin, 1966.

[2] *Cf.* el artículo de Maxime Rodinson, «Communisme et Tiers-Monde: sur un précurseur oublié», en *Marxisme et monde musulman,* París, Seuil, 1972, p. 377.

[3] Frase extraída de una carta al periódico *Qoyash* de Kazán y citada por A. Bennigsen y Ch. Quelquejay al frente de su obra *Les mouvements nationaux chez les musulmans de Rusie. Le Sultan-galievisme au Tatarstan,* París-La Haya, Mouton and Co., 1960.

I. COLONIZACIÓN DE TARTARIA

Después de la caída de Kazán, capital del Janato tártaro, en 1552, Tartaria iba a convertirse, como ha dicho el historiador soviético N. N. Firsov, en «una colonia rusa sometida a una explotación ilimitada»[4]. Los musulmanes fueron expulsados de la ciudad de Kazán, con prohibición de residir en un radio de menos de treinta verstas. Las mejores tierras de los valles fluviales del Volga, del Kama y del Chechma, en torno a las ciudades de Laisev, de Chistopol, de Kuibycher, de Tetuchi y a lo largo de las vías de comunicación, fueron confiscadas a los feudales y a los campesinos tártaros para dárselas a la nobleza, a los monasterios rusos y al arzobispado de Kazán, fundado en 1555. Se emprendió una colonización sistemática y se fomentó el asentamiento de los rusos durante los siglos XVII y XVIII. La operación se llevó a cabo con tal eficacia que a fines del siglo XVIII la población rusa se había hecho mayoritaria en todo el país tártaro.

Paralelamente a la desposesión de los tártaros, los rusos practicaban una política de asimilación forzosa, destruyendo a la feudalidad agraria tártara, que había dirigido la resistencia nacional en el siglo XVI, y favoreciendo la conversión de los musulmanes al cristianismo ortodoxo. Los tártaros fueron obligados así a la diáspora por el imperio y a sangrientas rebeliones. Sin embargo, lo que constituye un hecho excepcional en el islam de la época, la mayoría de la población musulmana aceptó sobrevivir bajo el dominio cristiano en vez de marcharse al Dar al-Islam[5].

El advenimiento de Catalina II inicia un período de cooperación con la nobleza y la clase mercantil tártara así como el de una política de tolerancia religiosa. En efecto, en 1767, se abolió la prohibición de residir en Kazán y los musulmanes pudieron construir allí dos mezquitas. Luego, el ucase del 17 de abril de 1773 permitió a todos los musulmanes del imperio construir mezquitas y escuelas religiosas (*mektep* y *medrese*) en cualquier parte donde quisieran. Por último, la

---

[4] «Le passé de la Tatarie», Kazán, 1926. Citada por A. Bennigsen y Ch. Quelquejay, ob. cit.

[5] Los teólogos musulmanes clásicos dividían al mundo en *Dar al-Islam* (Casa del Islam), donde reina la legislación islámica, y *Dar al-Harb* (Casa de la guerra), que comprende todos los países aún no conquistados por el islam. En el caso de pérdida de un territorio en beneficio de un conquistador no musulmán, sus habitantes musulmanes debían abandonarlo e irse al *Dar al-Islam*.

institución del Muftí de Orenburgo (transferido más tarde a Ufa) y, en 1788, la de la Asamblea espiritual de los musulmanes, iban a permitir un renacimiento del islam, que tendría por consecuencia un neto retroceso del cristianismo durante los comienzos del siglo XIX.

La política liberal preconizada por la gran zarina no era únicamente tributaria del despotismo ilustrado sino que obedecía también al imperativo económico: la apertura del Asia musulmana al comercio ruso. Esta penetración, difícilmente realizable por «infieles», no podía hacerse sino por mediación de los comerciantes tártaros musulmanes. Paradójicamente, la burguesía mercantil, que había logrado a fines del siglo XVII suplantar a la feudalidad agraria como clase dirigente de la sociedad tártara —aunque la mayoría de los feudales tártaros desposeídos se habían reciclado en los negocios— por su papel de intermediaria en el comercio del Asia musulmana, iba a promover un islam tradicional que ejercería una profunda influencia en todos los tártaros hasta la revolución.

El auge del capitalismo ruso y la reanudación de las campañas militares en el Turquestán pusieron término a esta cooperación rusotártara. A partir de 1860, la competencia entre las dos burguesías iba a provocar una nueva política de asimilación más sutil y más eficaz gracias al sistema escolar de Ilminski, tendente a reducir la influencia espiritual y cultural de los tártaros en Asia.

II. EL MOVIMIENTO MODERNISTA

Ante la doble amenaza económica y cultural, la sociedad tártara reacciona por el rechazo de todo lo ruso. Esa sociedad sintió la imperiosa necesidad de revisar los valores autóctonos para encontrar los medios de colmar el retraso de los musulmanes sobre los rusos. Ése es el contexto en el que iba a desarrollarse el reformismo musulmán (*Islah*) para resolver el problema de la modernidad y del modernismo en país islámico y la cuestión nacional.

El personaje más importante de ese movimiento modernista es el tártaro de Crimea Ismail Bey Gaspraly, Gasprinski en ruso (1851-1914). Era un noble monárquico liberal, un musulmán convencido y abierto a las ideas occidentales. Había vivido dos años en París y hablaba francés. En 1883, fundó su periódico *Teryuman* (El Intérprete), en el que propagó las ideas panturcas. Su consigna era muy sencilla:

«Dilde, fikirde ichte birlik» [unidad de lengua, de pensamiento y de acción]. Por ello, se dedicó a la reforma de la enseñanza musulmana, base indispensable de todo renacimiento. Esta reforma era urgente desde que la derrota de los ejércitos otomanos en la guerra ruso-turca de 1877-1878 había revelado la fragilidad del califato. Gaspraly creó escuelas nuevas, *yadid*, que modificaron considerablemente la sociedad a todos los niveles. Las teorías panturcas de Gaspraly habían chocado con los particularismos de los pueblos de Asia central; en cambio, su innovador programa escolar tuvo éxito en todas partes. En 1916, había más de 5 000 escuelas *yadid* en Rusia.

El *millet* (nación) entre los musulmanes de Rusia tenía una doble base: religiosa y étnica. Al desarrollar las ideas panislámicas y panturcas, los tártaros, nación sin territorio, se aseguraban el papel de guía de las poblaciones alógenas turcas y trataban de fortificar su propia posición económica, puesta en peligro por el dinamismo agresivo del capitalismo ruso. En efecto, los tártaros eran mongoles turquizados, lo que explica su apego al panturquismo. Sin embargo, a fines del siglo XIX y principios del XX, se dejan sentir las diferencias étnicas en el interior de las poblaciones turcas del imperio, y los tártaros del Volga van a poner en cuestión, poco a poco, la preeminencia cultural del Asia musulmana.

Pero en el momento del nacimiento de Sultán Galiev, los tártaros están en pleno renacimiento cultural nacional, y su papel de letrados «portadores de tradición» es indiscutible en toda el Asia central.

III. EL HIJO DE UN MAESTRO DE ESCUELA

Mir Sayyid Sultán Galiev nació, hacia 1880, en el pueblo de Krimsakaly, situado en la actual república de Bachkiria. Su padre era un *muallim* (maestro de escuela) tártaro, quizá de origen árabe jerifiano a juzgar por el calificativo de «sayyid» que acompañaba su nombre. No se conoce dato alguno sobre la madre o cualquier otro pariente. La familia era modesta, casi pobre.

Sultán Galiev frecuentó el *mektep* (escuela primaria) de su pueblo, donde debió de recibir la instrucción religiosa musulmana dispensada en ese género de establecimientos escolares, y después la escuela normal tártara de Kazán, que acababa de ser fundada en 1876. Fue allí donde se inició seguramente en el reformismo progresista del islam (el *islah* postulado por la escuela *yadid*), en el nacionalismo panturco y en el marxismo.

Hacia 1900, en nombrado bibliotecario en la biblioteca municipal de Ufa. Interesado por la literatura, traduce al tártaro cuentos rusos para niños y relatos de Tolstoi. ¿Cómo vivía Sultán Galiev a sus veinte años? ¿Era musulmán practicante o librepensador? ¿Qué relaciones mantenía con sus próximos? ¿Tenía vida sentimental? ¿En qué soñaba? No sabemos nada.

Tampoco sabemos cómo reaccionó, en 1905, ante la victoria de Japón, país asiático, sobre la Rusia supuestamente invencible, ni si se vio afectado por la revolución de 1905. Se dedicó al periodismo y colaboró con regularidad en varios periódicos de Ufa: *Tormus* (en tártaro), *Ufimskij Vestnik* (El Mensajero de Ufa, en ruso), y luego, a partir de 1911, de Moscú: *Musul'manskaja Gazeta*, que pertenecía al menchevique Ahmet beg Tsalijov, *Russkij Ucitel* (El maestro ruso) y en la revista orientalista *Mir Islama* (El Mundo del Islam). Firmaba con diversos seudónimos: M.S., Ul, Hijo del pueblo, Estudiante tártaro, etcétera.

Durante la guerra, en 1914, es nombrado profesor de la escuela tártara de Bakú. En este foco nacionalista y revolucionario, en plena ebullición, Sultán Galiev se comprometió con el movimiento nacionalista de Mehmet Emin Rasul Zade y colaboró en su periódico *Kavkazskoe Slovo* bajo el seudómino de «Mirsayit». Al mismo tiempo, continuó su actividad de publicista en diversos periódicos nacionalistas y socialistas moderados.

Hasta la revolución de febrero, Sultán Galiev, nacionalista de izquierda y simpatizante del marxismo, no tiene prácticamente ningún contacto con los socialdemócratas rusos. (El Comité de Kazán del partido obrero socialdemócrata ruso se fundó en diciembre de 1902.) Todo su camino hacia el marxismo, como el de sus futuros compañeros, se desarrolla en el interior de la comunidad musulmana, lejos de todo lazo organizativo con la socialdemocracia, lo que no va a dejar de tener influencia en su «concepción del mundo».

IV. EL CONGRESO MUSULMÁN DE BAKÚ

Fue en abril de 1917 cuando Sultán Galiev partió de Bakú hacia Moscú para dirigir el secretariado del Comité ejecutivo del Congreso musulmán, que debía efectuarse del 1 al 11 de mayo de 1917. Los tártaros iban a tener en él un papel preponderante. El congreso se desarrolló aparentemente bajo el signo de la unidad de todos los musulmanes de Rusia. Sin embargo, la adopción de la moción federalista de Emin Rasul Zade por 446 votos contra 271 supuso la ruptura del sueño panturco de la burguesía tártara, aunque se aprobase una resolución sobre la creación de un Consejo nacional central (Milli Merkezi Shuro).

Concluido el Congreso, Sultán Galiev fue a Kazán, donde estaba jugándose realmente la suerte del islam ruso. Se adhirió al Comité socialista musulmán (Musulman Socialist Komitesi) que acababa de fundar Mulla Nur Vahitov, con el reagrupamiento, el 7 de abril, de los comités obreros constituidos en febrero por revolucionarios tártaros. Mulla Nur Vahitov era una personanalidad fuerte y carismática que iba a influir en toda la intelectualidad musulmana de izquierda.

Era sobre todo un táctico militar cuya doctrina podía resumirse en tres puntos:

— la lucha social caracterizada por la eliminación de la feudalidad tártara y el tradicionalismo musulmán;
— la liberación nacional de los musulmanes del dominio ruso;
— la extensión del socialismo a toda la *umma* islámica.

Casi todos los miembros del Comité socialista musulmán, Emina Muhitdinova (vicepresidente), Ibrahim Kuleev (secretario), Shihab Gaoidullin (secretario adjunto), S. Ahmadeev, etc., eran intelectuales pequeñoburgueses formados en las filas del movimiento «islahísta». Gracias a su capacidad teórica, Sultán Galiev se impuso como una personalidad complementaria de la de Mulla Nur Vahitov y se convirtió en uno de los principales dirigentes del comité.

Cuando en noviembre de 1917, Sultán Galiev entró oficialmente, con su compañero Mulla Nur Vahitov, en el partido bolchevique, los dos estaban persuadidos de que la emancipación de los pueblos musulmanes del antiguo imperio zarista pasaba por la victoria de los partidarios de Lenin. La alianza con ellos era el precio del renacimiento nacional.

El Comité socialista musulmán se empeñó a fondo en los combates contra los blancos al lado de los bolcheviques. Sultán Galiev consideraba al ejército rojo musulmán como la verdadera fuerza revolucionaria, portadora en toda Asia de las ideas del socialismo y un vivero de dirigentes marxistas.

Los combatientes tártaros del Ejército Rojo eran los pioneros de la revolución social en Oriente, los que llevaban a los lejanos *kislaks* [pueblos] del Asia central, a los *jurtes* de Siberia y a los *aul* de las montañas del Cáucaso la bandera roja y la lucha de clases [6].

Pero la historia oficial soviética emite un juicio mitigado sobre el papel histórico del Comité y de sus dirigentes.

Fueran cuales fuesen sus intenciones y sus motivaciones profundas, las tomas de posición de Sultán Galiev durante la guerra civil son las de un apasionado bolchevique, como puede leerse en el *Llamamiento del Comisariado central militar musulmán a los bachkires y a los tártaros* de 1918 y en su artículo de 1919, «La revolución social y el Oriente», en el que dice:

Ha llegado el momento crucial, no sólo para los individuos sino también para los pueblos y los Estados, de decidir sobre su suerte y de elegir, irreversiblemente, el lado de la barricada en el que situarse. «Lo quieras o no, debes tomar parte en esta guerra y, consciente o inconscientemente, convertirte en "rojo" o en "blanco".» [7]

Brillante orador, con dotes organizativas y con un enfoque original del Oriente, Sultán Galiev iba a distinguirse muy pronto y a convertirse en un importante dignatario comunista. Era el único hombre de envergadura internacional, tras la muerte de Mulla Nur Vahitov en la toma de Kazán por los legionarios checos en agosto de 1918. Sucedió a su compañero en la presidencia del Comisariado central musulmán para la Rusia Interior (MUSKOM), institución creada junto al Comisario del pueblo para las nacionalidades —el NARKOMNAK, que dirigía Stalin— por decreto del SOVNARKOM del 19 de enero de 1918. Era también jefe del Colegio militar musulmán, que dependía, de hecho, del Comisariado Central musulmán, y redactor de *Zisn Nacio-*

---

[6] *Cf.* Sultán Galiev, «Les Tatars et la révolution d'Octobre», artículo aparecido en *Zisn Nacional'nostej*, núm. 24 del 5 de noviembre de 1921, traducido por A. Bennigsen y Ch. Quelquejay, Anexos, ob. cit., pp. 219-225.

[7] Texto aparecido en tres episodios en *Zisn Nacional'nostej* del 5 de octubre de 1919 al 2 de noviembre del mismo año y cuya continuación fue censurada. Traducido en Anexos por A. Bennigsen y Ch. Quelquejay, ob. cit., pp. 207-212.

nal'nostej, el órgano del NARKOMNAK; luego, en enero de 1920, miembro del Colegio del NARKOMNAK. Pero aunque fuese el segundo de Stalin y apareciese oficialmente como su próximo colaborador, Sultán Galiev chocaría con él en los tres puntos fundamentales de su doctrina, estimados poco conformes a la línea general.

V. LOS DESACUERDOS CON STALIN

El primer punto de desacuerdo concierne a la autonomía del Partido Comunista Musulmán, el objetivo primordial de Sultán Galiev. De hecho, pese a su adhesión al partido bolchevique, Mulla Nur Vahitov y Sultán Galiev trataban sobre todo de preservar la autonomía organizativa de los comunistas musulmanes, por una especie de desconfianza atávica hacia los rusos. Por eso, y aprovechando la gran anarquía que reinó después de octubre, lograron, entre marzo de 1918 («Conferencia de los obreros musulmanes de Rusia» en Moscú) y junio de 1918 («Primera conferencia de los comunistas musulmanes», en Kazán) establecer un partido comunista musulmán autónomo, con un Comité Central independiente. Sin embargo, el 5 de noviembre de 1918, cuando se abre en Moscú el I Congreso de los comunistas musulmanes, presidido por los tártaros Sultán Galiev, Jalimov y Jarullin, la situación militar estaba evolucionando a favor de los bolcheviques, que ya no dependían de modo tan vital de la ayuda de las poblaciones musulmanas en la lucha contra Koltchak.

Los bolcheviques podían permitirse, pues, rechazar la legalización del Partido Comunista Musulmán.

Los congresistas tenían que pronunciarse sobre la cuestión de las relaciones entre los comunistas musulmanes y el partido comunista ruso. La tesis de Stalin que postulaba «el reagrupamiento de las organizaciones comunistas musulmanas en una sección única del partido comunista ruso, con el "buró" de la sección al frente»[8] obtuvo la mayoría. Además, el Congreso condenó la actividad anárquica del Comisariado central musulmán y decidió transferir sus funciones políticas y organizativas a la dirección central. Esta centralización daba ventajas a los bolcheviques rusos. El año 1919 anunció la muerte de las diferencias organizativas musulmanas civiles y militares. Poco a

---

[8] Ob. cit., p. 129.

poco fueron destruidas o desmanteladas. En marzo, el VIII Congreso del Partido Comunista Bolchevique ruso (18-23/3/1919) consideró «indispensable la existencia de un partido comunista único, centralizado, con un solo Comité Central para dirigir el trabajo del Partido en todas las regiones de la RSFSR» [9]. El término Islam iba a ser reemplazado por el de Oriente.

Finalmente, el II Congreso de las Organizaciones Comunistas de los Pueblos de Oriente, que presidió Sultán Galiev, en Moscú, del 22 de noviembre al 3 de diciembre de 1919, liquidó todo lo que quedaba aún de la autonomía de las organizaciones comunistas musulmanas invocando el precedente del Bund. Sultán Galiev trató de salvaguardar la autonomía en el plano local, pero sólo lo conquistó en el seno del Komsomol, que durante largo tiempo sería un bastión del sultangalievismo.

VI. SOCIALISMO Y SOCIEDAD MUSULMANA

El segundo objetivo perseguido por Sultán Galiev era la propagación de la revolución socialista en los países coloniales, tarea que debía incumbir a los comunistas tártaros.

Nosotros, comunistas musulmanes, por conocer mejor las lenguas y las costumbres de los pueblos de Oriente, debemos desempeñar un papel capital en esta obra sagrada [...] que consiste en atraer a la gran familia de los trabajadores a los pueblos oprimidos secularmente [10],

escribía en 1918. Para ello, había que reconsiderar la teoría marxista en función de las particularidades de Oriente.

¿Cómo adaptar el socialismo a la sociedad musulmana precapitalista en la que no eran flagrantes las diferenciaciones en clases antagónicas? ¿Qué lugar conceder al islam y cómo realizar una eficaz propaganda antirreligiosa? ¿Cómo situar al mundo colonial en la estrategia eurocentrista del Komintern? Sultán Galiev iba a buscar la solución de esos problemas cruciales y a elaborar, a partir de los últi-

---

[9] Ob. cit., p. 131.
[10] En el *Llamamiento a los comunistas musulmanes,* del Buró Central de las Organizaciones Musulmanas, en ob. cit., p. 135.

mos meses de 1918, tesis originales, y proféticas en muchos aspectos, que desarrolló en sus artículos de *Zisn Nacional'nostej* y en sus intervenciones en los diferentes congresos entre 1918 y 1921. Para Sultán Galiev, la revolución socialista sólo podía triunfar en Oriente si se hacía con la pequeña burguesía nacional, dada la debilidad del proletariado musulmán. Esta tesis era compartida por Stalin, que, sin embargo, rechazaba una alianza permanente de las dos clases, como postulaba su colaborador.

La lucha antirreligiosa debía ser conducida con prudencia, pues

la posición particular del Islam, que se explica, por una parte, por su mayor vitalidad, debida a su más tardía aparición, y por otra parte, por la situación psicológica de las poblaciones musulmanas oprimidas o apenas liberadas de la opresión (los musulmanes en Rusia), exige nuevos enfoques y nuevos métodos de propaganda antirreligiosa [11].

Esta acción no debía ser asimilada por las poblaciones indígenas a las campañas de los misioneros zaristas. Por eso, la extensión del socialismo a las poblaciones musulmanas limítrofes debía hacerse a través de los comunistas musulmanes de Rusia y en particular por los tártaros. Ahí estaba el viejo sueño panislamista y panturco de los tártaros del Volga, reapareciendo bajo la bandera del internacionalismo proletario.

Como todos los bolcheviques de esa época, Sultán Galiev pensaba que «la revolución rusa debía transformarse, desde los primeros días, en revolución mundial» [12]. Pero en lugar de apostar como los dirigentes de Octubre por una victoria del proletariado occidental, eventualidad cada vez más hipotética después del fracaso de los espartaquistas y de la revolución húngara, él proponía movilizar sin tardanza al Oriente, verdadera clave para él de la revolución socialista mundial. Logró hacer admitir estas tesis en su «resolución sobre la cuestión de Oriente» por el II Congreso de las Organizaciones Comunistas de los pueblos de Oriente. Ese mismo congreso, al que asistían Lenin y Stalin, fue el que quitó toda la libertad de acción a los comunistas musulmanes.

Fue en septiembre de 1920, en el I Congreso de los pueblos de

---

[11] Véase Sultán Galiev, «Los métodos de propaganda antirreligiosa entre los musulmanes», publicado en *Zisn Nacional'nostej* (14 y 23 de diciembre de 1921). Traducido por A. Bennigsen y Ch. Quelquejay, ob. cit., pp. 226-238.

[12] En Sultán Galiev, *La Révolution sociale et l'Orient*.

Oriente, en Bakú, que para Sultán Galiev y sus partidarios, como Ryskulov y Narbutabekov, debía significar el desencadenamiento de la lucha de liberación de «los pueblos proletarios oprimidos», cuando los dirigentes del Komintern, Zinoviev, Radek, Pavlovic y Bela-Kun, rechazaron categóricamente dar la prioridad al Oriente y reconocer su especificidad. La euforia revolucionaria de Bakú y los llamamientos al *yihad* contra el imperialismo no podían enmascarar la rigidez doctrinal eurocentrista del Komintern y el fracaso de las tesis de Sultán Galiev y de los comunistas tártaros.

VII. EL GRAN ESTADO MUSULMÁN DEL VOLGA

El tercer objetivo de Sultán Galiev era la creación de un Estado nacional tártaro-bachkir en el Volga medio, recuperación de la antigua consigna «el Estado Idel-Ural» de los nacionalistas burgueses. También con esta cuestión el conflicto evolucionó en varios episodios durante el mismo período de 1918 a 1921.

El poder soviético, centralizado en manos de los rusos, rechazaba la creación de tal Estado; pero, ante la amenaza contrarrevolucionaria, el NARKOMNAC publicó el decreto sobre «la República tártaro-bachkiria de la Federación socialista soviética rusa», el 23 de marzo de 1918. Mulla Nur Vahitov y Sultán Galiev habían participado en la elaboración de ese decreto. No obstante, cuando el 21 de noviembre de 1919, en la Conferencia preparatoria del II Congreso de las Organizaciones Comunistas de los Pueblos de Oriente, que presidían Lenin, Stalin y Kalinin, Sultán Galiev reclamó la aplicación del Decreto del 23 de marzo de 1918, Lenin rechazó su petición. La República tártaro-bachkiria debía extenderse sobre un territorio inmenso del Volga medio y del Ural meridional y abarcar a una población de casi seis millones de musulmanes. Ahora bien, una pequeña república bachkiria existía ya *de facto* y de derecho en el interior de las fronteras de esa promesa de gran Estado unitario. Stalin explotaba políticamente las divergencias entre tártaros y bachkires, y el Comité Central del Partido Comunista Bolchevique Ruso anuló pura y simplemente el Decreto del 23 de marzo. Esto no impidió a Sultán Galiev y a sus compañeros reclamar, hasta marzo de 1920, su aplicación para los musulmanes que residían fuera de la pequeña Bachkiria. La última tentativa de reafirmación del principio de un gran Estado musulmán en el Volga medio tuvo lugar el 22 de marzo de 1920. Aquel día, una delegación de tres miembros —Sultán Galiev, Said Galiev y Burhan Mansurov— fue a ver a Lenin para tratar de convencerlo de la obligación de ampliar las fronteras de la futura República tártara, para incluir en ella a todos los musulmanes que no vivían en la pequeña Bachkiria. Pero Lenin no quiso saber nada y acusó a los tártaros de «chovinismo imperialista» hacia los bachkires, más subdesarrollados.

El 27 de mayo de 1920, el Comité Central ejecutivo promulgó un decreto por el que se creaba la República Soviética Autónoma Tártara, Estado en el que los tártaros representaban únicamente el 51,6% de la población. «A partir de ese momento, la tentativa de crear una República tártaro-bachkiria unificada se ha convertido en una de las manifestaciones del nacionalismo.» [13]

Durante todo el período de comunismo de guerra, Sultán Galiev había desplegado una actividad desbordante para concretar sus proyectos. Esa actividad fue contrarrestada por la instransigencia burocrática de Stalin y de otros dirigentes comunistas rusos, que no podían comprender ni admitir la menor desviación teórica del marxismo; sólo Lenin, y tardíamente, presintió los peligros de «un exceso de centralismo... para toda la Internacional» [14].

Sin embargo, y a pesar de su oposición a Stalin y de sus repetidos fracasos, Sultán Galiev continuó ocupando una sólida posición en el aparato comunista e incluso llegó a ser uno de los seis miembros del pequeño Colegio del NARKOMNAC. El 25 de septiembre de 1921 fue elegido miembro del Comité central ejecutivo de la República tártara, y, el 22 de junio de 1922, fue nombrado presidente del Colegio tártaro en Moscú, donde representó oficialmente al Tatarstán hasta su detención. Era, además, un profesor muy apreciado en la Universidad Comunista de los Trabajadores, fundada en Moscú en 1921.

VIII. «EL GRAN REVOLUCIONARIO DE ORIENTE», ENCARCELADO

De 1921 a 1923, Sultán Galiev se dedicó a combatir el «chovinismo gran ruso» en el interior del partido. Y aprovechándose de su situa-

---

[13] En H. Gimadi y M. Muharjamov, *Le Tatarstan soviétique, enfant d'Octobre,* Kazán, 1957, en ob. cit., p. 143.
[14] Lenin, «Note sur "les nationalités et l'autonomie"», del 31/12/1922.

ción trató de controlar las organizaciones regionales y locales, en beneficio de los tártaros comunistas impregnados de nacionalismo. Sus compañeros realizaron en la nueva república tártara una política «derechista» orientada a la «tartarización» de la República y a la promoción de la cultura nacional con rechazo de «la orientación hacia Moscú». Defendieron la lengua tártara como lengua oficial del Estado, con transcripción en caracteres árabes. Dirigieron sus esfuerzos de propaganda a la juventud musulmana de los komsomoles para garantizarse un relevo ideológicamente independiente del partido comunista ruso. Esa movilización nacionalista de la juventud tuvo tal éxito que el Komsomol tártaro admitió a Sultán Galiev como miembro de honor y le dio el título de «gran revolucionario de Oriente», cuando éste se encontraba encarcelado por actividades contrarrevolucionarias.

Fue el 10 de junio de 1923 cuando Stalin, al tomar la palabra en la IV Conferencia del Comité General del Partido Comunista Ruso (ampliada a los militantes responsables de las repúblicas y regiones nacionales) expuso públicamente «el caso Sultán Galiev»[15]. Fue la primera condena magistral realizada según el procedimiento estalinista, que iría mejorando luego a medida que se desarrollaran los procesos. Para la mayoría de los comunistas occidentales, fue ciertamente la única versión del sultangalievismo que les fue dado conocer.

Stalin declaró haber tenido conocimiento de una «carta conspirativa» de Sultán Galiev en 1919.

Lo encontré por casualidad en el politburó, ante el que defendía las reivindicaciones de la República tártara, reivindicaciones que interesaban al comisariado de la Agricultura. Ya en ese momento, le había hecho una advertencia [...] y le había acusado de estar fraguando una organización del tipo Validov.

Sultán Galiev negó haber escrito esa carta, pero apareció una segunda en la que se hablaba de «establecer relaciones con los basmachis». Furioso por haber sido engañado, Stalin se enfadó:

Así se ha producido una infamia, una mentira, que me ha hecho romper toda relación con Sultán Galiev. Desde ese momento, Sultán Galiev fue para

---

[15] Este discurso está en el volumen de J. Stalin, *Le Marxisme et la question nationale et coloniale*, editado por Norman Bethune, París, 1974, pp. 196-205. Las citas que siguen están extraídas de ese volumen.

mí un hombre situado fuera del partido, fuera de los soviets, y consideré que ya no me era posible seguir hablando con él, aunque trató en varias ocasiones de reunirse conmigo para «charlar».

Sin embargo, en interés del marxismo en Oriente, Stalin trató con ciertos miramientos a su segundo:

En efecto, consideré que era mi deber apoyarle por algún tiempo. Los intelectuales, los hombres que piensan o, más simplemente incluso, los que saben leer y escribir, son tan poco numerosos en las repúblicas y regiones orientales que... sería criminal no conservarlos en el Partido [...].

Stalin había apoyado, según él, a Sultán Galiev, mientras éste no hacía sino expresar ideas «desviacionistas» en el interior del Partido.

Pero todo tiene un límite. Y este límite ha llegado cuando Sultán Galiev ha pasado del campo de los comunistas al campo de los basmachis. Desde entonces, ha cesado de existir para el Partido.

Esta conspiración criminal con los basmachis fue la causa de su detención, que se produjo después del XII Congreso del Partido Ruso (17-25 de abril de 1923), al que asistió como simple delegado con voz consultiva y antes del 25 de mayo del mismo año, fecha que marca el comienzo de los ataques directos de la prensa contra él. Stalin fue, al parecer, el instigador directo de la campaña. Un testimonio de Trotski demuestra que el hecho no fue medido en toda su importancia por los dirigentes bolcheviques:

Kamenev me dijo un día: ¿Se acuerda de la detención del Sultán Galiev, el antiguo presidente del Consejo tártaro de los comisarios del pueblo en 1923? Fue la primera detención de un miembro eminente del Partido, realizada por iniciativa de Stalin. Desgraciadamente, Zinoviev y yo dimos nuestro consentimiento [16].

Sultán Galiev logró salvar la vida gracias a la confesión de sus errores y a la promesa de enmendarse. Fue puesto en libertad poco después, pero excluido del partido y sometido a cuarentena. Todos sus antiguos compañeros tuvieron que enmendarse también y rechazar el sultangalievismo como una conspiración de extrema derecha.

---

[16] En Leon Trotski, *Stalin*, París, Grasset, 1948, p. 577.

IX. EL «PROGRAMA» DE SULTÁN GALIEV

Excluido del Partido, Sultán Galiev pudo trabajar hasta 1928, el año de su segunda detención, en la Gosizdat (la editorial del Estado) de Moscú. Hay muy pocas informaciones fiables sobre este período de su vida. Lo cierto es que, pese a la vigilancia de la GPU, Sultán Galiev logró realizar una actividad teórica y organizativa clandestina muy intensa. Esa actividad era la continuación lógica de un pensamiento elaborado desde 1918, en el momento de su adhesión al comunismo. El «sultangalievismo» iba a reunir a la mayoría de los antiguos *yadids*, defraudados en sus esperanzas nacionalistas por el sesgo tomado por la revolución.

¿Cuál era el famoso «programa» de Sultán Galiev, redactado en tártaro bajo el título de «Consideraciones sobre las bases del desarrollo sociopolítico, económico y cultural de los pueblos turcos»? Y ¿cómo esperaba realizarlo?

En primer lugar, se trataba de una exacerbación del nacionalismo tártaro, en el plano doctrinal, hasta el punto de pretender, según el testimonio de Tobolev [17], que «el materialismo dialéctico» no era, de hecho, sino una recuperación del «materialismo energético» formulado mucho antes por los mongoles. A escala internacional, Sultán Galiev estimaba que la dictadura mundial del proletariado, clase de la sociedad europea, no podía dar solución a «la suerte de la parte oprimida de la humanidad (los pueblos colonizados)». Si de esa dictadura podía resultar un cambio «no sería para mejor, sino para peor». En el plano interno, la NEP no era sino un lento deslizamiento «hacia posiciones de derecha, preparando así el terreno a un régimen de derecha».

Como tal situación era deplorable para los musulmanes, consideraba que la única solución era «el establecimiento de la dictadura de los países coloniales y semicoloniales sobre las metrópolis industriales». Para la consecución de tal objetivo era necesaria una nueva organización revolucionaria: la Internacional colonial. Ésta debía ser comunista, independiente de la Tercera Internacional e incluir a todos «los pueblos oprimnidos». Los rusos estaban excluidos.

---

[17] Este historiador tártaro ofrece algunas briznas del «programa» de Sultán Galiev. Las citas que siguen están extraídas de la citada obra de Bennigsen y Quelquejay.

La primera etapa de la Internacional colonial debía ser la creación de la república del Turán, un Estado nacional turco que incluyera a todos los musulmanes de la Unión Soviética. El Turán debía ser una república federativa democrática, popular y socialista, basada en el capitalismo de Estado y dirigida por tártaros musulmanes.

Un partido único centralizado, el partido de los socialistas de Oriente, aseguraría la dirección política del Turán y de la Internacional colonial. Partido de masas, su base social debía ser muy amplia. «Su aktiv —decía Galiev— estaría compuesto por comunistas derechistas de las repúblicas musulmanas, por miembros de la intelectualidad y por estudiantes tártaros». Por constituir la máxima prioridad la liberación nacional de los «oprimidos», el Partido socialista de Oriente podía aliarse temporalmente a la burguesía industrial nacional.

Sultán Galiev no se limitó únicamente a exponer sus teorías. Creó una organización secreta en la que reagrupó a sus partidarios y utilizó a sus simpatizantes que continuaban siendo miembros del PC para infiltrarse en el interior del partido. Esta organización clandestina estaba calcada del partido comunista. Tenía células en todas las localidades habitadas por musulmanes. Su Comité central clandestino, presidido por Sultán Galiev e integrado por comunistas tártaros (Mujtarov, Mansurov, Enbaev, Sabirov, etc.), tenía su sede en Moscú, a la que denominaban «el centro de Moscú». Según los historiadores soviéticos, la organización mantuvo estrechas relaciones con otros grupos clandestinos contrarrevolucionarios, tales como Alach Orda, Milli Firka o los basmachis.

La actividad de la organización sultangalievista residía esencialmente en una virulenta propaganda antirrusa. Además, la política intransigente de los «izquierdistas» rusos favoreció la penetración del sultangalievismo en el seno del PC y del komsomol tártaro. En 1926, las dos tendencias rivales, izquierda y derecha, formaron un solo frente «nacionalista» contra sus camaradas rusos. Numerosos sultangalievistas fueron readmitidos en el Partido. Este avance nacionalista tártaro fue considerado lo suficientemente alarmante como para que en noviembre de 1928 Sultán Galiev fuese detenido de nuevo. El proceso se desarrolló en Moscú en 1929, y Galiev fue condenado a diez años de trabajos forzados en el campo de Solovki, a orillas del mar Blanco.

Esta segunda condena de Sultán Galiev puso definitivamente fin a la tentativa de síntesis entre el «yadidismo» musulmán y el marxismo. Stalin liquidó todos los focos sultangalievistas en los partidos comunistas nacionales, en la universidad, en los círculos literarios, en el Komsomol. La Unión de Escritores Proletarios fue disuelta.

En 1933, la organización clandestina sultangalievista estaba ya totalmente desmantelada, pero la depuración estalinista de los medios intelectuales y de la juventud tártaros y musulmanes prosiguió hasta 1939.

Liberado en 1939, Sultán Galiev se encontró con que se le prohibía residir en Kazán y en las demás capitales de las repúblicas soviéticas. Se instaló en Smara (Kujbychev) para consagrarse a la literatura. Desapareció en 1940.

X. LEYENDA Y HERENCIA DEL SULTANGALIEVISMO

En lo sucesivo, Sultán Galiev y su ideología iban a pertenecer a la leyenda del nacionalismo tártaro. Las nuevas formas de reivindicaciones nacionales no se referían al movimiento *yadid*.

Sultán Galiev había tratado de conciliar el nacionalismo musulmán con el bolchevismo, creyendo sinceramente que sólo una extensión del socialismo a los países islámicos de Oriente (Turquía, Irán, Afganistán, etc.) podía salvar a los tártaros de los peligros de la asimilación rusa y permitirles desempeñar un papel de primer plano en el interior del movimiento revolucionario. Por eso era por lo que su Internacional colonial, antecesora de la Tricontinental, continuaba afecta al comunismo.

Hoy, los musulmanes de la Unión Soviética representan casi el 20% de la población. Ya no temen la asimilación biológica y, aunque están repartidos en una veintena de repúblicas y de regiones, continúan ligados por una unidad cultural, factor mucho más eficaz en sus reivindicaciones nacionalistas que el gran Estado del Turán soñado por Sultán Galiev.

Después de la segunda guerra mundial, varios países del Tercer Mundo se han adentrado en la vía socialista. No obstante, y contrariamente a lo que habría deseado Sultán Galiev, la revolución no ha sido llevada a Oriente por musulmanes soviéticos sino por los rusos.

¿Qué queda de Sultán Galiev y del sultangalievismo? Prácticamente muy poco en la Unión Soviética, dado el cambio de coyuntura. Sin embargo, algunas de sus tesis relativas al papel del ejército, a la noción de «naciones proletarias», a las alianzas antiimperialistas, a la revolución socialista en el interior de la revolución nacional, fueron asumidas por revolucionarios del Tercer Mundo, y muy en particular por Mao Tse Tung y algunos revolucionarios argelinos de la lucha de liberación nacional.

Sultán Galiev, tártaro musulmán, profesaba el ateísmo a la que vez que representaba al Islam como dato nacional. Carecemos de toda información acerca de lo que el islam, en tanto que fe, pudo representar para él en lo imaginario y en lo cotidiano.

21. MALCOLM X, EL PRISIONERO LIBRE

CLAIRE BÉLIS *

La vida de Malcolm Little, alias *Malcolm X*, es una sucesión de dramas, de paradojas y de conmociones, que han hecho de un adolescente delincuente uno de los dirigentes negros más controvertidos de la América de los años sesenta.

Nace en Nebraska, en 1925, séptimo hijo de su padre y cuarto de su madre, de un predicador baptista itinerante adherido al garveyismo y de una mestiza de brusco carácter, de origen antillano. Aunque los Little sean gente acomodada, permanecen al margen de la burguesía negra integracionista, a la que asustan las tesis preconizadas por el reverendo Little: pureza de la raza negra y retorno a África. La familia tiene que realizar varias mudanzas para escapar a las persecuciones de la Legión Negra y del Ku Klux Klan, que había incendiado su casa en 1928.

Violencia también instalada en el seno del hogar, donde el marido pega a la mujer cuando osa replicarle y que a su vez azota «salvajemente» a sus hijos. Malcolm logra eludir a veces las palizas: su claro tinte enorgullece a su padre pero reaviva en la señora Little la herida de la violación de su propia madre por un «diablo blanco». El niño no tarda en comprender, tanto en casa como en la escuela blanca a la que acude, que «si se quiere obtener algo, lo mejor es hacerse notar». Admira a su hercúleo padre, misteriosamente tuerto, que subyuga a sus auditorios al lado de Marcus Garvey, aún más formidable con su uniforme recargado de galones dorados y con su sombrero de plumas.

En 1931, el asesinato del reverendo Little hunde a la familia en la miseria; se le niega el beneficio del seguro de vida y la madre es despedida cuando sus patronos la identifican como la viuda de Earl Little. El hambre y sobre todo la vergüenza de tener que pedir la ayuda social impulsan a Malcolm a robar alimentos. Finalmente, la señora Little es internada en un asilo psiquiátrico, donde permanece-

---

* Profesora de inglés, especialista en EE UU.

rá veintiséis años. Sus ocho hijos son puestos bajo tutela blanca en diferentes familias negras.

Acerca de esa época, X declarará a su biógrafo que «la sociedad no había cumplido con su deber» y se había mostrado «hipócrita, avara y despiadada». Despedido de la escuela a sus trece años, Malcolm es enviado a un centro de reforma dirigido por una pareja blanca, que le trata afectuosamente pero que, no obstante, le hace sentir la amargura de ser negro. Sin embargo, sus buenas notas, su afición por la historia y la literatura, su elección como presidente de clase, le hacen acariciar la esperanza de llegar a ser abogado. Un profesor sabrá disuadirle, recordándole que no es ése el destino de un «nigger» (negro).

A sus quince años, amargado y decepcionado, decide ir a casa de una hermanastra que vive en Boston. Junto a esta sólida mujer, «muy negra y gorda», descubre su mundo y el disgusto de ver a «los negros imitar a los blancos». El boxeo le defrauda también: después de una lamentable derrota contra un blanco, decide no volver a subir a un ring, contrariamente a su hermano o a Joe Louis, que se convierte en 1937 en campeón del mundo. Para Malcolm «fue Alá quien le había detenido».

I. «MUERTO POR DENTRO»

El adolescente se hace entonces limpiabotas en un casino, y se complace en adoptar la jerga, los tacos y los atavíos de los «conks» de cabellos desrizados. Con sus primeras ganancias se compra un traje «zoot» hecho a la medida, un sombrero con pluma y unos zapatos a la moda «zazú». No tarda en comprender el beneficio que puede sacar de los blancos que van a encanallarse al gueto en busca de jazz negro, de droga y de mujeres fáciles. A sus dieciséis años, Malcolm Little se convierte en «Detroit Red», traficante de alcohol, negociante, chulo, encubridor, ladrón. Orgulloso de mostrarse con una amante blanca, está «muerto por dentro». Condenado a diez años de prisión por atraco, en 1946, no es otra cosa, a su llegada a la cárcel de Charleston, que un miserable alcohólico obligado a consumir treinta gramos de opio y de marihuana por toma.

Su rebelión contra Dios y la Biblia le gana en la cárcel el apodo de «Satán». Apenas es capaz de escribir correctamente, pero por instigación de un compañero de cárcel, ateo, elocuente y amante de la lectura, sigue cursos de inglés y luego de latín. Trasladado dos años después a la prisión de Concord, oye por vez primera a su hermano Philbert hablar de la «Nación del Islam». Entonces hace «acto de sumisión preislámica», prohibiéndose fumar y comer carne de cerdo. Pero su conversión es debida a su hermano Reginald, que le habla en sus cartas de las prohibiciones decretadas por Alá y por su mensajero Eliyah Muhammad (1897-1975) —fundador de la «Nación del Islam»—, de un «primer hombre negro», del «diablo blanco cristiano» que explota a las razas de color para mejor alienarlas.

Curioso Islam ese de Muhammad, con sus alegorías simplificadoras, su bastardo ritual, sus pastores y sus templos. X lo imputa al desinterés de los musulmanes orientales por Estados Unidos. Sin embargo, cada día, escribe penosamente una carta al Mensajero y reza, sin saber a qué Dios invocar ni qué palabras pronunciar. Se interroga acerca del «blanqueamiento» de la historia, lee el diccionario, libros sobre la esclavitud, sobre la genética (Mendel), y toma conciencia de su talento de orador que va desarrollando mediante la participación en debates. Descubre la filosofía, sobre todo la oriental, en una época en la que en las Naciones Unidas va estableciéndose una nueva relación de fuerzas que él estima fundada en el color. Ve en ello una alianza entre los pueblos de color, idea que va a convertirse en su caballo de batalla.

Todos los argumentos le son útiles para afirmar la grandeza de su raza y reforzar la realidad africana que va saliendo a la luz.

II. REHABILITACIÓN Y SUBLIMACIÓN

El orador de debates se hace súbitamente militante, denuncia la conspiración de los blancos para dejar a los negros en la ignorancia y se siente investido de la misión de «decir al blanco lo que es verdaderamente, y de consagrar a ello su vida o morir». Nada lo detiene, ni siquiera la locura de su hermano Reginald, que se proclamaba «más grande que Alá». «Estaba escrito y predestinado que Reginald no fuese más que un instrumento, que debía servirme de cebo.» Es, pues, en un centro carcelario de rehabilitación donde Malcolm X se convierte en un prisionero libre. Sublima su odio a Dios, a la Biblia y al diablo blanco, canaliza su violencia y encuentra su identidad, como lo atestiguan los títulos de los capítulos que dedica a ese período: «Satán», «Salvado» y «Salvador».

Liberado en 1952, hace su aprendizaje de pastor en el templo número uno de Detroit, a la vez que trabaja en un almacén de muebles. X se siente seducido por la emocionante atmósfera que reina en los hogares musulmanes, por la dignidad y el respeto de los discípulos. Siente impaciencia por encontrar a Muhammad, a quien venera aunque no comparta su política de no compromiso. El encuentro se produce en septiembre de 1952, en Chicago; el Mensajero está rodeado por sus guardaespaldas, «Los Frutos del Islam», reconocibles por el smoking negro, la pajarita y el fez bordado con hilos dorados. Muhammad encarga a Malcolm Little las tareas de reclutamiento y le concede la X de su nombre patronímico, que él conservará mientras Alá no vuelva al mundo a revelarle su bendito nombre.

Empleado en una serrería, el ayudante de pastor estudia la doctrina de la «nación», su ritual, su estructura, y empieza a predicar contra el diablo blanco. En tres meses, gracias a su fuerza de persuasión, funda en Boston un nuevo templo. En marzo de 1954, se convierte en el pastor Malcolm X, encargado de crear los templos de Filadelfia y de Nueva York. Lee traducciones de la Biblia y del Corán en busca de su significación real y de sus relaciones. Comprende que la resurrección del pueblo negro, empantanado en sus «pecados» de pereza y de ociosidad, pasa por la propagación del islam, porque el blanco querría, según X, que el negro «sea inmoral, sucio e ignorante». Tarea titánica si se piensa en el mosaico de la población negra y sobre todo en su inercia. X organiza la «pesca de los cristianos», lanza decenas de ojeadores y oradores a la salida de las iglesias, distribuye octavillas, galvaniza a las multitudes que acuden a escucharle. Sin embargo, muchos simpatizantes retroceden ante la estricta disciplina de la «Nación» y sobre todo ante sus prohibiciones: ni tabaco, ni alcohol, ni droga, ni deportes, ni vacaciones, ni cine, ni baile, ni «flirts», ni juegos de dinero, ni alimentos impuros; «hermanos» y «hermanas» no deben mentir, ni querellarse, ni robar, ni fornicar. El respeto de estos principios está controlado por los «Frutos del Islam» y toda transgresión es sancionada. La estructura matriarcal de la familia es reemplazada por la autoridad paterna, ya que la madre debe dedicarse a las tareas domésticas y a sus deberes de esposa.

III. UNA ESTATURA INTERNACIONAL

Sin embargo, la sensación de seguridad que da pertenecer a una comunidad estable hace adeptos hasta entre los negros instruidos, tanto más cuanto que los medios de comunicación comienzan a interesarse por la «Nación» a través de sus actos concretos y espectaculares. Grandes actos públicos, conferencias de prensa, declaraciones televisadas propulsan a Malcolm X, portavoz de la «Nación», al primer plano de la actualidad. Sus viajes a Arabia y a Egipto, a Gana y a Nigeria, le confieren una estatura internacional. Él lo aprovecha para denunciar a los «negros mercenarios» y el racismo del cristianismo norteamericano. Pese a los ataques que recibe de quienes él califica de «marionetas» y a las tentativas del FBI para infiltrarse en el movimiento, resiste, pero teme que los medios de comunicación desnaturalicen la doctrina de la «Nación», nombre que se ha transformado en el de «Musulmanes negros» (Black Moslems). X declara: «Somos el pueblo negro de América. Nuestra religión es el islam. Somos musulmanes, eso es todo».

Si la reivindicación de un Estado negro separado inquieta a la opinión pública, la acción de Malcolm X atrae a los marginados, drogadictos, alcohólicos y a otros asociales. En 1961, la «Nación» puede considerar la construcción de un centro islámico de veinte millones de dólares, la fundación de escuelas en las que los niños puedan aprender el árabe, y el esbozo de una economía cerrada. X justifica la exigencia de un Estado negro independiente con estas palabras: «La raza negra no existe; vosotros sois miembros de una nación asiática de la tribu de los Chabbaz. Separémonos, pues».

Su visión se internacionaliza y se articula en torno a la noción no ya del «colored man» sino de la del afroamericano. En nombre de su identidad y de su especificidad, denuncia la marcha a Washington organizada por Martin Luther King que, para X, tiene más que ver con una farsa que con la oleada de cinco millones de negros soñada por el dirigente pacifista. Denuncia también los fondos vertidos por la Casa Blanca (dos veces 800 000 dólares) para que la manifestación no degenerase. La intransigencia de sus tesis le permite captar directamente y en la base lo que él llama «la dinastía de los guetos» y convertirse en la segunda personalidad negra más popular.

IV. DISENSIONES INTERNAS Y RIVALIDADES

Sin embargo, Eliyah Muhammad siente celos de la celebridad de su discípulo, en el momento en que éste insiste en pasar a la acción por temor a ver la «Nación» alejarse de la vanguardia combatiente cuando, según Malcolm X, «el Islam se desarrollaba con más amplitud que en cualquier otro lugar».

Por ello, Muhammad se arriesga a desplazar a X de la redacción del periódico y a sustituirlo por su propio hijo, con la orden de conceder la menor atención posible a las actividades de X. No sin acritud, el pastor nota que se habla menos de él que de los dirigentes integracionistas. Por ironía de la suerte, el nombre de Malcolm X comienza a figurar destacadamente en la prensa europea, africana y asiática. La envidia de Muhammad se agrava aún más en 1962, hasta el punto de pensar en eliminar a su discípulo.

Ahora bien, en esa época, el Mensajero se ve confrontado a las acusaciones de adulterio e incesto, de alcoholismo y de malversaciones, que le valen cinco años de aislamiento. Tras el asesinato de J. F. Kennedy, el 22 de noviembre de 1963, la opinión pública norteamericana se halla en estado de shock. Malcolm X comenta el acontecimiento con una declaración inoportuna: «Se cosecha lo que se siembra». Muhammad aprovecha la ocasión para hacerlo condenar a noventa días de silencio (lo que es el colmo para un portavoz), pero sobre todo para lanzar un «contrato» contra él: un atentado destruye el automóvil de X. ¿Advertencia o asesinato frustrado? Nunca se sabrá. Sin embargo, Malcolm X da a entender a su biógrafo que el atentado podía haber sido ordenado por la «Nación» y ejecutado por los «Frutos del Islam». Desde entonces, X sabe que su vida está amenazada y que morirá violentamente como su padre y cuatro de sus hermanos. No obstante, prosigue su trabajo. Aunque se haya ganado una reputación internacional, no olvida al gueto en el que se siente querido y calurosamente acogido. En él encuentra adolescentes semejantes a lo que él fue, capaces de todas las violencias, y comprende que los sangrientos disturbios de 1964 tienen su origen en una población «política y económicamente enferma». Para él el verdadero milagro americano está en el hecho de que «el negro no haya recurrido a la violencia. Que los 22 millones de negros no se hayan lanzado contra la opresión, sí, es un milagro».

Intelectualmente, el divorcio con la «Nación» está ya consumado.

Malcolm X se desmarca de ella al poner en pie un proyecto de organización que tiene por finalidad aunar todas las religiones practicadas por los negros y aplicar correctamente lo que la «Nación» se limita a preconizar. Logra la adhesión de no musulmanes, de hermanos, de burgueses, de intelectuales. Acepta fondos hasta de blancos acomodados, da conferencias en las universidades y participa en mítines ante su público predilecto: los negros de todas clases, a los que tan eficazmente llega su *mass-appeal,* su carisma. En fin, empujado por un deseo de autenticidad cada vez mayor, funda la «mezquita musulmana» y decide efectuar la peregrinación a La Meca. Citémosle: «De ahí extraeremos las fuerzas religiosas y espirituales necesarias para desembarazar a nuestro pueblo de los vicios que destruyen su fibra moral».

V. EL HADCHJ MALIK EL-CHABBAZ

En tanto que convertido, debe obtener la recomendación de una personalidad musulmana para obtener su visado. El doctor Mahmud Yussef Chawarbi, profesor de la Universidad de El Cairo, que dirige la Federación de las asociaciones islámicas de Estados Unidos y del Canadá, con sede en Nueva York, se encarga de ello. En su escala cairota, Malcolm X se maravilla de la acogida que se le dispensa: el color de su piel no le hace sospechoso, la pesadilla de la segregación se difumina. Pero al llegar a Arabia Saudí, el «Hadchj dudoso» se encuentra con dificultades de orden religioso: debe hacer la demostración de los ritos que practica. Tal como lo contará después a su biógrafo: «Y hete ahí que yo, un pastor musulmán, un dirigente de la Nación del Islam, los ignoraba». El Alto Tribunal lo acepta, sin embargo, gracias al apoyo de Omar Azzam, pariente del rey Faysal, que le ha ofrecido su hospitalidad.

Malcolm X, convertido en El Hadchj Malik el-Chabbaz, es tratado como un huésped distinguido; se encuentra con personalidades eminentes y con notables ante quienes aboga por la causa de los negros americanos. Mientras tanto, en EE UU, se multiplican los ataques contra él. Eliyah Muhammad trata de privarle de sus funciones por su proceso, y el FBI se entrega a una profunda investigación sobre un club de tiro cuyo propietario podría ser Malcolm X. Pero el nuevo Hadchj relega esos problemas a un segundo plano.

Ya no tiene ninguna duda. En una de sus cartas, escribe: «La religión natural del negro es el islam, que acoge a todas las razas sin distinción». Este enfoque le lleva a ponderar su visión radical del blanco. La solución al racismo —añade— es el islam «que podría salvar a América de una catástrofe inminente». Preconiza ahora el panafricanismo en Beirut, en Nigeria, en Gana.

Para él el recurso a la violencia está justificado, porque sería criminal dejarse agredir sin defenderse; la culpa recae en la sociedad norteamericana racista que, dice: «produce y alimenta un estado de espíritu que favorece el desarrollo de los instintos más viles».

Por triunfal que sea su regreso a Estados Unidos, el 21 de mayo de 1964, El-Chabbaz conoce demasiado la fuerza de inercia de su pueblo, por haberse pasado la vida combatiéndola. La prensa blanca, hostil, le califica de agitador, de demagogo, hasta de apóstol de la violencia, cuyo objetivo es envenenar la situación. A fines de 1964, Malcolm X pasa dieciocho semanas en el Medio Oriente y en África, donde se encuentra con Naser, Nyerere, N'Krumah, Seku Turé y con el presidente Kenyatta, mientras que en Estados Unidos la campaña presidencial que opone a L. B. Johnson y al senador Goldwater soslaya una vez más el problema negro. Para Malcolm X, defender los *civil rights* (los derechos cívicos para la población negra) falsea la situación de la realidad social en Estados Unidos. Prefiere invocar los derechos del hombre, la separación más bien que la integración. De ahí sus reticencias ante la acción de un Martin Luther King al que nombra a regañadientes y ante «esos negros instruidos, abrumados por el peso de sus diplomas» que han «logrado mantener tranquilas a las masas hasta ahora». Para él, los derechos cívicos son un engaño suplementario tendente a perpetuar la alienación de los negros.

El Hadchj siente que sus hermanos no consideran la revolución y que él «ya estará muerto, sin duda, cuando el negro americano llegue a comprender que su combate es un combate internacional». Surgen de nuevo aquí los dos temas clave de las páginas dictadas por él a Alex Haley *: la obsesión del asesinato y el sentido histórico de su misión; él quiere ser un testigo mesiánico, redentor, ejemplar, tanto en su pasado infame como en su renovación espiritual, víctima expiatoria consagrada hasta la muerte a encarnar el destino de un pueblo. Ahora está seguro de que su vida está amenazada, tanto por los

---

* Todas las citas están extraídas de la autobiografía de Malcolm X dictada por él a Alex Haley.

blancos como por sus antiguos amigos, en el momento en que funda la Organización de la Unidad Afroamericana.

Todo termina en Manhattan el 21 de febrero de 1965, con la ráfaga que le acribilla el pecho, un fin que esperaba desde hacía mucho tiempo. Queda la horrible frase que cierra su autobiografía: «El hombre blanco se servirá de mí, muerto, como se ha servido de mí vivo. Yo encarno para ellos el odio».

22. MAURICE BÉJART, COREÓGRAFO Y MUSULMÁN

Francis Lamand

> *Sentir en sí danzar*
> *todas las fuerzas del universo.*
> *Participar en esta liturgia del mundo*
> *en la que los tizones de incienso*
> *consumen, al arder, millones de existencias* [...]
>
> Roger Garaudy
> «A contranoche» (poema)

Hacer el retrato de Maurice Béjart es un ejercicio insolente. El hombre de la danza, es decir, del movimiento y del alfabeto del espacio, no puede dejarse aprehender, y aún menos por un retratista aficionado. He aceptado, sin embargo, el desafío y he decidido aprender a danzar para acercarme a él, aunque sólo sea por un instante. Danzar con las ideas y con las palabras, aunque, según el conocido aforismo nietzscheano, esta danza sea solidaria de la del cuerpo.

Ante todo, deseaba encontrarle. Fue en el Grand Palais, el 16 de junio de 1989. En su gabinete de trabajo, cuya estrechez rivalizaba con la sobriedad, su acogida es sencilla, aquiescente, casi fraternal. Su mirada, fija, profunda, clara y transparente evoca una ribera luminosa, soleada, a la vez próxima y lejana. No sonríe cuando le digo que quiero hacer su retrato, que quiero hacer el retrato del Béjart musulmán.

Su conversación es directa, constructiva, a veces disuasiva, sin ser defensiva. El tono es el del consejo, la voz dulce, pero sin afectación, como lo atestiguan sus bailarines, y ése es, sin duda, un rasgo de su carácter a la vez que la base de su pedagogía.

El Béjart coreógrafo es demasiado conocido para ser presentado al lector [1], que sabe de él seguramente más que el autor de este retrato. Pero el «Béjart musulmán» intriga, y esa condición se susurra como si un velo lo recubriera para sólo dejar aparecer y danzar al

---

[1] Nacido en Marsella, en 1927, es hijo de Gaston Berger, escritor, filósofo, miembro del Institut, director de la enseñanza superior.

primero. No hace, sin embargo, un misterio de su fe musulmana, que explica como algo natural e indisociable de su vida cotidiana: «Yo vivo totalmente mi fe, estoy plenamente inmerso en ella», me dice. Pero inmediatamente me advierte: «Mi coreografía no es un manifiesto de mi fe».

Advertido estoy. No obstante, es lícito pensar en la islamidad de Béjart —su adhesión al islam se produjo en Teherán en 1973— es la culminación de un proceso evolutivo que ha dejado una huella visible en su coreografía. Me abstendré, pues, por respeto hacia la obra y hacia su autor, de una búsqueda de causalidad, que forzosamente sería artificial —lo que hay de musulmán en su arte y lo que no lo es—, supliéndola por la de la identidad: lo que, en su arte, pueda ser considerado como musulmán respecto a los temas mayores del pensamiento islámico, es decir, del islam esencialmente espiritual y a la luz de la enseñanza recibida y reconocida por Béjart de los maestros que lo han conducido hacia el islam: Ibn Arabí (1165-1240), Nur Alí Chah (1748-1798), René Guénon (1886-1951) y Henri Corbin (1903-1978).

Todas las creaciones de Béjart dibujan una sinusoide —aquí también una línea que danza— en la que lo clásico y lo moderno, lo abstracto y lo concreto, el folclor y el rigor, lo permanente y lo transitorio, el aire y la tierra, el fuego y el agua, la carne y el alma, el espacio y el tiempo, el Oriente y el Occidente, aparecen como los elementos de una liturgia diferenciada, como los momentos de una creación necesaria y continua entre los que el mismo vacío se llama vibración. Peregrino por el Extremo Oriente, Béjart quedará marcado por el budismo zen y por la filosofía hindú, tanto por la fugacidad de lo transitorio como por la equivalencia de los contrarios: la *Misa para el tiempo presente*, ballet creado en 1967, lo anuncia e instala en él la permanencia de la impermanencia. El viajero permanecerá fiel a su sombra. De 1962 a 1973, del *Viaje* a *Golestan*, el Extremo Oriente habla al Oriente y el Oriente al Occidente. Béjart nos habla y su verbo es el del cuerpo.

Me he tomado la danza en serio porque creo que la danza es un fenómeno religioso. Y luego, un fenómeno social. Pero la danza es ante todo religiosa. Mientras la danza sea considerada como un rito, sagrado y humano a la vez, cumplirá su función. Si se hace de ella una diversión, la danza dejará de existir [...] [2].

---

[2] Maurice Béjart, *Un instant dans la vie d'autrui* (memorias), París, Flammarion, 1979, pp. 119 ss.

Esta profesión de fe coreográfica ha integrado, pues, al islam. El islam como culminación a la vez metafísica, teológica y estética de su itinerario personal y de su búsqueda del eterno retorno. El mismo itinerario que el de René Guénon, con quien, según su propia confesión, comparte la necesidad de unidad interior.

En Béjart coexisten lo francés, lo africano e incluso lo kurdo. Tal es la riqueza de su sangre, que le predispone al perfil del hombre «integral», como ha dicho Léopold Sedar Senghor [3]. África, tierra de danza, danza también en él. Desde *El pájaro de fuego* (1950) hasta *1789... y nosotros* (1989), los ballets de Maurice Béjart inscriben una ética en la estética y la unisonancia de fuerzas de la que surgen tres temas que se reencuentran tanto en su visión de coreógrafo como en la voz de sus maestros islámicos: la unidad, la belleza y lo sagrado.

I. LA UNIDAD

La unidad ha sido siempre el objeto de la búsqueda mayor de Maurice Béjart: la unidad en tanto que doctrina y realidad [4]. En esta especie de desván íntimo en el que me recibe, Béjart me invita, en el transcurso de nuestra conversación, a levantarme para mirar con él una escultura mexicana, de madera, adosada a la pared, que representa, sobre un plano vertical hexagonal, una multitud de cosas multicolores y nichos habitados por diversos símbolos, con un frontón en el centro que representa la entrada de un templo. Retrocediendo conmigo unos pasos, me dice: «A esta distancia, sólo se ve la entrada del templo, no se ve otra cosa que la unidad realizada, que ha superado a lo múltiple. Mire, el templo se hace plano, liso».

La coreografía de Béjart es un canto a la unidad, a la unidad que él trata siempre de reencontrar. La imagen de la multiplicidad de las formas tiende a borrarse en pro de la unidad. «La unidad es resolutiva de la multiplicidad: esta doctrina es la que yo he descubierto en el islam», me dice.

---

[3] Marie-Françoise Christout, «Maurice Béjart», *La Recherche en danse*, París, Éditions Chiron, Association-Danse Sorbonne, 1988, p. 246.
[4] «Béjart, les arts et la danse», *Musical* (Revista del Teatro Musical de París-Châtelet), París, Parution, 1987, p. 62.

Esta idea rectora es precisamente la cima de la metafísica y de la teología islámicas: la unidad es la única realidad. No hay más que una sola Existencia. La multiplicidad no es sino una apariencia y una ilusión [5]. El alma de la fe islámica es el *tawhid*, la unidad, en la que se resumen todas las manifestaciones del mundo sensible en ascensión hacia la trascendencia. «Todas las cosas se reducen a una sola cosa: con la *chahada*, se descubre la unidad y el objetivo final de todas las religiones», me dice Béjart.

¿Cómo no descubrir en su creación artística esta permanente ascensión hacia la unidad reencontrada, esta tensión vertical de los cuerpos en un bosque de múltiples brazos estirados hacia el cielo, en expresión de la convergencia unitaria del querer ser, que han llevado a tan alto grado, por ejemplo, la *Sinfonía para un hombre solo* (1955), *La consagración de la primavera* (1959), *El bolero* (1961), o *La novena sinfonía* (1964), *Baudelaire* (1968), *Golestan* o *El jardín de las rosas* (1973) y el *Ballet del siglo XX* (1987)?

¿Cómo no encontrar en esta afirmación las enseñanzas de Ibn Arabi y de René Guénon? Ibn Arabí ha proclamado, canónica y estéticamente, este principio fundamental de la visión islámica del mundo, visión resolutiva de la multiplicidad de las formas hacia la unidad creadora de la voluntad divina. Por esto es por lo que Béjart me cita esta sentencia clave de Ibn Arabi, que todo creyente o no creyente debería ofrecerse, desde el momento de despertar, como el alba de su palabra y su canto de unidad presente: «Mi corazón, de ahora en adelante, puede tomar todas las formas: pasto para el peregrino, tablillas de la Torá y versículo del Corán. El amor cualquiera que sea su camino, mi religión, mi fe» [6].

René Guénon ha exaltado también el significado de principio de la unidad: el islam es una llamada constante a la unidad trascendente. Comentando la fórmula árabe: «Y-Tawhidu Wahidun», Guénon subraya que «en ninguna parte se ha expresado esta afirmación tan explícitamente y con tanta insistencia como en el

---

[5] Eva de Vitray-Meyerovitch y Djamchid Mortazavi, traducción francesa del *Mathnawi* de Djalal-ud-Din Rumi, Édit. du Rocher.

[6] René Guénon, *Le Régne de la quantité et les signes du temps,* París, Gallimard, 1950, pp. 67 ss. *Cf.*, del mismo autor, «La Grande Triade», *Revue de la Table Ronde*, 1946, pp. 130ss. Claude Addas, *Ibn Arabi ou la Quête du souffre rouge,* Gallimard, 1989, pp. 47, 129 y 186.

islamismo, en el que parece incluso, si así puede decirse, absorber en sí misma toda otra afirmación»[7].

Esta unidad no es solamente eterno retorno a lo uno, sino también esfuerzo constante de tensión hacia lo Único. Aquí, el filósofo puede hablar de «visión totalizante»[8] y recordar que la unidad debe entenderse como la de todos los signos del ser, del conjunto de los flujos cósmicos, y también la del alma y el cuerpo. Ahí, el coreógrafo Béjart, que asigna al movimiento el lenguaje del cuerpo y ha realizado su deseo de unidad en el islam, liga a la unidad los conceptos de intemporalidad y de universalidad.

Su fascinación por lo intemporal se manifiesta, por ejemplo, en su último ballet *1789... y nosotros*, en el que se yuxtaponen y se encabalgan las épocas en el movimiento, el estilo y la vestimenta, de manera ostensible y provocativa, con el fin de traducir la equivalencia y la paridad de los momentos: la revolución se expresa en el tiempo y fuera del tiempo. La universalidad hay que entenderla a partir de lo innato en el hombre en el espacio y en el tiempo. El hombre universal es el hombre igual. *La novena sinfonía de Beethoven* (1964) es, sin duda, el ballet que mejor expresa, en un himno gestual, que es el de la alegría colectiva tanto como el himno a la alegría, la unidad de las razas y de las culturas[9]. El hombre universal es el hombre fraternal. En este sentido, puede decirse, con Léopold Sedar Senghor[10], que Béjart «ha expresado nuestro siglo a través del primer y fundamental arte del hombre, que es la danza. Con ello, ha contribuido poderosamente a la edificación en el siglo XX de la civilización de lo Universal». Y Senghor puede añadir: «Béjart realiza esta estética con la que, como su cuerpo de baile, todos los continentes, todas las razas, todas las diferentes civilizaciones contribuyen a expresar la belleza, es decir, el acuerdo armonioso, por complementario, de todas las formas, de todos los valores humanos»: unidad es belleza.

---

[7] René Guénon, en *Aurores*, núm. 59, *Centenaire de René Guénon*, 1986, p. 3.
[8] Roger Garaudy, *Promesses de l'Islam,* París, Seuil, 1981, pp. 88 y 112.
[9] Roger Garaudy, *Danser sa vie,* prefacio de Maurice Béjart, París, Seuil, 1973, p. 183.
[10] Léopold Sedar Senghor, *Danser le XXe siècle,* Bruselas, Fonds Mercator, 1977, pp. 14 y 15; Marie-Françoise Christout, «Béjart», ob. cit., p. 246.

II. LA BELLEZA

Todo coreógrafo tiende a crear o a recrear la belleza. La belleza del movimiento en el signo y del signo en el movimiento. Béjart ama la belleza, pero no el esteticismo. Sus palabras son claras cuando le hablo de belleza: «Yo hago un movimiento si me parece verdadero; yo no creo sino en la verdad». Y añade: «No me gusta el esteticismo que conduce a juegos gratuitos, que sugieren lo finisecular, final de civilización y de cultura». Me cita el célebre hadiz, tan revelador de la concepción islámica de la belleza: «Si buscáis a Dios, descubriréis forzosamente la belleza; si buscáis la belleza, no es seguro que descubráis a Dios». Y Béjart añade: «Yo creo que lo bello está profundamente ligado a la idea de divinidad, a una idea moral, a una idea del bien. Es eterno y universal» [11].

Para Béjart la verdad es preexistente a la belleza: es su fuente. Es la verdad la que establece el lazo entre la unidad y la belleza, pues la verdad es el espejo divino. Escuchemos a Béjart: «La oración musulmana es bella porque el cuerpo entra en acción; todo lo que hace unirse al cuerpo y al espíritu remite a la unidad, luego es verdadero». El simbolismo de los movimientos corporales en la oración permite al musulmán, en efecto, ir hacia Dios con la totalidad de su ser [12]. «Toda religión que imponga el desprecio y el avasallamiento del cuerpo es antirreligiosa; la postura física arrastra consigo la postura mental: no se puede pensar rectamente con el cuerpo torcido.»

En la visión del coreógrafo, la relación entre la belleza y la verdad es religiosa, tan metafísica como física. Ahora bien, precisamente el pensamiento espiritual islámico no es disociador: belleza, verdad y ética se confunden [13]. Y el canto de la belleza es inseparable del canto del amor, cuya eternidad se busca en el reflejo, el hijo del espejo. Si la especie «vibra», según Béjart, ¿no es ya el anuncio estremecido de lo divino? ¿No es en el espejo donde se refleja y se ve esa vibración?

---

[11] «Béjart, les arts et la danse», *Musical,* ob. cit., p. 110.
[12] Roger Garaudy, *Mosquée, miroir de l'islam,* Éd. du Jaguar, 1985, p. 18.
[13] Eva de Vitray-Meyerovitch, *Mystique et Poésie en Islam, Djalâl-ud-Dîn Rûmî et l'ordre des Derviches tourneurs,* París, Desclée de Brouwer, 1972, pp. 202 ss. El sentido verdadero —*haqiqa*— es además en filosofía islámica la verdad del sentido y, consecuentemente, el sentido espiritual: Henri Corbin, *Histoire de la philosophie islamique,* t. I, París, Gallimard, 1964, pp. 14 ss.

El evidente carácter islámico de estas palabras se hace aún más convincente si acudimos a la obra escrita por el propio Béjart, *L'autre chant de la danse* [14], cuyo capítulo VIII, titulado «Danse VIII-Séraphiel», lanza un llamamiento de fulgurante simbolismo. El propio Béjart me sugirió su lectura, precisándome que Henri Corbin lo había apreciado mucho... Extraigo este pasaje cargado de signos:

[...] No hay más Dios que Dios [...]. Si el hombre supiera mirar en el espejo del corazón, vería en él un jardín lleno de rosas, y cada rosa canta: «No hay más Dios que Dios», y sobre cada pétalo de cada rosa hay un hombre que danza con la visión, en su corazón, de la LA FAZ resplandeciente en el fondo del espejo [...]. Si osaras mirar en ese espejo, tal vez tendrías la visión de LA FAZ. A condición de saber apartar el velo [...]. Yo te amo y me llamo Seraphiel [...]. Entonces todo temor desaparece de mí, yo no soy sino una vibración en el seno de la VIBRACIÓN [15].

Cuando se unen teología y metafísica en un pensamiento islámico tan enraizado como elevado, el arte creador de Béjart no puede conducir sino al *Golestan o el jardín de las rosas* (1973). La esencia del ballet es el amor de Dios, la búsqueda de una belleza que el tiempo no puede alterar, por la vía de la contemplación y de la llamada a la gracia divina, con la rosa mística como símbolo. Tal es el lema inspirador, debido al poeta persa Saadi, nacido en Chiraz a fines del siglo XIII [16]. Aquí, los símbolos son dominantes: la rosa y el espejo cantan la gloria de «LA FAZ» y la iniciación al amor divino. Allá, como un eco de la enseñanza del teólogo musulmán Al-Gazali, el espejo purificado logra reflejar la luz divina. Aquí, Seraphiel es puesto en movimiento por Béjart. ¿Ha despertado él esa parcela de lo divino que todo hombre lleva en el fondo de sí mismo? Golestan

es esta dimensión vertical, polar, trascendente del hombre, que el bailarín expresa tan fuertemente, en el lenguaje que le es propio, cuando lanza su cuerpo más allá de lo cotidiano del espacio, en la embriaguez de otro espacio posible [17].

---

[14] Maurice Béjart, *L'autre chant de la danse,* París, Flammarion, 1974, pp. 161 ss.
[15] Ob. cit., pp. 166 ss. *Cf.* Corán, 28: 88.
[16] Marie-Françoise Christout, *Maurice Béjart,* ob. cit., pp. 173 ss.
[17] Roger Garaudy, en L. Sedar Senghor, *Danser le XXe siècle,* ob. cit., p. 50.

En la representación del *Marteau sans maître*, ballet creado en 1973 sobre la obra musical de Pierre Boulez y un texto del poeta René Char, Béjart hace suyo este prólogo que liga la belleza al «tesoro oculto», es decir, a la luz que cada ser lleva dentro de sí como una verdad esotérica [18].

Todo ser posee en sí mismo un sol interior; lo esencial es descubrirlo y adherirse a él para poder llegar a ser enteramente sol. El pensamiento taoísta compara al hombre a un gran portador de una flor de oro. Sol o flor de luz constituyen el tesoro oculto, el ser recubierto de velos.

Todo hombre debe descubrir el tesoro oculto de sí mismo, cuyo conocimiento le permite realizarse plenamente: la belleza es el precio de esta búsqueda de la verdad. Seraphiel, testigo-bailarín de Béjart, se acuerda del mensaje del místico musulmán Yalal-al-Din Rumi, para quien la belleza es un *tesoro oculto*:

Lo que Dios ha dicho a la rosa, y que le ha hecho abrirse en su belleza, lo ha dicho a mi corazón, y lo ha vuelto cien veces más hermoso [19].

Cuando Béjart construye su mezquita «piedra a piedra», en la danza V de su Canto puntuado por la *chahada* [20], tras haber «arrastrado piedras a través del desierto», parece mostrar que, en este poema danzante, el islam sea la culminación de un camino doloroso o errático, el del constructor designado: «Todo está dispuesto para la oración [...]. No hay más Dios que Dios. Dios es el más grande». La mezquita se convierte en el principio y en el fin, es el espacio de la oración por la que se expresa la belleza. Todas las artes llevan a la mezquita y la mezquita a la oración [21]. «La tierra entera es una mezquita», decía el profeta del islam. La belleza es una parábola de la

---

[18] Marie-Françoise Christout, ob. cit., pp. 170 ss. Eva de Vitray-Meyerovitch, ob. cit., pp. 202 ss. Henri Corbin, *Histoire de la philosophie islamique*, ob. cit., pp. 61 ss. Cfr. *L'imagination créatrice dans le soufisme d'Ibn Arabi*, París, Flammarion, 1958, pp. 56 ss.

[19] Eva de Vitray-Meyerovitch, ob. cit.

[20] Maurice Béjart, *L'autre chant de la danse*, ob. cit., pp. 94 ss.

[21] Roger Garaudy, *Mosquée, miroir de l'Islam*, ob. cit., p. 48, in fine; Nadjm-Ud-Dine Bammate, «Espace de l'Islam», en *La place publique, un espace pour la culture, Cultures*, vol. V, núm. 4, Presses de l'Unesco et la Baonnière, 1978, pp. 45 ss.

trascendencia de Dios [22]: si ella canta la unidad y la verdad de la voluntad divina [23], es porque el islam es religión de la belleza, y porque la belleza, por sí misma reflejo de lo divino, es «sagrada».

III. LO SAGRADO

El mérito histórico de Béjart, se ha escrito, es el de haber vuelto a sacralizar la danza [24]. Es un movimiento irresistible el que ha llevado a Béjart, danzando, a acercarse de nuevo a lo sagrado. La esencia de la danza es, en efecto, lo sagrado, «porque es una expresión del impulso que lleva al ser a unirse a sus semejantes y a sus dioses, al sentimiento de lo inaccesible y al respeto del misterio» [25]. *La novena sinfonía de Beethoven*, ballet creado en 1964, expresa, según el propio Béjart,

una participación humana profunda en una obra que pertenece a la humanidad entera, y que es aquí, no solamente interpretada y cantada sino también bailada, como la tragedia griega o todas las manifestaciones religiosas primitivas o colectivas [26].

La alusión coreográfica de Béjart a la tragedia griega y a las manifestaciones sacrificiales convoca al retorno a las fuentes y a un enfoque comparado de lo «sagrado», tan presente y tan consciente en su creación [27]. La noción de lo «sagrado» en el Occidente grecolatino y judeocristiano ha oscilado siempre entre los dos polos, considerados opuestos, de la exaltación dionisíaca y de la serenidad apolínea. Sabido es cómo Nietzsche ha revelado esta dualidad y este antagonismo que él sitúa en el nacimiento de la filosofía griega. Lo sagrado bipolar, que expresa una fuerza inaprehensible de impulso o de repliegue del hombre respecto a la naturaleza que le rodea, se ha transformado en Occidente, con la aparición del cristianismo, en unipolar, puesto que lo sagrado se había hecho mediación de lo divino y se confundía

---

[22] Roger Garaudy, ob. cit., pp. 30 ss.
[23] Eva de Vitray-Meyerovitch, ob. cit., p. 203.
[24] Roger Garaudy, *Danser sa vie,* ob. cit., p. 183.
[25] Jeanne Cuisiner, *La danse sacré en Indochine et en Indonesie,* 1951, ob. cit., por Jacques Franck, en *Danser le XXe siècle,* ob. cit., p. 183.
[26] Maurice Béjart, citado por Roger Garaudy en *Danser sa vie,* ob. y *loc. cit.*
[27] Marie-Françoise Christout, ob. cit., pp. 165 ss.

con ello. Por ser la religión relación de lo sagrado con lo divino, lo sagrado se convirtió en reverencia a Dios.

Pero la naturaleza siente horror por el verbo, y el vacío no es inocente. Dionisos se ha empobrecido en Occidente; es el precio de esta metamorfosis del concepto de lo sagrado. Así es como yo interpreto a Béjart cuando me dice: «Occidente ha castrado a Dionisos». Pues lo sagrado primitivo es portador de una exaltación y de una desmesura que la tragedia antigua ha celebrado, no sólo en tanto que lugar o momento sino sobre todo en tanto que forma. Esta forma es la danza. Y Nietzsche observa, con sus dotes de adivinación, que la danza, heredera del antiguo coro, es el origen de la tragedia. Volvamos a leerlo para mejor comprender a Béjart [28]:

La música verdaderamente dionisíaca se nos aparece como un espejo universal de la voluntad del mundo [...]. Por el evangelio de la armonía universal, [...] cantando y danzando, el hombre [...] ya se ha olvidado de andar y de hablar, y está a punto de volar por los aires, danzando [...]. Lo desmesurado se revela como verdad, [...] el éxtasis nacido del dolor brota espontáneamente del corazón de la Naturaleza [...] es el espíritu dionisíaco.

En tanto en cuanto expresa y sirve de vehículo a las fuerzas del universo, la danza es sagrada, puesto que es movimiento creador espontáneo, horizontal y vertical. Pero por haberse empobrecido Dionisos, la resacralización de la danza supone la integración de una dimensión nueva que permita volver a encontrar el impulso dionisíaco en estado puro, es decir, la potencia primitiva integral.

Perdóneseme este preámbulo sin pretensión filosófica, pero el ballet *Dionisos* de Béjart (1984) plantea la cuestión. Y Béjart ha encontrado una respuesta. Dionisos y Nietzsche son los compañeros de ruta del coreógrafo que ve en Dionisos al «dios de la danza, de la poesía, del teatro. Dionisos, un mito, una máscara. Éxtasis, disfraz, embriaguez [...] que arroba a los místicos, a los amantes [...]» [29]. Así Dionisos se hace ballet, y aquí, al son de músicas griegas tradicionales y de extractos líricos de Wagner, Béjart trata de actualizar el mito restituyéndole su vigor y el aliento de libertad que lo ani-

---

[28] F. Nietzsche, *L'origine de la tragédie,* traducción de Jean Marnold y Jacques Morland, París, Mercure de France, 1947, pp. 31 ss. y 157 ss.
[29] Marie-Françoise Christout, ob. cit., pp. 179 ss.

ma, «este perfume de eternidad en el que el hombre se reencuentra con la Naturaleza, con sus fuerzas vivas pero secretas»[30]. Todo lo sagrado está en este proyecto, es decir, en la expresión de un querer que, a mi parecer, no es otro que el del misterio de lo increado. Si la danza está en los orígenes de la tragedia, lo sagrado está en los orígenes de la danza, puesto que ella pone en movimiento el misterio de lo increado. Por esto es por lo que lo sagrado integra, a la vez que desborda, lo religioso. Cuando Béjart dice que la danza es sagrada, lo dice en el sentido dionisíaco, original.

La resacralización de la danza en la obra de Béjart supone un nuevo enfoque de lo sagrado, que no puede ser disociado del pensamiento islámico. En efecto, la fe y la espiritualidad musulmanas instalan lo sagrado en lo cotidiano y en él basan su continuidad. En los gestos de la oración musulmana, a la que Béjart está religiosamente ligado, se encuentran reunidos los tres reinos de la naturaleza: se reza de pie como un árbol, arrodillado como un hombre, y prosternado como una piedra. Este esfuerzo continuo de recapitulación es específico de la espiritualidad musulmana y traduce lo que Nur Alí Chah llama «la inseción del ser humano en el circuito cósmico de la realidad»[31]. «El sol, supremo donador de luz y de energía, y la luna, que regula el ritmo de los meses y los años, orquestan la oración y le confieren su dimensión cósmica.»[32]

Este arrebato «totalizante» está presente en el arte de Maurice Béjart, y muy particularmente en *La consagración de la primavera*.

Éste es el espíritu con el que expresa su designio poético:

¿Qué es la primavera sino esta inmensa fuerza primitiva, largo tiempo dormida bajo la capa del invierno, que súbitamente estalla y abraza al mundo, ya sea en el ámbito vegetal, animal o humano? El amor humano, en su aspecto físico, simboliza el acto mismo por el que la divinidad ha creado el Cosmos y la alegría que ello le ha producido. En un momento en el que las fronteras anecdóticas del espíritu humano van cayendo poco a poco y cuando puede comenzarse a hablar de una cultura mundial, rechacemos todo folclor que no sea universal y retengamos únicamente las fuerzas esenciales del hombre, que son las mismas en todos los continentes bajo todas las latitudes y en todas las épocas. Que este ballet sea pues [...] el himno a esta

---

[30] *Ibid.*, p. 179.
[31] Michel de Miras, *La méthode spirituelle d'un maître du soufisme iranien, Nur Ali Shâh*, prefacio de Henri Corbin, París, Sirac, 1973, p. 59.
[32] Roger Garaudy, *Mosquée, miroir de l'Islam*, ob. cit., p. 40.

unión del hombre y de la mujer en lo más profundo de su carne, unión del cielo y de la tierra, danza de vida o de muerte, eterna como la primavera [33].

En el mismo sentido, puede interpretarse, en el ballet *1789... y nosotros*, la danza del segundo movimiento, «allegretto», de la Séptima Sinfonía de Beethoven [34], que Wagner llamaba precisamente «la apoteosis de la danza», que celebra lo vegetal. Cuando el follaje comienza su procesión por la escena, la integración del reino vegetal en el movimiento «sacro» de esta sinfonía dionisíaca por antonomasia, es un signo de unión cósmica, de retorno a la unidad del reino por lo sagrado. Y no puedo impedirme pensar en Beethoven, el dionisíaco, que decía: «Me gusta más un árbol que un hombre [...]».

El Béjart musulmán está presente en su coreografía hasta el punto de incitarnos a pensar que si la oración musulmana integra a la liturgia cósmica, «un simbolismo cosmológico» según René Guénon, la danza, en tanto en cuanto expresa las fuerzas del universo, puede resacralizarse al intentar lo sagrado cósmico, que es movimiento litúrgico en el islam. El movimiento giratorio del peregrino en torno a la Kaaba simboliza el movimiento cósmico de los planetas en torno al sol. El movimiento de esta sacralización cósmica está también presente en el *sama*, oratorio espiritual de los discípulos de Rumi, que simboliza la ronda de los planetas alrededor del sol y, a un segundo nivel, la búsqueda de sí mismo [35]. Yo creo que Maurice Béjart ha buscado y encontrado en el islam esta dimensión de lo sagrado cósmico, generador de un movimiento perpetuo, en el que se reúnen el espacio y el tiempo, que le permite captar y reconstruir el espíritu dionisíaco. «¡Oh día, levántate, los átomos danzan», ha cantado Rumi [36].

Lo sagrado islámico no ha abolido radicalmente esa fuerza difusa e impersonal calificada con facilidad como lo sacro ante-islámico o lo

---

[33] *Danser le XXᵉ siècle*, ob. cit., p. 56.

[34] En «la mayor», que Wagner calificaba también de «idealización del cuerpo en movimiento»; *cf.* Jean Boyer, «Le Romantisme de Beethoven. Contribution à l'étude de la formation d'une legende», tesis, Toulouse, 1938, p. 302.

[35] Eva de Vitray-Meyerovitch, ob. y *loc. cit.* Adde: Djamchid Mortazavi, *Soufisme et Psychologie*, Éditions du Rocher, 1989, pp. 119 ss.

[36] «No tengo otro fin que la embriaguez y el éxtasis / ¡Oh, día, levántate! Los átomos danzan / Las almas, transidas de éxtasis, danzan.» *Rubâi-Yât, Le chant du monde*, traducción de Eva de Vitray-Meyerovitch y Djamchid Mortazavi, París, Albin Michel, 1987, p. 197. El *sama* expresa el devenir de los mundos y realiza la unidad interior.

sacro anónimo [37], cuyos invisibles artesanos son los yinns, a la vez ángeles y demonios, subterráneos y al mismo tiempo emergentes. Su supervivencia en el islam —el Corán los ha integrado en vez de amortajarlos en el sudario del paganismo— ha dado a lo sacro islámico esta apertura poética que expresa simultáneamente el misterio de lo increado y el credo de la creación: los yinns participan en la existencia y en la creación de las fuerzas ctonianas [38], y expresan esa fuerza ascensional a la superficie de la tierra. Lo sacro islámico es cósmico, pero también ctoniano y difuso. Quien haya visto, en *La consagración de la primavera* o en *Golestan*, a esos bailarines martillear furiosamente el suelo [39] o integrarse apasionadamente en él, en un frenesí dionisíaco colectivo, habrá podido pensar que los bailarines de Béjart eran en esos momentos los poceros de esas fuerzas ctonianas y que, si querían entrar en la tierra o salir de ella, los yinns lo hacían y lo hacen con ellos. La africanidad de Béjart ha acentuado tal vez este retorno a la demonología y a la exaltación de lo increado. Puede pensarse, en efecto —no me resisto a esta pincelada de retratista—, que las fuerzas ctonianas expresadas y exaltadas por el movimiento sobre el suelo de los cuerpos de danza de *La consagración*, de *Golestan* y hasta de *La misa para el tiempo presente* o de *La sinfonía para un hombre solo*, transportan ese sacro difuso que forma parte integrante de lo sacro islámico.

Una pregunta aún, Maurice Béjart, para terminar su retrato, el último toque. «¿Cómo puede conciliarse con la mística pura del islam esa forma de lo sacro que inspira a la danza y en ella se expresa, esa forma dionisíaca esencialmente trágica?» La respuesta es inmediata, espontánea: «No hay contradicción. Todos los grandes místicos lo han resuelto. De San Juan de la Cruz a los místicos musulmanes, lo sagrado inspira la continuidad del amor y de la alegría». Es este hálito original de lo sagrado lo que parecen exhalar los movimientos de los ballets *En busca de Don Juan* (1962) y *La noche oscura* (1968). Ahora comprendo, en el preciso momento en que acabo este retrato bajo la

---

[37] Jean Chelhod, *Les structures du sacré chez les Arabes*, París, Maisonneuve et Larose, 1964, pp. 76 ss.

[38] *Génies, anges et démons*, Sources Orientales, París, Seuil, 1971, pp. 186 ss; *cfr.* Corán, 15: 27, 55: 15. Jean Chelhod, ob. cit., p. 77.

[39] La exaltación es aquí realmente cósmica: «los giros vertiginosos, los "déboulés", los "jetés", traducen el éxtasis de los sufíes musulmanes»: Marie-Françoise Christout, ob. cit., p. 174; *cfr.* Eva de Vitray-Meyerovitch, *Anthologie du soufisme*, París, Sindbad, 1978.

mirada inmóvil y apaciguante de Maurice Béjart, que un impulso irresistible —la danza— ha llevado a Béjart al retorno a las fuentes de lo sagrado. Comprendo ahora, casi táctilmente, que lo sagrado que en él habita está en primer lugar inscrito en él, pero vibra también plenamente en el pensamiento místico del islam.

La danza es lo sagrado.
Lo sagrado es la danza.
El primer término es el Occidente. El segundo, el Oriente. Y añadiré: es el pensamiento místico del islam, al que el arte de Béjart, en parte al menos, nos parece estar emparentado. Béjart me ha dicho: «Guénon ha logrado tender un puente entre Oriente y Occidente». Sí, bailando con las ideas. Béjart ha integrado al Oriente en Occidente, añadiendo la danza del cuerpo. Ha integrado una visión islámica, a la vez ética y estética, en Occidente. Tal vez ha logrado lo que no consiguió Nietzsche aunque abriera sin embargo la vía real, pero conservando los pies en Occidente; definir al hombre trasoccidental. Lo consiguió en 1950: el poeta, como el revolucionario, es un «pájaro de fuego».

ÍNDICE DE NOMBRES

Abbasíes, 8
Abd al-Salam Farach, 168
Abdala ash-Chattar, 64
Abdalah, 80
Abdel Qadir al-Yilani, 64
Abdelaziz al-Saud, 135-136
Abdelkader Rahmani, 151
Abdelqadir, 79
Abderrahmán III, 76
Abdessalam Yassin, 174n.
Abduh, M., 167-168
Abdul-Hamid II, 80
Abdus Salam, XXIII, XXIV, 93, 127, 129-131
Abol Hassan Bani Sadr, 148
Abraham, 4, 22-23, 176
Abu Bakr, 7, 75, 85
Abu Hanifa, 31
Abu Hasan Puchanyi, 53
Abu Lahab, 4
Abu Madyan, 64
Abu Sulaymán Darani, 56
Abu Talib, 4, 42
Addas, C., 234n.
Adén, 114
Ahmad al-Tiyani, 65
Ahmad ibn ar-Rifai, 64
Ahmad ibn Idris, 65
Ahmad Valsan, 29n.
Ahmadeev, S., 208
Ahmet beg Tsalijov, 207
Akbar, 79, 109
Al Saud, 141
Al Tahtawi, 118
Al-Abbas, 44
Al-Azhar, 153
Al-Biruni, 95-98, 138
Al-Chafii, 17, 30-32

Al-Gazali, 30, 99, 237
Al-Juarismi, 138
Al-Makki, 151
Al-Mamum, califato de, 76
Al-Mujtar, 43
Al-Qazwini, 138
Al-Taalibi, 156
Alal el Fasi, 119
Alejandro Magno, 22
Alí, 7, 42-44, 47-48, 75, 85
Alí ibn Abi Talib, 193
Alí Jamenei, 148
Alí Merad, 153n., 154, 158
Alí Rafsanyani, 148
Alide, familia, 51
Amadu Bamba, XXII, XXIV, 70, 193-200
Amadu Hampaté Ba, 181, 183
Amadu Sall, 193
Amar Samb, 195n.
An-Nawawi, 29n.
Arafat, Yaser, 81-82
Aristóteles, 95, 97, 102
Arnaldez, R., 15, 31n.
Arquímedes, 95
Atatürk (*véase* Mustafá Kemal)
Averroes, 95
Avicena, 95
Awda, 164-165

Ba, A. H., 183n., 184, 185n., 188n.
Bab Aziziya, 171n.
Babur, 78
Bacon, R., 96
Badr, 75
Badran, Ch., 166-167
Bahi al-Juli, 163
Bahit al-Mulií, 153

Balfour, 80
Balta, P., XIII, XV, XVI, 31n., 117, 127, 143, 171
Baquri, 163
Barada, 177n.
Baudry, P., 135-136n., 141
Baybars, 77
Beethoven, L. van, 242
Begin, Menahem, 127
Behechti, 148
Béjart, M., XXIV, XXV, 231-244
Bela-Kun, 213
Ben Badis, XXIII, XXIV, 119
Ben Hanbal, 31
Ben Hazn de Córdoba, 16, 30n.
Ben Kulab, 19
Ben Salman Ben Abdelaziz al-Saud, Príncipe Sultán, XXIII, XXIV, 135-142
Ben Taymiya, 31
Bennigsen, A., 203n., 204n., 212n.
Biruni, 95
Boisard, M., 36n.
Bonaparte, Napoleón, XIX, 79
Borham Atallab, 173n.
Boulez, P., 238
Bousquet, G. H., 12, 29n.
Boyer, J., 242n.
Brahe, Tycho, 98
Briffault, 97-98
Bujari, 10, 177n.
Bumedián, Huari, 82
Burgat, F., 171, 174n.
Burguiba, Habi ibn Alí, 119
Burhan Mansurov, 214
Buto, Zulfikar Alí, 119

Cahen, C., XXV
Carré, O., 159, 168n.
Carrère d'Encausse, H., 203
Catalina II, 204
Cazalis, A.-M., 172n.
Chah Abbas I, 79
Chah Ismail, 78
Chapur Bajtiar, 146
Charles, R., 33n., 35n.
Charnay, J.-P., 28n.
Chelhod, J., 28n., 243n.
Cherif Hamalah, 176

Chodkiewicz, M., XXV
Christout, M.-F., 233n., 235n., 237n., 238n., 239n.
Chuayb, 22
Confucio, 109
Corbin, H., 144, 232, 236n., 237, 241n.
Cotteau, G., 181
Cristóbal Colón, XVIII
Cuisiner, J., 239n.

Dannau, W., 136n.
Dar A-Kitab Allubnani, 35n.
Daryush Sahayegan, 123
De Boer, J. J., 100n.
Decraene, Ph., 188
Delcambre, A.-M., XXI, 3, 31n.
Dermenghem, É., XXIIn.
Dieterlen, G., 186
Djamchid Mortazavi, 23, 53, 234, 242n.
Dul Kifl, 22

El Hach Omar, 182-183
Elías, 22
Eliseo, 22
Eliyah Muhammad, 223-224, 226
Enbaev, 218
Enrique el Navegante, 100
Eton, W., 101
Euclides, 95

Fahd, rey de Arabia, 135
Fahd al-Harthy, 142
Faragli, 162, 165
Faruq, 81
Fátima, 43-44, 47
Favre, P., 171n.
Faysal, rey de Arabia, 81-82, 227
Fei-hsin, 111
Firsov, N. N., 204
Frachon, A., 135n., 141
Francisco I, 79
Frank, Ph., 133
Fuad I, 80-81

Gaddafi, Muamar, XXIV, 81, 119, 171-178
Galiev, sultán, XXIV, 80, 203, 206-220

Índice de nombres

Galileo Galilei, 96, 98, 102, 138
Ganuchi, Rachid, 173n.
Gaoidullin, Shihab, 208
Garaudy, R., xxv, 236n., 237n., 238n., 239n., 240n., 241n.
Gardet, L., xxiin.
Gazali, 20
Gazán, 77
Gengis Kan, 77, 98
Ghazali, Z., 166n.
Gibb, H. A. R., 95
Gimadi, H., 214n.
Glashow, S., 128
Goldwater, senador, 218
Gouvion, E., 153-154
Gouvion, M., 153-154
Guénon, R., xiv, 232-234, 235n., 242

Habu Hachim, 19
Hadchj Malik el-Chabbaz, 227, 228
Hafez el-Assad, 50
Haley, A., 228
Hamdán Wanisi, 152-153
Hampaté Ba, Amadu, xxiv, 181, 183
Hardie, 162
Harun al-Rachid, 76
Hasan, 43, 47
Hassan, imán, 193
Hassan al-Banna, 119, 160, 161, 163, 168, 173
Hassan al-Hudaybi, 162, 164
Hayi Bektach Veli, 55, 65
Heckmann, H., 181
Holden, D., 135n.
Huadaybi, 168
Hud, 22
Hudaybi, 165
Hulagu, 77, 98
Huphuet-Boigny, F., 186
Husa Sudairi, 135
Husayn, 43-44, 47

Ibn al-Hayzam, 95-98
Ibn Arabí, 232, 234
Ibn Badis, 151-155, 157-158
Ibn Batuta, 110
Ibn Jaldún, xv, 46, 99-100, 151

Ibn Mayid, 112
Ibn Nafis, 95
Ibn Saud, 81
Ibn Taimiya, 168
Ibrahimi, 119
Idris, 81
Idrisiya, 65
Iman, A., 165n., 166n.
Isaac, 22
Ismael, 23
Ismail Bey Gaspraly, 205-206

Jacob, 22, 176
Jadiya, 4
Jaldun Kinany, 29n.
Jamal al-Di al-Afgani, 118
Javid Iqbal, 36n.
Jawarizm, 80, 95
Jesús, 4, 22-23
Johnes, R., 135n.
Johnson, L. B., 228
Jomeini, xxii, 41, 45, 48, 120-121, 143-150
Jonás, 33
Julien, Ch.-A., xxiin.

Kadiya, 182
Kalinin, 213
Kamal Eddin Hussein, 166
Kennedy, J. F., 226
Kenyatta, Jomo, 228
Khalidi, S., 159n.
Kravetz, 177n.
Kuleev, Ibrahim, 208

Lai, C. H., 128
Lamand, F., 23, 27
Laoust, H., 30n. 31n., 32, 50
Lapeyre, A., 36n., 80
Lat-Dior, 198
Lemercier-Quelquejay, Ch., 203n., 212n.
Lenin, V., 208, 212-214
Little, Reginald, 223

Madiajaté Kala, 194
Mahdi Bazargan, 146

Mahfuz, Naguib, 127
Mahmud, 76
Mahmud Abbas al-Aqqad, 160
Mahmud Yussef Chawarbi, 227
Mahoma, XVII, 4-8, 21-22, 28, 35, 41-43, 45-46, 75, 85, 88-90, 109, 130n., 141, 176, 193
Majdubiya, 65
Malcolm X (Malcolm Little), XXIV, 221-229
Malik ben Anas, 31
Mamadu Buso, 194
Mamadu Lamin Diop, 198
Mame Balla, 193
Mami Smail, 153
Mansour Monteil, V., XXV
Mansurov, 218
Mao Tse Tung, 220
Maram M'Backé, 193
Marco Polo, 77, 111
Marcus Garvey, 221
Mariama Buso, 193
Marouf Al-Dawalibi, 30n., 34n., 35n.
Martin Luther King, 225, 228
Masudi Abul-Wafa, 95
Mawdudi, 120, 167-168
Mehmet II, 78
Mehmet Emin Rasul Zade, 207-208
Michau, G., 168n.
Micheau, F., XXI, 23, 41
Miquel, A., XVIII, 85
Miras, M., de, 241
Mirganiya, 65
Mohamed V, 81
Mohamed Abdelwahhab, 118, 135
Mohamed Alí Rayai, 148
Mohamed Baker Sadr, 120
Mohamed Ibn Seud, 118
Mohamed Iqbal, XV
Mohamed Reza, 145
Mohammed-Allal Sinaceur, 36n.
Mohammed Arkoun, XXVn.
Moisés, 4, 17, 22, 147, 176
Moller, E., XXI, 105
Monier, R., 29n.
Monod, Th., 185
Montelli, V., 198
Mosaddeq, M. H., 119, 145
Mostefá Musavi, 144

Mozafar Din Cha, 144
Muawiya, 42
Muhammad Abduh, 79, 118, 157, 159
Muhammad al-Mustafá, 152
Muhammad Alí, 70, 79
Muhammad ben al-Hanafiya, 43, 44
Muhammad ben Abdelwahlab, 31
Muhammad el-Kebir, 193
Muhammad el-Yadali, 194
Muhammad Gazali, 163
Muharjamov, M., 214
Muhitdinova, Emina, 208
Muin ad-Din M. Chichti, 64
Mujtarov, 218
Mulud al-Zubair, 152
Mulla Nur Vahitov, 208-209, 213
Musa Sadr, 48-49
Muslim, 177n.
Mustafá Kamil, 159
Mustafá Kemal Atatürk, 71, 80, 107, 119

N'Krumah, Kwamwe, 228
Nachm adin Kubra, 64
Napoleón III, 151
Narbutabekov, 213
Naser, Gamal Abdel, 81, 120, 163-166, 172-174, 218
Nasir al-Din Tusi, 95, 98
Nasir Hassan, 111
Neguib, Mohamed, 163-164
Nemeyri, Gaafar, 81
Newton, I., 96
Nietzsche, F., 240
Noailles, P., 29n.
Noqrachi, 161
Nur Alí Chah, 232
Nyerere, Julius, 228

Ohod, 75
Omar Azzam, 228
Omar Jayyam, 95
Omeya, emirato, 76
Ozbek Jan, 107

Pahlavis, dinastía, 48, 143
Pascal, B., 21

Índice de nombres

Paul del Malí, XVI
Pavlovic, 213
Petit, B., 142
Picot, F. G., 80
Platón, 95

Qajar, dinastía, 48
Qzil-Bach, dinastía, 55

Rabiaa Adawya, 53
Rached Ganuchi, 120
Rachid Rida, 157
Rachidiya, 65
Radek, 213
Razi, 95
Reza chah, 80
Reza Jan, 144
Rida, R., 167-168
Rizq, J., 165n.
Rodinson, M., 203n.
Rostand, E., 142
Rostand, J., 142
Rushdie, Salman, 150
Ryskulov, 213

Saadi, 237
Sabirov, 218
Sadat, Anuar el, 81, 127, 168
Saddam Hussein, 148-149
Sadibu Abi, 199
Safi al Din-Ardabili, 55
Said Galiev, 214
Saïd Ramadan, 36n.
Saint-Just, L. A. L., 143
Saladino, 77
Salah Nasr, 167
Salih, 22
Salih Achmawi, 163-164
Samba Tukolor Ka, 194
San Bernardo, 77
San Juan de Acre, 77
San Luis, 77
Sanusiya, 65
Sarton, G., 94-95, 98, 131
Savonarola, G., 143

Sayyid Qutb, XXIV, 159-168
Schacht, J., 31n., 33n., 36n., 37n.
Senghor, L. S., 233, 235
Seraphiel, 238
Serigne Taiba Muhammad N'Doumbe, 194
Sidia Baba, 199
Snouk Hurgronje, 100n.
Solimán el Magnífico, 78-79
Stalin, J. V. D., 108, 203, 209, 212-216, 219
Sykes, M., 80

Taha Hussein, 127, 160, 162
Taheri, A., 148n.
Taïmour Mostafa-Kamel, 37n.
Takfir wa Hichra, 175
Tamerlán, 78
Tawfik el Hakim, 127
Tengour, H., 203
Thomaz, L. F., 112n.
Tierno Bokar Salif Tall, XVI, 183-185, 189
Tinguy, F. de, 36n.
Tiyani Amadu Alí Ziam, 182-189
Tobolev, 217
Tolstoi, L., 207
Trotski, L., 216n.
Tugluk Timur, Jan, 108
Tuhami, 164
Turé, Ahmed Secu, 228

Ulpiano, 29
Umar, califato de, 75, 85, 88
Umar al-Jalwati, 54
Urbano II, XVIII, 77
Uways Qarani, 53
Uzmán, 7, 9, 85

Valéry, P., XVI
Vasak, K., 36n.
Veinstein, G., 63
Vernet, J., XVIIIn.
Vitray-Meyerovitch, E. de, 234n., 236n., 242n., 243n.

Waël, H. de, 31n., 39n.
Wagner, R., 240, 242
Wahdat al Wuyud, 56
Weinberg, S., 128
Whitaker, 177n.
Winter, H. J. J., 96n.

Yabir, 95
Yafar al-Sadiq, 44, 48
Yalal al-Dim Rumi, 55, 64, 238
Yamal al-Din al-Afgani, 157

Yamal Salim, 165
Yazid, 43, 45
Yihad, 175
Yubai, 19
Yuwayni, 19

Zafar Hassan, 128n.
Zayd, 47
Zaynab al Ghazali, 165
Zilal, 168n.
Zinoviev, G., 213

ASSOCIATION FRANÇAISE «ISLAM ET OCCIDENT»
(constituida el 6 de febrero de 1980 — J.O. de 25 de febrero de 1980) *

I. Comité ejecutivo

Presidente de honor	Jean-Pierre Fourcade
Presidente	Francis Lamand
Vicepresidentes	Eva de Vitray-Meyerovitch
	Dominique Chatillon
Secretario general	Gilbert Cotteau
Secretario general adjunto	A. Rahmatoullah
Tesorero	Henry Bonnier
Miembros	Hélène Ahrweiler
	Jean-Pierre Bourdarias
	Cheikh Abdoulaye Dieye
	Ahmed Somia

II. Consejo de orientación

Roger Arnaldez
Paul Balta
Mohamed Bourechak
Maurice Bucaille
Jean-Pierre Cot
Charles Delamare
S. Sarr Diop
Benjamin Gattat
Georges Gorse
Amadou Kane
Larbi Khachat
Khadidja Khali
Annie Krieger-Krynicki
Badr Lahneche
P. Pierre Lambert
Irène de Lipkowski
Jean Matteoli
Jacques Nantet
Louis Pettiti
P. Riquet
Jacques Roty
Thérèse de Saint-Phalle
Pierre-Christian Taittinger
Jean-Marie Taulera

III. Comisión de historia

Odile Adim
Hélène Ahrweiler
Mohamed Arkoun
Roger Arnaldez
Paul Balta
Gilbert Cotteau
Anne-Marie Delcambre
Jérôme Guerrand
Bruno Halff
Françoise Micheau
Francis Lamand
Edith Moller
Djamchid Mortazavi
Abdelkader Rahmani
R. P. Michel Riquet
Tidiane Sall
Pierre-Christian Taittinger
Maryse Tellier-Dumas
Simone Verdière

---

* Artículo II de los estatutos: «La Asociación tiene como meta el establecimiento y desarrollo, tanto en Francia como en el extranjero, de las relaciones culturales, humanitarias, científicas y sociales entre las civilizaciones islámica y occidental, con exclusión de toda actividad política, teológica o lucrativa».

Paul Balta

El gran Magreb

Desde la independencia hasta el año 2000

Siglo Veintiuno de España Editores, S.A.

Sociología y política